MINERVA 歴史・文化ライブラリー 24

海賊たちの黄金時代

アトランティック・ヒストリーの世界

マーカス・レディカー 著
和田光弘・小島 崇
森 丈夫・笠井俊和 訳

ミネルヴァ書房

VILLAINS OF ALL NATIONS

by Marcus Rediker

マイケル・ヒメネス（一九四八〜二〇〇一）と
スティーヴ・サポルスキー（一九四八〜二〇〇一）を偲んで

謝　辞

　私は、ペンシルヴェニア大学に在籍し、マイケル・ズッカーマンの大学院セミナーで海賊というテーマを選択した一九七六年以来ずっと、断続的ではあるが、本書につながる研究に取り組んできた。研究の成果は一九八一年に論文として実を結んだのだが、それ以降も、現在に至るまで、私は海賊のとりこであり続けている。海賊について聞きたいというジャーナリスト、水中考古学者、小説家、博物館学芸員、映画製作者、あるいは熱狂的なファン諸氏と接触を持つことなく一週間が過ぎ去ることなど、ほとんどなかったといってよい。海賊に対する世間の知的欲求が計り知れないほど大きいことに気づかされた私は、本書の執筆へと駆り立てられ、この無法者たちについて長年かけて学んだことを、こうしてまとめ上げるに至ったのである。まずは、誰をおいてもマイク［ズッカーマン］に、私を海へと向かわせ、水平線に浮かぶ漆黒の旗へと背中を押してくれたことを感謝したい。

　長年にわたって多くの人が、最近はとりわけオーストラリアで、このテーマについて思いめぐらす私を助けてくれた。以下の方々に謝意を表したい。フリーマントルの西オーストラリア海事博物館のグレアム・ヘンダーソンと精力的なスタッフの皆さん。ポール・ハンドリー、メアリ＝ルイーズ・ウィリアムズ、そしてシドニーのオーストラリア国立海事博物館。シドニー大学歴史学科のアンドルー・フィッツモーリスとシェイン・ホワイト。アデレードのフリンダーズ大学歴史考古学科のマーク・スタニフォース。タスマニア大学歴史学科のカサンドラ・パイバスとヘイミッシュ・マクスウェル＝スチュアート。他の地でも、実りある議論の場に恵まれた。すなわち、ロンドン大学歴史研究所による「海」と題した英米会議。キュラソー島のヴィレムシュタートでの海事博物館国際会議。テキサスA&M大学人文科学研究センターでの「較正《キャリブレーション》」会議。アメリカ歴史学会主催の「海の景観・沿海の文化・海を越える交換」と題したワシントンDCでの会議。ワシントン・カレッジのC・V・スター・アメリカ経験研究センター。コーネル大学での比較史セミナー。ニューヨーク州立大学バッファロー校歴史学科。ニューヨークのサウスストリート・シーポート博物館。カリフォルニア大学アーヴァイン校での「社会思想・法・文学における補償」と題したメロン財団ソーヤー・セミナー。合衆国商船アカデミー。これらのイベントを組織してくれたすべての方々と、いつも熱心に質問を投げかけてくれたすべての列席者に、感謝を申し上げたい。

二〇〇一年の夏、海に浮かぶ大学たるSS・ユニヴァース・エクスプローラー号で世界を旅しながら、ともに海賊のグローバル・ヒストリーを学んだ学生諸君にも、特別の恩義を感じている。この活気あふれる雑多な「船員」たちは、眼帯、フックの義手、木の義足をつけて授業に現れると、ことあるごとに「ウォーー」と大声を上げ、方々の港で海賊の知識を蓄え、ついには私を脅して本書を書かせたのだった。彼らは、同様に熱心で有能な（しかし彼らほど騒々しくはない）ピッツバーグ大学の学生たちとともに、私に刺激を与え続け、また、大衆文化において海賊が持つ力を証明し続けてくれた。

本書の執筆は、海賊にかんする優れた研究成果が、かつてないほど産み出されていた時期にあたり、その恩恵を意識せずにはいられない。すなわち、ジョン・C・アプルビー、J・S・ブロムリー、B・R・

バーグ、デイヴィッド・コーディングリー、ダイアン・マリー、C・R・ペネル、アンヌ・ペロタン＝デュモン、ジョー・スタンリー、ジャニス・E・トムスン、そしてピーター・ランボーン・ウィルソンによる研究である。その価値ある研究に対し、彼らに感謝したい。海賊研究における最も優れた学者のうちの三名、ジョエル・ベア、ハンス・ターリー、ロバート・C・リチーとともに仕事ができたのは、非常に幸運であった。私の人生に多大なる影響を与えてくれた二人の非凡な歴史家（その人柄もまた非凡）である故クリストファー・ヒルと故ブリジット・ヒルとともに、海賊（およびその他のこと）について啓発的な会話を重ねることができたのも光栄だった。クリストファーの大学時代のルームメイトであり、同じく先頃亡くなったノーマン・O・ブラウンと交わした活発な会話もまた、懐かしく思い起こされる。本書の第8章で、私は彼を記憶にとどめようと試みている。

かつて私のもとで学んだサラ・レモンドと、大学院生のゲイブリエル・ゴトリーブには、卓越した手腕で研究を手助けしてくれたことに感謝している。フランク・シェーファーは、さまざまな方面で私の仕事をサポートし、そして何より、驚くほど魅力的なウェブサイト(1)を作成してくれた。著者として私は、あのウェブサイトのように人々を惹きつけることなど、到底できないだろう。何年にもわたり、『多頭のヒュドラ』の共著者であるピーター・ラインボーとともに仕事をしていることは、光栄であり、また、実に深みのある学びの機会ともなっている。最後に、終わりのない海賊の物語に、快く耳を傾け続けてくれている私の家族、ウェンディ、ジーク、エヴァに、心から感謝したい。ウェンディの助力については、もはや枚挙にいとまがないほどである。

私の海への進出が、最初にかたちになったのが、「死の王の旗の下に――英米の海賊社会、一七一六〜

一七二六年」[2]である。ずいぶんと時は流れたが、一大学院生だった私に、執筆の極意を授けてくれた一流の編集者マイケル・マギファートには、今なお感謝の念を禁じ得ない。同稿の改訂版は、本書と対を成すべき拙著『悪魔と紺碧の海のはざまで――商船員・海賊・英米の海の世界、一七〇〇～一七五〇年』[3]に所収されている。同書では、もう一人の素晴らしい編集者フランク・スミスと仕事ができたことが、この上ない幸運であった。数年ののち、ボブ・ブラガー、マーガレット・クライトン、リーサ・ノーリングの強い勧めにより、海賊というテーマへと戻った私は、「海賊旗の下の自由――海賊アン・ボニーとメアリ・リードの生きざま」[4]を執筆した。本書の第6章は、同稿の改訂版を、許可を得て収録したものである。また、かつてオランダでの学会で発表し、「海の秩序とリバタリア――一八世紀初頭の大西洋世界における海賊行為のユートピア的諸側面」[5]として出版された論文は、ピーター・ラインボーとともに著した『多頭のヒュドラ――船乗り・奴隷・庶民・革命期大西洋世界の秘史』[6]の第5章の基盤を成すこととなった。『多頭のヒュドラ』という名の船を港へと導き、それから間もなく、本書という船を進水させてくれたデボラ・チャスマンには、とりわけ感謝している。また、新たに私を担当してくれているビーコン・プレス社の編集者ガヤトリー・パトネクとの作業は、私の喜びとするところであり、彼女の知性、熱意、堅実な判断には、大いに助けられている。第4章の図を描いてくれたハイラ・ウィリス、巧みに原稿を整理してくれたダリア・ゲフィンにも感謝したい。

なお、本書は、二〇〇一年のひどく不快な夏、三週間違いで他界したかけがえのない友人にして同僚であるマイケル・ヒメネスとスティーヴ・サポルスキーに捧げたい。二人は、思いやりあふれる素晴らしい歴史家で、ともに「下からの歴史」の大家であった。存命だったならば生き生きと描き出していたであろう、今なお忘れ去られている貧しい人々の歴史とともに、二人は旅立ってしまった。彼らの逝去で、我々は皆、そのぶんだけ貧しくなってしまったのである。

マーカス・レディカー

註

（1）http://www.marcusrediker.com/

（2）"'Under the Banner of King Death': The Social World of Anglo-American Pirates, 1716 to 1726," *William and Mary Quarterly*, ser. 3, 38（1981）: 203–227.

（3）*Between the Devil and the Deep Blue Sea: Merchant Seamen, Pirates, and the Anglo-American Maritime World, 1700–1750*（Cambridge: Cambridge University Press, 1987）.

（4）"Liberty Beneath the Jolly Roger: The Lives of Anne Bonny and Mary Read, Pirates," in *Iron Men, Wooden Women: Gender and Seafaring in the Atlantic World, 1700–1920*, ed. Margaret Creighton and Lisa Norling（Baltimore: Johns Hopkins University Press, 1996）.

（5）"Hydrarchy and Libertalia: The Utopian Dimensions of Atlantic Piracy in the Early Eighteenth Century," in *Pirates and Privateers: New Perspectives on the War on Trade in the Eighteenth and Nineteenth Centuries*, ed. David J. Starkey, E. S. Van Eyck van Heslinga, and J. A. de Moor（Exeter, England: Exeter University Press, 1997）.

（6）*The Many-Headed Hydra: Sailors, Slaves, Commoners, and the Hidden History of the Revolutionary Atlantic*（Boston: Beacon Press, and London: Verso, 2000）.

日本語版への序

奇妙に思われるかもしれないが、私が本書を上梓したのは、海賊たちに別れを告げるためであった。彼らを扱った論文を最初に著したのが一九八一年のことで、その後も数年にわたり、私は彼らのことを書き続けた。この間、彼ら海賊たちが民衆を惹きつけるさまを目の当たりにしたが、彼らに注がれる視線は洸《こう》洋《よう》としており、国際色に富み、情熱に満ちたものだった。電話がひっきりなしに鳴り続けた。ジャーナリスト、脚本家、小説家、映画製作者、水中考古学者、ミュージシャン、歴史ファン、さらにはトレジャーハンターまでもが、私にたびたび電話をかけてきては、さまざまな海賊関連のプロジェクトへの手助けを求めてきたのだった（トレジャーハンターたちに対しては、「Xの印がある」秘密の地図を発見したと伝えておいた。というのも、どこで掠奪品を発見できるのかという質問から、彼らが私の本を読んでいないことは明らかだったからである。海賊たちは、いかなる満足も、先延ばしにして後から得られるなどとは信じていなかったので、彼らが宝を埋めることはなく、私はそのことを明記していたのだから）。

海賊への関心の高さは、あたかも文化的な執念といえるほどのものであった。とうとう私は、これ以上は海賊について研究しないことを決意し、私の知るすべてをまとめるために本書を執筆した。願わくは議論から身を引き、このテーマについて新たに研究を進める人々に後を託したかったのだ。ところが、言うは易くおこなうは難し。私自身は海賊たちとの関係を断ち切ったつもりでいても、彼らは私を解放してはくれなかったのである。問い合わせがやむことはなく、ほどなく本書はフランス語、イタリア語、スウェーデン語に翻訳された。ハリウッドのあるプロデューサーからも接触があり、ライオンズゲート・エンターテインメントは本書を映画化する権利を取得した。今や私は、残る人生もこの無法者たちと付き合っていくことになるだろうと、すっかり観念している。彼らから逃れる手だてはないのだ。彼らは私の一部なのであり、今後もそうあり続けるであろう。それゆえに、そもそも海賊たちに「さようなら」を言うために著した本書をもって、日本の読者諸氏へ「こんにちは」の挨拶をさせてもらえることに、望外の喜びを感じている。

四〇年近くも前に、私が船乗りと海賊の研究を始めた時以降、歴史学の世界は大きな変化を遂げてきた。社会史が歴史学に革命を起こし、およそあらゆる国や文化に属する労働者たち——過去を「上から」物語る、上流階級《エリート》の歴史では見捨てられた人々——を研究する「下からの歴史」の道が切り拓かれてきた。さらに近年では、アトランティック・ヒストリー、トランスナショナル・ヒストリー、そしてワールド・ヒストリーが、海に生きる人々を歴史学の「周縁」から救い出し、その労働によって地球上の人々を結びつけた彼らに、中心的役割を与えている。ロバート・アントニー、セバスティアン・イグナシオ・ドノソ・ブスタマンテ、アイザック・カーティス、ピーター・アール、ニクラス・フリクマン、ミシェル・ルブリ、ジャン＝ピエール・モロー、スティーヴン・ピット、ジュリアス・S・スコット三世、ダニエル・ヴィカーズ、コリン・ウッダードら、そうそうたる研究者たちによって、第一級の研究がなされてきた。船乗りと海賊の研究が、今日ほど創造的かつ本格的となり、価値が認められる時代は、かつてなかったといえよう。もしも私の研究が、少しなりともその発展に寄与しているとするならば、なるほど私は幸せ者である。
最後に、私を日本の読者諸氏と結びつけてくれた四人の方々に、心からの謝意を記しておきたい。本書の邦訳のプロジェクトを統括してくださった和田光弘氏、それから小島崇氏、森丈夫氏。さらに笠井俊和氏には、格段の感謝を申し上げたい。この邦訳に尽力するとともに、ピッツバーグ大学で一年間、フルブライト研究員として私とともに研究に従事した笠井氏は、彼自身も船乗りを研究する優秀な若手研究者である。本書によって、「万国の民からなる国境なき悪漢」たる海賊たちが、今もなお万国の人々、なかんずく日本の読者諸氏を魅了するならば、それは私の大いなる喜びとするところである。

マーカス・レディカー

二〇一四年四月

海賊たちの黄金時代——アトランティック・ヒストリーの世界　目次

国境線は現在のもの。（　　）内は現在の地名。

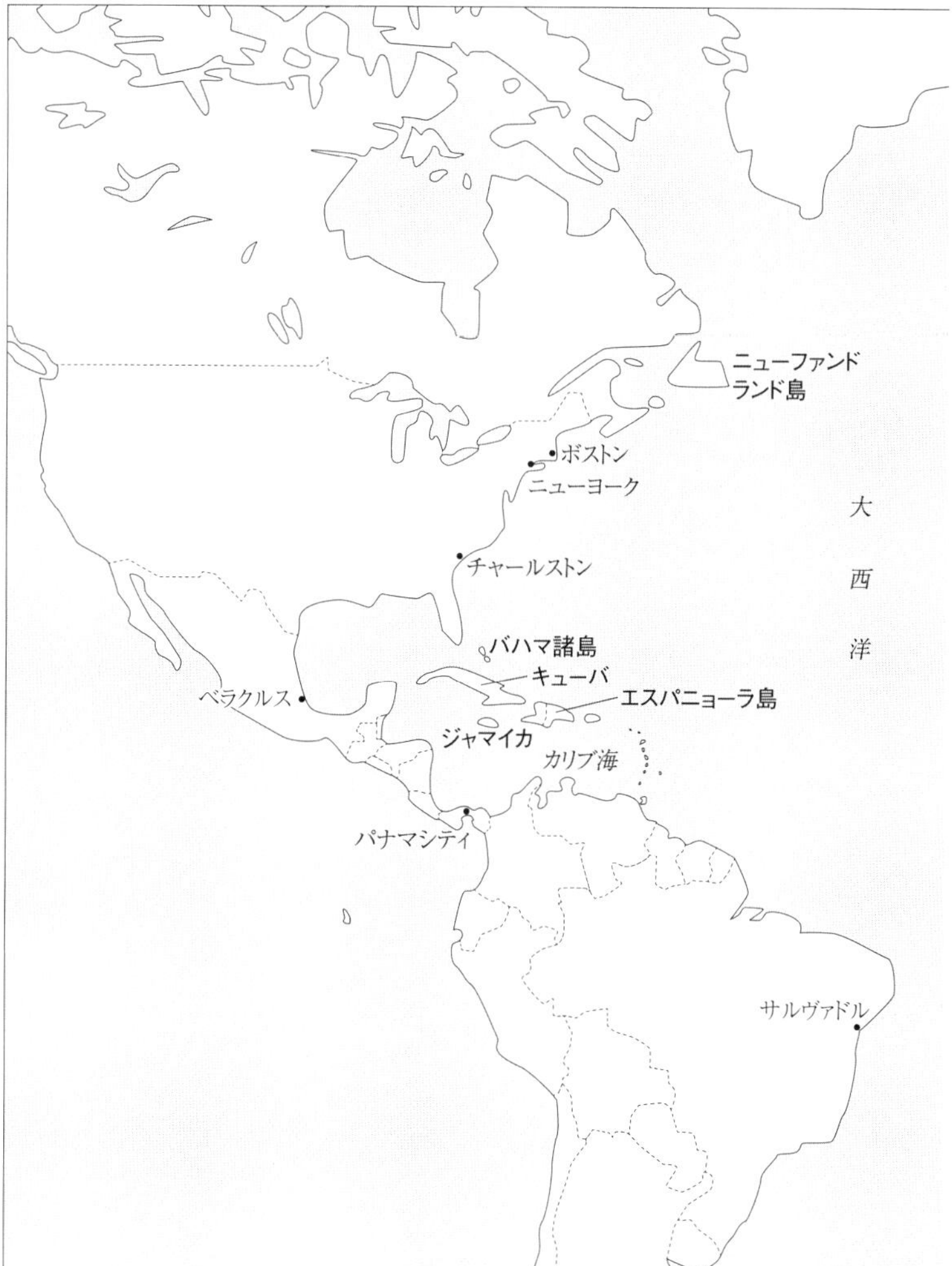
ニューファンドランド島
ボストン
ニューヨーク
チャールストン
大西洋
バハマ諸島
キューバ
エスパニョーラ島
ベラクルス
ジャマイカ
カリブ海
パナマシティ
サルヴァドル

大西洋を囲む四大陸

国境線は現在のもの。(　　) 内は現在の地名。

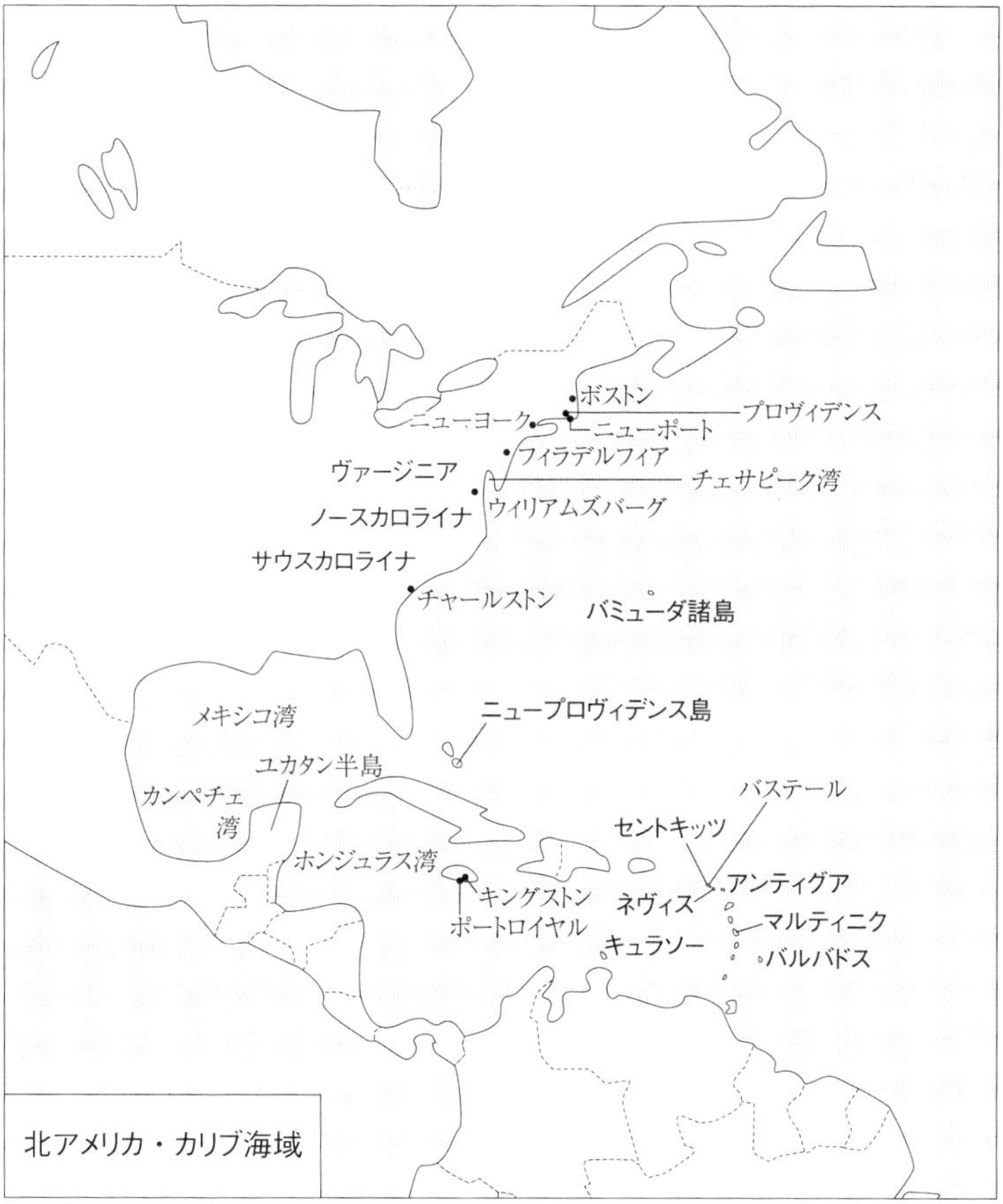
ボストン
プロヴィデンス
ニューヨーク
ニューポート
フィラデルフィア
ヴァージニア
チェサピーク湾
ノースカロライナ
ウィリアムズバーグ
サウスカロライナ
チャールストン
バミューダ諸島
メキシコ湾
ニュープロヴィデンス島
ユカタン半島
カンペチェ湾
バステール
セントキッツ
ホンジュラス湾
アンティグア
キングストン
ネヴィス
ポートロイヤル
マルティニク
キュラソー
バルバドス
北アメリカ・カリブ海域

国境線は現在のもの。

第1章　二つの恐怖の物語

海賊フライの処刑

海賊の咎《とが》で絞首刑を言い渡されたウィリアム・フライは、一七二六年七月一二日の昼下がり、ボストンで絞首台の上へとのぼった。あたかも船乗りがマストの頂をめざすがごとく、のぼる彼の身のこなしは素早く、荒れた無骨な手には香る花束を持ち、日に焼けた顔には「微笑みらしきもの」を浮かべていた。罪悪感を抱いたり、不名誉に思ったり、悔いているような様子は微塵もなかった。

実際、臨席していた牧師のコットン・マザーは次のように記している。フライは「自身の運命に頓着していないように見えた」と。だが、ひとたび絞首台の上に立つや、彼は誰もが思いも及ばないような「頓着を示した」。迅速に、自身の死の舞台の用意を始めたのである。彼は首つり縄を投げて梁に掛け、しっかり固定すると、自身の首を絞める輪の部分を注意深く調べた。失望した様子で刑の執行人の方を向き、「そもそもこの職業の何たるかがわかっていない」と非難した。結び目を作る術を心得た船乗りのフライは、執行人の未熟さを大目に見て、正しい輪の作り方を伝授しようと申し出ると、その場に集まった多くの人々が驚くのをしり目に、自ら結び目を直し、「万事を自分自身の手で修正して、すべてがより使いやすく、効果的になるようにした」。そしてフライは群衆や執行人に、「自分は何びとにも悪事を働いておらず、死を恐れはしない」と告げたのである。マザー牧師は、彼が「勇気ある人物」として死を迎えようと心に決めたのだと解している。[1]

マザーは、フライや仲間の海賊たちが死に臨んで最後の言葉を発する段になると、あたかも牧師のごとく振舞うことを期待した。すなわち処刑を見に来た人々に、彼ら自身を戒めとするよう警告することを望んだのである。[2] 事実、彼らは期待どおりに行動した。サミュエル・コール、ヘンリー・グリーンヴィル、ジョージ・コンディックの三名は、おそらくは最後の瞬間まで恩赦に望みをかけて、悔い改めた様子で皆の前に立ち、親や目上の者をつねに敬うべきであること、また決して人をののしったり、酒に溺れたり、売春婦を買ったり、安息日を汚したりしないよう、皆に説いた。彼らは自らへの処罰の手続きの正当性を認めており、牧師たちの助力に感謝しさえした。

しかしフライは違っていた。彼は牧師たちの期待に反して許しを乞わず、権威を称えず、キリスト教の価値さえ首肯しなかった。船長や船乗りたちで込み合ったこの港町の群衆に向かって、彼は最期の、そして最大の望みを告げたのである。「すべての船長は、俺が殺したあの船長（グリーン船長）の運命に学ぶだろう。船員たちには期日どおりに賃金を支払い、より良く扱うべきであることを。彼らへの非道な行為ゆ

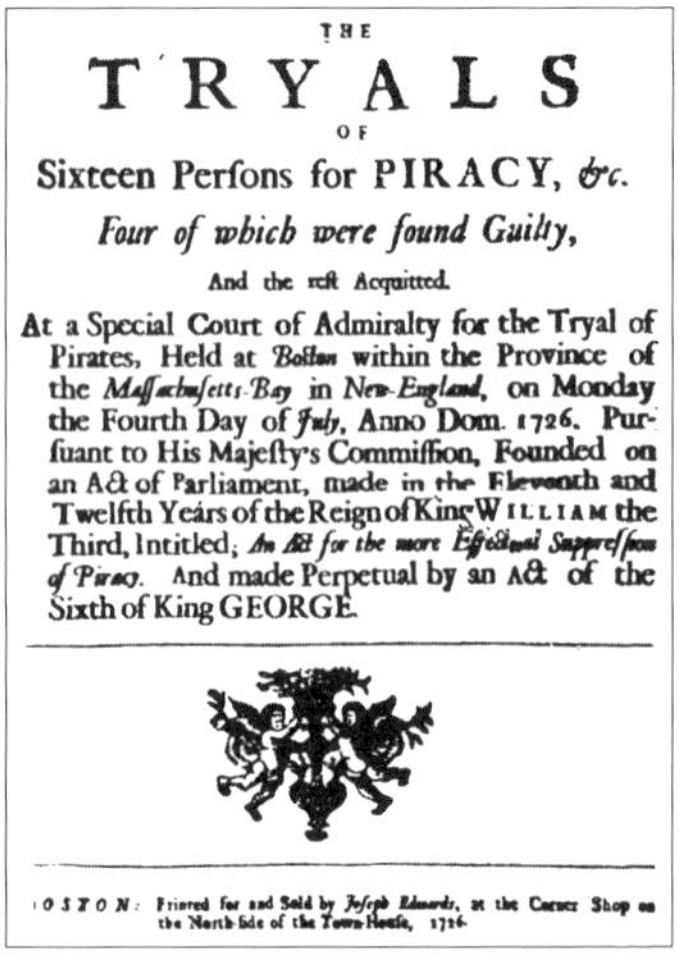
THE

TRYALS

OF

Sixteen Perſons for PIRACY, &c.

Four of which were found Guilty,

And the reſt Acquitted.

At a Special Court of Admiralty for the Tryal of Pirates, Held at *Boſton* within the Province of the *Maſſachuſetts-Bay* in *New-England*, on Monday the Fourth Day of *July*, Anno Dom. 1726. Purſuant to His Majeſty's Commiſſion, Founded on an Act of Parliament, made in the Eleventh and Twelfth Years of the Reign of King WILLIAM the Third, Intitled; *An Act for the more Effectual Suppreſſion of Piracy.* And made Perpetual by an Act of the Sixth of King GEORGE.

BOSTON: Printed for and Sold by *Joseph Edwards*, at the Corner Shop on the North-ſide of the Town-Houſe, 1726.

図1－1　『海賊行為等による16名の公判』（1726年，ボストン刊）
フライらの裁判について報じた当時のパンフレット。

え、多くの者が海賊となるのだ」、と。[3] フライは自身の最期の言葉を費やして、彼のいう「ひどい扱い」、すなわち海での劣悪な労働条件に対して抵抗したのである。この威勢のよい反逆の脅し文句とともに、彼はあの世へと旅立った。

一方、マザー牧師は、死に臨んだこの罪人の手や足がわずかに震えているのを目にして満足感を覚えたが、フライは毅然として死に向かったのであり、その姿はあくまでも反抗的で勇ましいものであった。だが、ボストンの牧師や治安判事たちは、このドラマの結末を自らの都合のよいように演出した。もしも自分たちが望むような形でフライが人々に説かないのであれば、自分たちがそうすればよい。それはフライの脅しへの答えにもなるはずだ、と。処刑の後、フライの遺体を鎖で吊るし、ボストン港の入り口に晒したのである。「人々、とりわけ船乗りへの見せしめとして[4]」。

図1-2　絞首刑に処される海賊スティード・ボネット船長

刑は1718年11月，チャールストンにて執行された。キャプテン・チャールズ・ジョンソン『最も悪名高い海賊の掠奪と殺人の歴史』（1724年，ロンドン刊）より。

このドラマは、捕まったフライと仲間の船乗りたちが、一七二六年六月二八日に港に連れてこられた時から大いに盛り上がりを見せていた。フライは二七歳の甲板長で、「素姓が卑しく」貧乏で、一七二六年四月にジャマイカで雇われ、ブリストルを母港とする二本マストのもと、ブリストルを母港とする二本マストのスノー船エリザベス号で、西アフリカまで航海する予定になっていた。航海中、ほどなくしてフライはグリーン船長と対立し、船長への反乱を計画しはじめた。ある夜、遅くに、フライともう一人の船乗り、アレグザンダー・ミッチェルは船長をたたき起こして甲板に連れ出し、殴打したうえで、舷側から海に投げ込もうとした。グリーン船長は主帆の帆脚索《ほあしづな》にしがみついたので、船員の一人が、板を削るのに用いる広刃の斧を持ち出してきて、手首を切り落とした。哀れな船長は、「海に飲み込まれていった」。次に反乱者たちはその斧を、一等航海士のトマス・ジェンキンズに振り下ろし、船長に引き続いて生きたまま海に投げ込んだ。船長の会食仲間の船医については、同じように海の藻屑とすべきかどうか議論した結果、役に立つかもしれないので命は助け、枷をはめておくということで大方の意見が一致した[5]。

こうして反乱者たちは船を乗っ取ると、鉢一杯のパンチを用意し、船上のさまざまな職務を新たに任ずる式を仰々しく執りおこなった。そして船員たちのなかで、いつも帆を縫う役を担当して針の扱いに慣れている者たちが、黒い旗に頭蓋骨と二本の交差した骨を縫い取って、海賊の伝統的なシンボル、恐怖の装置たる海賊旗（ジョリー・ロジャー）を作り上げた。彼らは船の名前をフェイムズ・リベンジ号に改めると、獲物を求めて海を往き、計五隻の船を拿捕した。ノースカロライナ沖ではジョン・アンド・ハンナ号を捕らえ、船長のジョン・フルカーを索具に縛り付けてむちで打ちすえて、最後にはその船を沈めた。だがこのフライの海賊行為にも、最後の時が来た。拿捕した船から海賊船に乗り移らせた者たちの一部が蜂起し、フライを捕らえたのである。フライと仲間たちはボストン港まで連行され、殺人と海賊行為の咎で裁判にかけられることになった[6]。

ボストンで彼らを待ちかまえていたのは、コットン・マザー牧師であった。マザー師は当時六三歳、尊大で虚栄心が強く、高圧的な性格で、オールド・ノース教会の牧師を務めており、そのころのアメリカ植民地でおそらくは最も有名な聖職者、のみならず最も有名な人物といってよかった(7)。彼はこの件に個人的に興味を抱き、フライの魂を救う誓いを立てると、この元甲板長に面会し、悔い改めるように説得するとともに、教会に行くよう命じた。もう一人の指導的な聖職者、ベンジャミン・コールマンもフライの説得に加わったが、彼らは何ら成果を挙げることができなかった。ボストンで最も傑出した聖職者の彼らは、みじめにもこの囚人の説得に失敗し、囚人のフライは彼らを拒絶し、嘲り、激怒した。コールマンは次のように記している。フライは「しばしば手におえないほど激怒した。天国そのものを呪い、彼を裁く神さえ、実際、彼は呪った」と(8)。マザー牧師は次のように結論づけた。フライは「頑迷と愚かさの、最も尋常ならざる驚くべき実例である。この悪人がいかに悔い改めようとしないのか、見ものとなるだろう」。

事実、数度にわたる面会の一場面で、フライは怒りを爆発させている。「俺は自分を責めることはない。どの殺人についても俺自身に罪はないのだ。船長とその航海士は、俺たちを無慈悲に扱った。哀れな俺たちに対して、正義などなされないのだ。指揮官どもに言うべき言葉は何もない。ただ、奴らが俺たちをかくも虐待することがないように、そして犬のごとくこき使うことが決してないようにしてほしい。俺たち哀れな船乗りは……」。明らかにマザー牧師は、ここでフライの発言をさえぎっている。これ以上、聞くに堪えなかったのであろう。ここにおいて二つの言説、すなわち片やキリスト教と神の言説、片や海と社会の言説とが、世界観を賭けて正面からぶつかり合ったのである(9)。

「哀れな男」ウィリアム・フライの絞首刑は、恐怖の瞬間であった。確かにその瞬間、二つの異なるたぐいの恐怖がぶつかり合ったといってよい。一方の恐怖は、コットン・マザーのような人々――聖職者や王の役人、金持ちなど、すなわち端的にいえば支配者たち――が実践したもので、海賊行為を商業上の資産に対する犯罪として排除しようとした。彼らは目的を達成するために、意図的に恐怖を利用した。資産を守り、法に逆らう者を罰し、敵と思われる者に復讐をし、海賊になろうと考えるような船乗りに恐れを抱かせようとしたのである。コールマンが示唆したように、これらの行為は社会秩序の名のもとに実行され、コールマン自身が処刑に際しておこなった説教（フライは参加を拒んだ）は、恐怖についての、さらには死をもたらす「恐怖の王」たる神、つまりあらゆる社会秩序の源泉についての黙想にほかならなかった。実際この当時、国の統治者たち自身がある種のテロリスト、すなわち恐怖《テラー》を生む者ともいえたが、それは「テロリスト」の語が近代的な意味合いを帯びる何十年も前のことであり（フランス革命の恐怖政治の時期に、この語は近代的意味を獲得した）、まだこのような意味合いで彼らを捉えるべきではない。彼らは長い年月をかけて文化上の英雄、さらには建国の父のたぐいにすらなっていったのである。彼らが用いた恐怖とは、弱者に対して発動される強者の操る恐怖であった(10)。

一方、もう一つの恐怖とは、海賊旗のもとに航海したウィリアム・フライのような普通の船乗りたちが実践したもので、この旗は商船の船長たちを恐れさせ、その積荷を差し出させるように機能した。海賊たちは目的を達成するために、意図的に恐怖を利用した。お金を獲得し、彼らに逆らう者を罰し、敵と思われる者に復讐をし、彼らに対して襲撃や抵抗を企てようとする船乗りや船長、商人、役人たちに恐れを抱かせようとしたのである。続く各章で見るように、これらの行為は異なる社会秩序の名のもとに実行され、実際、海賊たちはある種のテロリスト、すなわち恐怖《テラー》を生む者ともいえたが、まだテロリストの語の近代的な意味合いで彼らを捉えるべきではない。彼らは長い年月をかけて文化上の英雄、おそらくはアンチヒーローとなっていったのであり、アメリカや、さらには世界中のポピュラーカルチャーのなかで、少なくともロマンティックで力強いイメージを作り上げてきたことに間違いはない。彼らが用いた恐怖とは、強者に対して発動される弱者の操る恐怖であった。当局が、海賊を吊るす絞首台の上に海賊旗を掲げるよう定めたことに端的に示されているように、それは恐怖をめぐる弁証法の不可欠な一部をなした。その情景は、一方の恐怖がもう一方の恐怖に勝利したことを意味していたからである(11)。

全世界への宣戦布告

ウィリアム・フライをはじめ、これから本書で出会うことになる多くの海賊たちが演じたドラマは、当時の重要な諸問題にかかわるものであった。たとえば、海賊となった貧しい船乗りたちは階級の問題を劇的な形で示しており、やはり海賊となったアフリカ人、アフリカ系アメリカ人たちは人種の問題を提起し、海賊となった女性たちは性にかかわる慣行へと我々の注意を向ける。そして海賊となって「彼ら自身の黒い旗」、すなわち海賊旗のもとで航海したすべての者たちは、国レベルの高度に政治的な劇を演じたといえる。これらの出来事はそれぞれの舞台で演じられており、舞台の語が持つ二通りの意味、すなわち特定の地理的場と、特有の劇的形態をそれぞれ有していた。大舞台は大西洋であり、ある時はその港町、ボストンに急ごしらえされた絞首台が舞台となり、またある時は、海原の真っただ中を航海する船、フェイムズ・リベンジ号の混雑した甲板がドラマの場となった。そしてこれらの舞台は、そこで演じた者たちと同じく、一時的で移ろいやすく、ローカルであると同時にグローバルな性格を帯びていた(12)。

国レベルのドラマにおいて海賊たちにあてがわれたのは、残忍で不気味な悪党の役どころであり、支配層によって、社会秩序を破壊しようとする血に飢えた怪物として描かれた。第7章で論じるように、このように悪しきものとしてのレトリックの背後には、国に対する挑戦とその結末の実像が立ち現れることになる。たとえばウィリアム・フライと同時代の船乗りのなかには、スペイン継承戦争中に私掠船で働いていたものもいた。私掠船とは国王から委任状を受けた民間の軍艦であり、戦時に敵船を襲撃して捕らえ、掠奪した。ヨーロッパ諸国は、この私掠船を海軍を補完する存在として利用し、敵の補給路や商業圏を寸断し、敵国の富を奪って自らの利益とした。しかし戦争が終わると、それまで利用していた私掠船を制御することができず、一七一六年には、「フランス人とスペイン人に対する和平条約には決して同意しない」ので、以後も両国の船を襲撃し続ける旨、もったいぶった調子で大胆にも宣言する海賊の一味が現れた。彼らはベンジャミン・ホーニゴールド船長に率いられ、「イギリス船やオランダ船には手を出さない」とした。

ヴァージニア総督のアレグザンダー・スポッツウッドは、海賊たちのこのような言い分を耳にしてはいたが、信じてはいなかった。彼は一七一六年七月に、本国の通商拓殖委員会に対して次のように書き送っている。近年、バハマ諸島に集結している海賊たちは、「イギリス船には迷惑をかけず、出くわしたフランス船とスペイン船のみ、根こそぎ獲物とすることで満足する」などと公言しているが、「このような輩を信用することなどできようはずもなく、利益が上がると見るや、どの国の船も同様に襲うであろうことは間違いない」。彼は正鵠を射ていた。私掠船の論理を、海賊たちは長く保つことができなかったのである。ホーニゴールド船長は、この事実を目の当たりにして驚愕したが、ほとんどがイギリス人からなる彼のクルーは、イギリス船の襲撃、掠奪を押しとどめようとする彼を船から追放した。結局のところ、この海賊たちが航行する海域で最も頻繁に出会い、また最も収益の上がる船は、イギリス船だったからである[13]。

国民国家のシステムがしだいに支配的になってゆく当時の世界において、海賊たちが「いかなる国の君主や支配者からも権限を委託されていない」という状態は、対処すべき最重要の課題とされた。バーソロミュー・ロバーツの一味は一七二二年、西アフリカ沖で、イギリス海軍の軍艦スワロー号との血なまぐさい戦いの末、捕縛されたが、それを受けて奴隷貿易の拠点、ケープコースト城塞に設置された臨時法廷において、ある判事は次のように厳しく彼らに説いている。「お前たちは国王陛下の軍艦に対して傲慢にも抵抗し、戦いを挑んだ。お前たち自身の邪悪で個人的な指令の他に、何ら権限を与えられていなかったにもかかわらず、お前たちは海賊旗のもとで戦ったのだ。破廉恥にも、人と神のあらゆる法のもとで、お前たち自身をありふれた掠奪者、反対者、違反者としたのだ」。

しかしながら海賊たちは、自身を「人と神のあらゆる法のもとで、ありふれた掠奪者、反対者、違反者」として位置づけることはなく、むしろ、国を持たない民だと考えていた。法の保護を奪われたプロレタリア集団たる海賊たちが、反国家のシンボルたる海賊旗を皆で縫い上げた時、それは「全世界への宣戦布告」であった。航行中に遭遇した別の船から挨拶を受けた際には、多国籍の出自を持つ彼ら海賊たちは、自らをどこか特定の国からではなく、「海から」来たと答えるのが常であった。掠奪品のために「自らの国を売った」と捕虜に話す海賊もいたという。一七一九年三月、スペインに対してイギリスが宣戦布告した時（短期間で終結した四カ国同盟戦争）、この点が非常に明確となった。イギリス海軍や、アメリカ在住の国王の役人たちは、この有事に海賊たちが馳せ参じて国王の委任状を受け取り、私掠船となって海に戻っていくことを熱望した。実際、多くの海賊たちが馳せ参じ、王の委任状を受け取り、私掠船となって海に戻っていった。スペインに雇われて、イギリス船を襲撃するために！　歴史家ピーター・アールが書いているように、スペインの「私掠船の船員は、主にイギリスとフランスの臣民から構成されていたと言われている。これこそまさに、当時の海賊が忠誠心を著しく欠いていたことを示すもう一つの好例である」。国の指導者たちは、次のように結論づけたに違いない。このような輩は、駆除してしまわなければならない、と[14]。

海賊の黄金時代

一七一〇年代・二〇年代は、海の掠奪行為の長い歴史のなかでも、海賊たちが最も繁栄を極めた時期の一つといえる。おおよそ一六五〇年から一七三〇年にかけて、いわゆる海賊の黄金時代が到来したが、一七一〇年代・二〇年代はその絶頂期であった。この黄金時代の海賊たちは、三世代に分けて捉えることができる。第一世代は一六五〇年から八〇年までのバッカニア［カリブ海を舞台に、主にスペインの植民地や船を掠奪した海賊］であり、彼らの多くはイギリスや北フランス、オランダ出身のプロテスタントで、老練な船乗りであった。ジャマイカを拠点としたヘンリー・モーガンがその典型であり、彼は無人島で野生の動物を狩る一方、カトリック教国スペインの船を襲撃した。第二世代は一六九〇年代の海賊たちで、ヘンリー・エイヴリーやウィリアム・キッドらはインド洋にまで進出し、マダガスカル島に海賊の基地を建設したりした。そして一七一六年から二六年にかけて活躍した海賊たちが第三世代で、三世代のなかで最も数が多く、最も成功を収めた。彼らこそが本書の主題であり、典型例はエドワード・ティーチやバーソロミュー・ロバーツらで、あらゆる国籍の船を襲い、莫大な富を生み出す大西洋の貿易システムを危うくした。

彼らはまた、近代の大衆文化のなかで生き続ける海賊のイメージの大部分を創り上げた。黒ひげのごとく冒険やスリルを体現する人物、ロバート・ルイス・スティーヴンソンの『宝島』に登場するジョン・シルバーのような障がいを負った無名の海賊、さらには髑髏と骨があしらわれた黒い海賊旗、などである。

一七一六年から二六年の一〇年間、多民族からなる海賊たちは、およそ四〇〇〇人を数えた。彼らは何百という商船を捕らえ、その価値ある積荷を掠奪し、捕らえた船の多くを燃やしたり沈めたりして大西洋システムに大損害を与えた。ようやく安定化し、拡大する大西洋経済こそ、莫大な利潤と新たなる帝国支配の源泉となったこの時期に、彼らは西インド諸島や北アメリカ、西アフリカといった資本蓄積の戦略上、重要な地帯の貿易に混乱をもたらしたのである。通常、彼らは商船や海軍の船乗りを経験した後、海賊となった。商船や海軍では窮屈な寝床や貧しい食事、残酷な懲罰、低賃金、ひどい病気や事故、早死になどが日常であった。本書で述べるように、海賊になれば掠奪品や「即金」を手に入れ、有り余る食べ物、飲み物を口にでき、幹部は選挙制、分け前は平等に分配され、怪我をすれば面倒を見てもらえて、楽しい仲間たちが身近にいるという暮らしを享受できた。そしてこれらすべては、彼らの正義の倫理がもたらしたものであった。

このような良い生活を享受できた海賊暮らしも、実は長く続くものではなかった。典型的な海賊が、髑髏の旗の下で航海できたのは、わずか一年か二年にすぎず、ほとんどではないが、多くの海賊たちが、海賊行為ゆえに命を落とした。それ以上生き延びて、海賊を続けた者は稀であった。ケープコースト城塞でロバーツ一味を起訴した国王の役人の記述によれば、「古株で悪名高い犯罪者」として最初に絞首刑に処されたグループ、すなわちウィリアム・マグネス、デイヴィッド・シンプソン、トマス・サットン、ヴァレンタイン・アッシュプラント、リチャード・ハーディですら、三年間から四年間の海賊行為を咎められたのである。しかし死と隣り合わせという状態は、決して海賊となることをあきらめさせる理由とはならなかった。彼らの選択のありようは、ロバーツ船長自身が端的に語っている。商船では「貧しい食事に安い賃金、厳しい仕事、一方ここは豊かで満ち足り、楽しくて気楽、自由で活力がある。得なこちら側を選ばない者があろうか。しかも、およそ出くわしたくない危険のすべては、最悪の場合でも、吊るされて息を詰まらせた不愉快な顔を一つか二つ見る程度だ。そう、短くも陽気な人生。これが俺のモットーだ」(15)。

恐怖を操る国民国家にとって、海賊たちを短命なものとしたのは大いに喜ばしいことであった。しかし一七二六年にボストンでウィリアム・フライとコットン・マザーが対峙した事件は、一〇年に及ぶドラマの一場面にすぎなかった。イギリスに先導された大西洋の諸帝国は、海賊行為を撲滅するために恐怖を駆使して国際的なキャンペーンを繰り広げ、権力を民衆に誇示する場として絞首台を利用した。一七一六年から二六年にかけて、次のような場所で海賊たちが絞首刑に処された。ロンドン、エディンバラ、アゾレス諸島のサンミゲル、アフリカのケープコースト城塞、ブラジルのサルヴァドル、キュラソー、アンティグア、セントキッツ、マルティニク、ジャマイカのキングストンとポートロイヤル、バハマ諸島、バミューダ、サウスカロライナのチャールストン、ヴァージニアのウィリアムズバーグ、ニューヨーク、ロードアイランドのプロヴィデンス、そしてボストン。ボストンではフライに先立つ数年前に、すでに数名の海賊の処刑がおこなわれていた。以上すべての場所で、当局は海賊行為を犯した者たちの死刑を、見世物の場としてしつらえたのである。フライの絞首刑も、これら恐るべき一連のシーンの、最終局面の一つといえた。

処刑場の海賊たち

大西洋岸の各地で執行された海賊たちの処刑のいずれもが、大なり小なり、このフライと仲間の海賊、そしてマザー牧師が演じたドラマの要素を有していた。コールやグリーンヴィル、コンディックのように罪を悔いた者たちは、通常、恩赦に望みをかけて、当局が彼らにしゃべってほしいと思ったことをしゃべり、おそらくは彼らも自分でしゃべったことを本気で信じてさえいた。たとえば、ののしったりしないこと、不敬な言葉を使わないこと、みだりに主の名を唱えないこと、みだらな歌を歌わないこと、賭け事をしないこと、売春宿に出入りしないこと、安息日を汚さないこと、不貞行為や肉欲に溺れないこと、強欲であってはならないこと、といった具合である。そして、あらゆる権威に従い、両親を敬い、「統治者に敬意を払い」、足るを知って自らの分をわきまえるよう説いた。その結果、恩赦を得た海賊もごくわずかながらいたが、従順で悔恨の念を示した者ですら、恩赦が与えられることはほとんどなかった(16)。

しかしこれらの処刑から見えてくるもの――当時の当局にとって確かに見えてきたもの――は、処刑が惹起した騒動と抵抗の数多くの事例である。一七一七年にはジャマイカのキングストンで、抑えのきかなくなった暴徒たちが一人の海賊を絞首台から救い出した。大西洋岸のあらゆる場所で同様の事態が発生することを恐れた当局は、このような事態を防ぐために警備の軍隊を増強した。しかしフライのような海賊たちの多くは、処刑の際にあらかじめ用意された役割を拒み、状況を転覆させる最後の機会として処刑の場を利用したのである。海賊たちは絶えることなく次々と挑戦的な態度で絞首台にのぼり続け、その場で高次の権力をあざけった。一七一八年のバハマ諸島では、海賊のトマス・モリスが絞首台の階段とロープを前にして、次のような単純な願いを口にしている。「これらの島々の大いなる災厄であり続けたい」と。

一方、一七二六年には屈強な海賊ジョン・ガウが、自らの絞首刑に際してロープを引きちぎったので、仕切り直して「絞首台の階段を再度のぼり、何ら気にすることもなく、生きていた時に彼を駆り立て突き動かした獰猛さをもって、死んでいったのである」[17]。

バハマ諸島の総督であり、総司令官であり、副海事裁判所判事でもあったウッズ・ロジャーズは、一七一八年一二月、プロヴィデンスで多くの海賊を絞首刑に処す準備を整え、その際、絞首台の上に悪名高い海賊旗が翻るようにセッティングした。歯を見せて笑う髑髏が、処刑の場を見下ろせるようにするためである。集まった群衆——彼ら自身、かつて海賊だった者も多い——による騒擾、さらには彼らに罪人を奪われてしまうことを恐れたロジャーズは、最終的に刑を執行されることになるデニス・マカーティと八人の海賊を刑場に護送するため、一〇〇名もの兵士を動員した。「反乱罪、重罪、海賊行為」の咎で刑に処される海賊たちは、次々と反抗的な話を始めた。「気概のある男にとって、海賊となる以外、人生の選択肢はないと口々に称えながら」。マカーティは、「その時が来たら、この島の大勢の勇敢な男たちは、俺が犬のように死ぬのを黙って見てはいまい」と述べたものの、群衆に向かって次のように認めた。目下、「あまりに多くの兵隊にとり囲まれているので、自分のために何かしてくれる者は誰もいない」、と。ともあれ海賊たちは飲んで乾杯し、政府に対して見下した口調で非難の言葉を吐いた後、一人だけが刑の執行を猶予されると、引き続いて命令が下り、絞首台の床を支えていた支柱がはずされた。そして「床が落ち、八人がぶら下がった」[18]。

一七二〇年にバーソロミュー・ロバーツの仲間の乗組員八名が捕まり、ヴァージニアで裁判にかけられた時も、彼らは乱暴で無礼な態度を取った。彼らは「法廷に対して最大級の無礼を働いた」のである。裁判が結審するや否や、「彼らは判事たちに呪いの言葉を吐き、起訴された罪状についてあらゆる懸念を口にした。そして、もし自分たちに再び自由が与えられるならば、自分たちの手中に落ちた者はだれ一人、命を助けることはないと誓った」。赦免の誘惑などには一瞥もくれず、彼らは死に向かったのである。ある目撃者は次のように記している。「彼らは生きていた時と同じように死んだ。何ら悔い改める様子も見せずに」。確かに「彼らが処刑場に引き立てられてきた時、一人がワインのボトルを一本要求した。彼はそのワインの注がれたグラスを手に取ると、総督に非難の言葉を投げつけ、当植民地に混乱をもたらすことを願いつつ飲み干した。残りの者たちもそのように誓った」。アレグザンダー・スポッツウッド総督は、海賊たちが法廷で怒鳴り散らしたり、処刑場で乾杯したりすることを快く思っておらず、王の役人の一人に冷静な調子で次のように書き送っている。「さらに彼らに恐怖を与えるためには、鎖で四人つないで首を吊らせる必要があると考えます[19]」。

このようなドラマが次から次に続いた。一七二二年にロバーツ一党の五二人がケープコースト城塞で処刑された時、ヨーロッパ人やアフリカ人の群衆の前で、海賊一味は次のように述べている。「自分たちに負けず劣らず罪深い奴らが、まんまと逃げおおす一方で、自分たちは吊るされてしまう哀れな悪漢だ」。罪深い奴らとは、船乗りから正当な賃金や適正な食事をかすめ取って、多くの船乗りを海賊行為へと向かわせる金持ち連中の意である。マグネス、シンプソン、サットン、アッシュプラント、ハーディといった「古株」の海賊たちは処刑に際し、「だれ一人、落胆したような顔をまったく見せなかった」。フライと同様に彼らは裁判をののしり、「涙の一滴も見せることなく、絞首台へとのぼった」。ただ、ハーディは文句を言うために少し立ち止まった。「自分は多くの絞首刑を見てきたが、このように後ろ手に縛られたのを見たことがない」。史料は、「彼はこのあたりの事情をよく知らなかったので、これまでそのような例を目撃したことがなかったのであろう」と続ける。だが彼は、当局が正式な処刑の執行方法すら知らないと示唆するような大胆さ――もしくはユーモア――を持っていたのである！[20] ここでも当局は、刑場に海賊旗を掲げていた。海賊旗の下で航海した者は、海賊旗の下で死ぬのだと、当局は主張したかったのである。しかもただ殺すだけでは十分でない。ウィリアム・フライのように、海賊の遺体は「有益で長持ちする見世物」へと変えられた。ロバーツ一党の場合、可能な限り広く教訓を伝えるため、アフリカ沿岸の上から下まで、遺体が配置されたのである。[21]

恐怖《テラー》には恐怖《テラー》を

恐怖は、それに対抗する恐怖を生み出した。目には目を、歯には歯を、である。一七一七年にボストン当局がブラック・サム・ベラミーのクルー八名を絞首刑に処すと、まだ海で暴れまわっていた海賊たちは、「ニューイングランドの奴らを捕まえたら皆殺しにする」と誓った。黒ひげとして知られるエドワード・ティーチとその仲間たちは、捕らえた船に火をかけたが、それは「その船がボストンの船だったからで、ボストンの人々が海賊を何人か吊るしたため」であった。[22] バーソロミュー・ロバーツとその一味は、一七二〇年にネヴィス島の総督と参議会が何名かの海賊を処刑したことを知ると非常に憤り、バステールの港までやって来て数隻の船に火をつけ、彼らの言う正義をなすために、海賊の処刑に責任のあった役人を彼らのところまで連れてきた者に多額の報奨金を約束した。彼らは同様の脅しを、ヴァージニアでスポッツウッド総督を愚弄しつつ刑死した海賊たちの復讐のためにも公言した。彼らの脅し文句が偽りでないことは、マルティニクの総督を乗せたフランス船を偶然捕らえた時に証明された。彼らの「兄弟」を数名、絞首刑にしたこの哀れな総督の首を、その船の桁端《こうたん》から吊るすことで、ロバーツは復讐を果たしたのである。このように海賊たちは、国の側の恐怖に恐怖でもって対抗した。それは神経戦であり、一人が吊るされれば、またたれか一人を血祭りにあげるという具合に、暴力の連鎖が続いたのである(23)。

しかし実際には海賊はそもそもの初めから、すなわち当局が海賊たちを絞首刑に処す以前から、恐怖の行使を実践しており、それには彼らなりの理由と彼らなりの方法があった。本来、海賊行為は恐怖を基盤とするものであり、当時の海賊たちは皆、そのことを理解していた。この世代の海賊についてよく知る(うち何名かは個人的に知っていた)キャプテン・チャールズ・ジョンソンは、彼らの成したことをその細部まで記録にとどめているが、彼らのことを「世界の貿易圏にとっての恐怖」と呼んでいる。コットン・マザーも海賊たちを、「海に出没し、人々に恐怖を与え続ける海の怪物」と呼称した。海賊たちは貿易を組織する人々や、貿易を遂行する人々に恐怖を与えたのである。そしてすべての恐怖は、海賊船が獲物と定めた船に近づいて、海賊旗を掲げた時から始まる。恐怖をもたらす最大の手段たる海賊旗が伝えるメッセージは誤解のしようもない。降伏か、死か、である(24)。

海賊は、戦闘を避けたり、隠されたお宝の在りかを白状させたり、船長を罰したりするなど、さまざまな理由から恐怖を利用した。とりわけ強調すべきは、血に飢えた海賊のイメージが当時も今も流布しているにもかかわらず、実際の彼らは戦闘を望まなかったという事実である。スタンリー・リチャーズは次のように書いている。「掠奪品を手にして、それを元手に楽しく暮らすのが彼らの望みであり、戦闘はその安らかな生活を奪いかねないものであった。それゆえ、他の船と戦闘に入らざるをえないという状況は、たとえ必要な場合であっても、およそ嫌悪すべき事態とみなされていた。彼らが求めたのはお宝であって、血ではなかったのである」[25]。

それにもかかわらず、彼らはお宝を手にするためなら、暴力的な脅しを用いることもやぶさかではなかった。最も優先されるべきは、襲撃した船の乗組員たちをおびえさせて、船を守る意欲を失わせることであった。多くの商船の船長たちが証言するように、実際にこの作戦は首尾よく機能した。次のような証言がある。「海賊旗が上がると、それを見た部下たちは、もはや船を守ろうとはしなくなる」。海賊旗が掲げられ、「恐怖におびえた」イーグル号の乗組員たちは「戦うことを拒否しただけでなく」、船を「守る義務」を果たそうとした「高級船員たちの邪魔までした」。おびえきった乗組員たちは、ついには「船倉に逃げ込んだ」。エドワード・ロウと一味が向かったアゾレス諸島のサンミゲルでは、「抵抗する者は皆、ただちに殺すと脅して、皆を恐怖におびえさせ、乗組員たちは一発の銃弾も撃つことなく、ならず者たちに自ら戦利品を差し出した」。なぜ乗組員たちは、自分たちの船を守ることを拒否したのだろうか。もし彼らが抵抗しても、海賊の力の方が勝っていた時には、おそらく拷問されて、彼らだけでなく、他の船乗りに対しても、見せしめにされることがわかっていたからである。一七一八年六月の『ボストン・ニューズレター』が記すように、抵抗した者への厳しい処遇は、「我々の船員たちをおびえさせ、海賊の襲撃に際して、戦うことを拒否させた」。結局のところ、海賊たちは次のように問いかけるのである。ひどい扱いをする商人や船長の財産を守るために、お前たちは自分の命を懸けるのか、と[26]。

海賊はまた、襲撃して捕虜にした人々、とりわけ船長に対して、お宝をどこに隠しているのか、そして「どれくらいの金銭を積んでいるのか、白状させる」ためにも暴力を用いた。ある船長に向かって彼らは次のような脅し文句を吐いている。もし少しでも金銭を隠していたならば、「おまえの首に鎖弾を巻きつけて、海に沈めてしまうぞ」。また別の船長に対しては、「もし一つでも嘘をついていれば、お前とお前の船を呪ってやる」と言ったという。それでも貴重品を隠して、結局、海賊に見つかった者もいた。ロバーツとその一味は、捕らえた船の航海士が「ポケットに金の指輪を二個隠している」のを見つけると、引きずり出して「索具に縛り付け、死ぬ一歩手前までむちで打ちすえた」。しかしこのような暴力の行使は、同様の手段を用いていた海軍や私掠船の場合と何ら変わるところはなかった。海賊たちが操った恐怖の一部は、まさに通常の戦闘行為にはつきものであり、ただ彼らはその戦闘行為を国民国家の承認なしに遂行したという違いがあるにすぎなかった[27]。

海賊たちはまた、捕らえた船の積荷に対して暴力を行使した。非常に激しく、無慈悲なやり方で、大量の積荷を破壊したのである。海賊に襲撃された船長の一人は、その詳細を長々と証言している。彼らは「復讐鬼の一群」のごとく船倉に下りてきて、そり身の短剣（カトラス）で商品を詰めた箱や梱《こり》に切りつけ、大声で笑いながら貴重な品々を海に投げ込んだ、と。海賊たちはまた、マストを切り倒したり、船に火をかけて沈めたりして、多くの船を破壊した。それは彼らの存在が船から船へ、また船から陸へと知らされることを防ぐためでもあったが、彼らが敵と考えている商人や船長の財産を破壊したかったからでもある。彼らは商品の所有者に対して、間接的にテロ行為をおこなったのである[28]。

このように恐怖を利用する海賊たちのやり方は、イギリス海軍の士官や水兵たちをもおびえさせる効果を持ったように思われる。一七一七年以降、アメリカ植民地の役人や商人たちはイギリス海軍に対して、貿易に大変な混乱をもたらしている海賊たちと戦おうとしないとして、そろって不満の声を上げた。商人たちはとりわけ、海軍の船が海賊と戦うのではなく、むしろ商取引をしようとしていると不平を述べている。ジャマイカでは「軍艦の艦長が、海賊の動向が知らされても、このように向こう見ずな奴らと戦って自艦を危険にさらすことを嫌がり、当地に停泊していた」。バハマ諸島のウッズ・ロジャーズ総督と、アンティグアのアーチボルド・ハミルトン総督および参議会は、軍艦ローズ号のホイットニー艦長が、ロバーツとその僚船を追うように命令を受けても拒否したと不満を漏らしている。軍艦シアネス号のコーンウォール艦長は、「他の海賊の探索に赴く任務を拒否、もしくは無視した」。海賊と戦うためにインド洋に派遣された軍艦ロンドン号のアプトン艦長は、海賊のエドワード・イングランドに遭遇すると、帆を掛けて逃げ出した。また、軍艦ライオン号のトマス・マシューズ艦長は、海賊と戦う危険な任務よりも、海賊と非合法な取引をおこなうことを選んだようである。艦長はマダガスカルで海賊に同調し、商取引をしたと告発されている。海賊のエドワード・テイラー船長は、イギリス海軍のこのようなありさまを見て嘲り、一七二三年に乗組員に向けて次のように短く話している。「畜生、神に誓って言うが、俺たちを追っかけてくる小艦隊の奴らは、俺たちを見つけようなどと思ってもいねえ。奴らは損得勘定のほうに忙しいのさ。俺たちは互いに備えを万全にして、自分たちのことさえ気を付けていればいいのさ」(29)。

第三の恐怖《テラー》

海賊と国民国家間の暴力の弁証法は、どのように展開したのか。その原因は何なのか。一七一六年に海賊たちは、どのように活動を活発化させたのか。一七二六年以降、それはどのように治まったのか。海賊たちはなぜ、このように船長や役人たちに怒りを爆発させ、復讐を望んだのか。そしてなぜ、「気概のある男にとって、海賊となる以外、人生の選択肢はないと口々に称えた」のだろうか。

本書の各章では、海賊の黄金時代にあって、その最後の偉大な瞬間を作り上げた海のならず者たち、すなわち一八世紀初頭の海賊の社会史、文化史を紐解きながら、このような重要な問いに取り組んでゆくことになる。本書で見るように、一八世紀初頭の海賊船は、すべてがひっくり返った世界であった。その世界は、彼らの新たな社会秩序のルールや慣習を規定するいくつもの約束事によって、築き上げられていた。海賊たちは自らの「正義をおこない」、船長らを選出し、お宝を平等に分配し、新たな規律を打ち立てた。船長の権限に縛りをかけ、資本主義的な海運業の慣習の多くに抵抗し、多国籍で多文化的、多人種的な社会秩序を維持したのである。彼らは、商船や海軍のように無慈悲で抑圧的なやり方で船を走らせてはならないことを、破壊的な形で、身をもって明瞭に示した。

実のところ、当時存在していた恐怖は二つ、すなわち絞首刑の恐怖と海賊旗の恐怖のみでなかった。第三の恐怖が存在していた。ウィリアム・フライとボストンの聖職者たちとの論争や、大西洋岸の港町で次々とおこなわれた絞首刑のドラマを理解するためには、そして何よりも一八世紀に海賊行為が爆発的に増加した事実を理解するためには、我々はフライの言う「ひどい扱い」、つまり船長や航海士が彼や彼の仲間の船乗りをいかに酷使したのか、あたかも彼らを「犬」のごとく、いかに「無慈悲に」扱ったのか、フライの説明する言葉に耳を傾ける必要がある。彼は、一八世紀に遠洋を航海する船で半ば制度化されていた暴力的な規律について語っているのである。資本主義的世界経済の血液ともいえる商品を運ぶ船長は、労働規律を守らせるために日常的に暴力をふるい、その慣行は広く浸透していた。グリーン船長がエリザベス号でフライや他の乗組員に対してどのような行為をおこなったのか、正確に物語る史料は現存しない。

しかしフライらが憤り、反乱を起こし、殺人を犯し、海賊行為に走ってしまったことからも、船長の行為を推測することは困難ではない。この時期の高等海事裁判所の記録は、むち打ちや拷問や殺人など、血なまぐさい記述に満ち溢れている。[30]実際フライはグリーン船長のことをテロリストと述べているのである。

一七二六年にボストンで向かい合ったフライとマザーの間には、尋常ならざる対立が生じたが、そのような事態は決して異例というわけではなかった。この時期、フライのような海賊たちは、まさに「万国の民からなる国境なき悪漢」であった。あらゆる国の民から構成され、世界中の通商に対して、その国籍や財産を考慮することなく攻撃を仕掛けた彼ら海賊たちは、風変わりで魅力的なドラマを作り上げた。一八世紀の道徳劇は、強烈なキャラクターと複雑な筋書き、意外な展開、そして予期しない結末に満ちていたのである。フライがマザーを論破したことも、そのような結末の一つであった。「愚か」で「頑迷な」この海賊が、独善的なこの牧師に、少なくとも海賊行為に至る主要な原因の一つについて、実際に納得させることができたのである。マザーは処刑の際におこなった説教で、群衆のなかの船長たちに向かって、はっきりとした言葉で次のように強調している。「今後は、あなた方が部下の者たちを悪魔のごとく無慈悲に扱って、自暴自棄な行動に走らせるようなことが決してあってはならないのだ」、と。[31]

第2章　海賊行為の政治算術

海賊行為の急増

スペイン継承戦争（一七〇二～一三年）ののちに海賊行為が急増したことに、誰一人として驚く者はいなかった。たとえばヴァージニア商人の一団は、早くも一七一三年のうちに、「平時に貿易を乱す海賊に対する懸念」を海軍本部に陳情している。西インド諸島への郵便船を請け負っていた商人エドマンド・ダマーは、私掠という「忌々《いまいま》しい商売」が、平時において「おびただしい海賊どもの温床となり……奴らによって、我々は目下敵国（フランスとスペイン）から被っている以上の危険にさらされることになる」と考えていた。このような海賊行為の横行という事態が実際に起こりうるというだけでなく、さらに予測可能ですらあった当時の状況とは、いかなるものだったのだろうか。より限定的にいえば、大西洋経済の組織化と成長という当時の状況は、日々の労働に勤しみつつ、ともすれば「勘定に出る［海賊になるの意］」という重大な決断さえ下しうる船乗りの目には、どのように映じたのだろうか。遠洋航海に熟練した船乗りは、海賊行為が激増した一七一六年の世のなかについて、何を知っていたのだろうか。そしてひとたび激増するや、実際に海賊はイギリスの海運業に対して、戦時中のフランスやスペインを凌ぐほどの脅威を与えたのだろうか。
これらの疑問に答えるために、以下では、一八世紀初頭であれば「経済生活の政治算術」と呼ばれたであろう事柄を概観してみよう。すなわち、吟味すべきは帝国や商業、戦争、平和をグローバルな視野から眺めた実状であり、これらはいずれも、海運労働市場の浮き沈みや、遠洋貿易における船乗りの労働に少なからず依拠するものであった。このようにさまざまな力が複雑に入り組んだなかから、海賊たちは短刀を口にくわえて這い上がってくるのである(1)。

船乗りを取り巻く世界

船乗りは知っていた。大西洋を取り巻く陸地のほとんどが、そして彼が船を向ける港町のほとんどが、帝国となった五つの国家――スペイン、ポルトガル、オランダ、フランス、そしてイギリス――に属していたことを。

スペイン人とポルトガル人は、一五・一六世紀には新世界の大部分の領有を主張したが、一七〇〇年の時点では、それらの地にはおよそ一三〇万のヨーロッパ人の三分の二と、アフリカを出自とする一〇〇万の人々が、さらに数百万人ものアメリカ先住民の傍らに暮らしていた。オランダ人は、人口は少ないものの数多くの船舶を保有し、一七世紀には海の覇者へと上り詰めた。グローバルな経済力を求めた新参の挑戦者はフランス人とイギリス人で、ともにやや遅れて覇権争いに参入したが、繁栄を謳歌することになる。スペインでは、植民地の商業や海事案件は通商院とインディアス枢機会議が管轄しており、同様にポルトガルでは海外評議会が、オランダではオランダ西インド会社が、フランスでは海事省、イギリスでは枢密院、通商拓殖院、通商拓殖委員会が担った。セビーリャ、リスボン、アムステルダム、ロンドンといった大きな港町を起点とし、ヨーロッパとアフリカのヒト・文化・経済をアメリカとつなぎ合わせていたこれらの機関は、海上交通を利用しながら「遠方の商館《ファクトリー》」を管理した。船乗りの労働力は、ここに欠かすことのできないものであった(2)。

船乗りは、自身の体験から知っていた。大西洋の列強が、絶え間ない戦争を互いに繰り広げていたことを。

一七一六年当時の典型的な船乗りとは、それまでの人生の大半を戦時下で過ごしてきた齢二〇代後半の男性である。実際、もしも少年のうちに「海で生きるように育てられた」(すなわち徒弟に出された)のでなかったならば、彼はずっと、敵対する国々が放つ砲煙がけむるなかでの労働生活を強いられていただろう。一八世紀の大西洋世界に影を落とすことになる英仏間の大きな対立は、一六八九年のアウグスブルク同盟戦争によって口火が切られた。この戦争は一六九七年まで続き、その後、海賊行為は横行したものの戦争のない五年間を経て、一七〇二年にはスペイン・フランスとイギリスが対峙するスペイン継承戦争が勃発し、戦いは一三年まで続いた。かくして船乗りにとって、二五年の半生のうち二〇年が、戦火の大西洋世界のなかで過ぎ去ったことになる(3)。

船乗りは知っていた。これらの戦争のほとんどが富をめぐる争いであり、その富の大部分が、彼が従事する大西洋貿易の主な商品――金、銀、魚、毛皮、奉公人と奴隷、砂糖、タバコ、諸製品――によってもたらされていたことを。

当初の段階では、強国間の衝突は土地をめぐって生じ、新たな領土の獲得に主眼が置かれていた。しかも争いは宗教的熱意に満ちており、プロテスタントとカトリックの諸国家は、血みどろで独善的な戦争を繰り広げた。しかし一八世紀の初頭までに諸帝国の領土がおおむね確定すると（以後、半世紀にわたって変化しなかった）、宗教戦争は商業戦争へと様相を変えていった。大西洋の諸帝国は、競争相手に対して自国の勢力を強めるべく政策を遂行し、互いに激しく対峙したが、その際、いずれの国も、制海権こそが貿易の拡大やさらなる利益、広域に及ぶ市場、経済成長、そして国力にとっての鍵となることを確信していたのである。とりわけ、一六六〇年から一七〇〇年にかけて「商業革命」を経たイギリスは、その間に貿易規模が三倍になり、急速に拡大する大西洋経済の立役者となった。新参の独立商人たちは、古参商人らの特許会社に取って代わるべく、波のごとく最前線へと押し寄せた。たとえば、一六九八年から一七一二年に至る局面のなかで、「黒い黄金」に群がり自由貿易を求める貪欲な商人たちに政府が門戸を開いたことにより、王立アフリカ会社は奴隷貿易の独占権を失った。そして大西洋に覇を唱える国々が、遠隔地貿易をJ・H・パリーのいう「穏やかな戦争」と見なすようになるにつれて、商業力と海軍力は相まって拡大していった。彼の主張の裏づけとなるのが、重武装で海を往来した商船や、半商半軍の私掠船団（私有の戦艦）の存在である。特に後者は、戦時に敵国の貿易船を襲い掠奪する目的で王権によって動員され、とりわけ各国勢力が繚乱する「戦争の舞台《コックピット》」たる西インド諸島において活動した。このように商品を海上輸送することにより、あるいは海上戦を遂行することにより、船乗りは大西洋で繰り広げられる事業のための労働力を提供したのである(4)。

船乗りは知っていた。幾千もの人々が、ある者は自らの意志で、またある者は心ならずも、大西洋のあちらこちらを移動しながら労働に勤しんでいることを。またその多くが、彼自身と同様に、暴力にさらされていることを。

本源的蓄積と呼ばれる土地収奪が世界的規模で進行したことにより、一七一六年までにすでに数百万もの人々が、ヨーロッパ、アフリカ、南北アメリカにおいて先祖伝来の地から引き離されてしまっていた。数十万ものアメリカ先住民は、新世界での大量殺戮によって死んでいった。戦争や、あるいは彼らが免疫を持たないヨーロッパの疫病の蔓延によって、その命を奪われたのである。また数千の先住民は、南北アメリカ沿岸を席巻するヨーロッパ人入植者から逃れるため、アメリカ大陸内陸部へと移っていった。一方アフリカでは、一七一六年までに、兵士や侵略者によって二五〇万のアフリカ人が村々から連れ去られ、ヨーロッパや南北アメリカへと船を出すヨーロッパ商人に売り渡された。ヨーロッパ全土でも、囲い込み運動やその他の収用の手段によって、とりわけイギリスでは数千人が移動を始め、民衆は働き口を求めて都市へと群がった。戦争で膨大な労働力が必要とされたため、彼らはたいてい賃金労働者として、製造業や、とりわけ陸海軍で雇用を得ることができたのである。またさらに数十万人は、自由労働者もしくは不自由労働者として、植民地のプランテーションへと船出していったただろう。帝国各地の周縁部で再雇用されるべく、土地収奪によって「自由になった」数百万もの労働者は、プランテーションで年季契約奉公人や奴隷として働き、その労働によって、世界がいまだかつて目にしたことのない巨大な富が計画的に蓄積されていった。一八世紀の大西洋世界を牽引し、最大の富をもたらした商品たる砂糖は、血で作られるといわれたほどである。有力なプランター〔農園主〕たちは、その影響力を自らの土地のみならず植民地議会へ、さらには本国の議会へと行使し、一七一六年までには大勢の奉公人と奴隷を酷使するに至った。大西洋の諸帝国は、主として暴力――土地の占有、農民からの土地収奪、中間航路、労働規則を通じての搾取といった暴力や、植民地の秩序に刃向かおうとする者に対する(しばしば死をもたらす)刑罰という名の暴力――を巧みに利用することにより、未曾有の規模で労働力を動員したのである。一七一三年までに、大西洋経済が成熟、安定、収益という新たな段階に至ったのは、誰もが認めるところであろう。少数へと蓄積された富は、多数へと蓄積された苦難のもとに成り立っていたのである。(5)

船乗りは知っていた。貿易は世界経済を統合する手段であり、遠洋へと帆を広げる船がその貿易を可能にする装置であることを、そして彼自身の労働がその船を動かすことを。しかし、彼ら海の労働者にとって、一七一六年が苦難の時代であることもまた、彼は知っていた。

スペイン継承戦争の終結によって、イギリス、フランス、スペインの各海軍で、人員が大幅に削減された。なかでもイギリス王立海軍は、一七一二年に四万九八六〇人いた人員を、わずか二年後には一万三四七五人へと減らし、一七四〇年までに再び三万人まで増加させることになる。終戦と同時に、私掠行為の委任状（私掠免許状）が失効したことも、世界各地の港町で職を求めてさまよう船乗りを増大させた。キャプテン・チャールズ・ジョンソンの記録によると、イギリスでは働き口のない大勢の船乗りが、「国土の至るところで貧困にあえぎ、物乞いをして」いた。

しかしながら、船乗りを取り巻く境遇は、戦後直ちに悪化したわけではなく、歴史家のレイフ・デイヴィスは次のように説明する。「一七一三年から一五年にかけて――一八世紀を通じて、戦後間もない時期は必ずそうであったように――必要以上に蓄積された植民地の余剰産物が出回り、大量の本国製品は植民地市場や他の市場へと売りさばかれ、そしてこれまで減少の一途をたどっていた輸入品の在庫が、全面的に補填されていった」と。この小景気のおかげで、海軍や私掠船での任を解かれた船乗りのなかには働き口を得られた者もあった。

ところが一七一五年の末までに貿易が落ち込み始め、停滞は三〇年代まで続くことになる。そのために供給過剰となった海上労働力は、社会に不協和音を生じさせてしまう。賃金は著しく下がり、一七〇七年には月に四五～五五シリングを得ていた商船の水夫は、わずか数年後にはその半分の額しか稼げなくなっていた。船乗りは限られた労働需要をめぐる競争を強いられ、幸いにも職にありついた者は、いまや船での日常が、食事はより粗末に、規律はより厳しくなっていることを知るのだった。しかもこの傾向は、一八世紀が進むにつれてますます顕著になっていく。戦時中であれば、彼らは命にかかわる危険を甘受する一方で、確実な利益を期待することができた。一七一六年に労働に従事していた水夫は、かつては自らを取り巻く境遇が違っていたことを、すなわち、大勢にとって明らかにましな境遇だったことを、理解して

いたのである。(6)

船乗りは知っていた。大西洋に覇を唱える国々の支配者たちが、海賊を、帝国の青写真の実現を支える盟友とは見なさず、むしろその構想を害する敵対者と見なす断固たる新見解を示したことを。

一七世紀の大部分において、オランダ、フランス、イギリスは間接的に海賊たちを利用することにより、新世界でポルトガルとスペイン、ことに後者を苦しめ、そのきらびやかな富を少しでも奪い取ろうとした。主にカリブ海の島々、とりわけジャマイカを拠点として、海の盗賊たちはベラクルスやパナマシティといったスペイン領アメリカの港町を掠奪した。彼らは手当たり次第にカトリック教会を破壊しては、多くの場合、運べる限りの銀器類を船へと持ち去ったのだった。

しかし、一六八〇年代までに、支配階級はその態度を転換した。ジャマイカの有力者たちは、海賊を利用するよりも、砂糖の生産によってより多くの金を、より「計算通りに」得られるようになっており、本国イギリスの議員らも、さらに安定感と信頼性の高い国際貿易ネットワークを求めたのである。この双方のもくろみの障害となる海賊は、一六九〇年代にかなりの数が絞首刑に処され始めた。

歴史家のマックス・サヴェルによれば、一七一三年のユトレヒト条約は、「ヨーロッパでもアメリカでも、植民地における勢力の均衡を図る方針に基づいて、アメリカに恒久的な平和をもたらす和解であると考えられていた」。なかでもイギリスは、本国と植民地（特にジャマイカ）の貿易商たちが「アシエント［スペイン政府と交わした奴隷の供給契約］」を勝ち取ったために、そうなることを強く望んでいた。スペイン政府との協定により、イギリスは毎年四八〇〇人の奴隷をスペイン領植民地へ輸入することを公式に認められ、さらに膨大な数の奴隷を密輸入することさえも可能になった。「アシエントと秘密裏の奴隷売買による収益」は、スペインの富を搾り取ることのできる、より確かな手段であった。いまや海賊は、支配階級が待ち望む安定と収益へと続く進路を、正面から塞ぐように立ちはだかる存在になってしまったのである(7)。

船乗りは知っていた。社会の上層がいかなる態度を示そうとも、大西洋は広大な空間であることを。領土を拡張しすぎた諸帝国は、依存すべき海を容易には統監することができず、このような状況が、社会の下層に突破口を提供するということを。

大西洋世界の強国のなかでもスペイン、そして追随するフランスとイギリスは、海の向こうの陸地の大部分を占有していたものの、かの地へと船が行き交う航路を掌握することは容易ではなかった。一七〇二年に、オランダの法学者コルネリス・ファン・バインケルスフークが書き記したとおり、「陸上の権力は武力の尽きるところに尽きる」のであり、彼によれば、海の支配は「沿岸砲の射程距離によって決まると判断しうる」とされ、これは初めて領海三カイリ説を提唱した見解であった。しかしながら、彼にとって最も重要な結論は、「広大な海洋は所有されえない」ということである。海は、大勢によって利用されるべき共有の場であり、海賊に転身しようとする船乗りでさえ、そこから漏れることはなかった(8)。

一七一六年以降に海賊旗を奉じた船乗りは、木造の船の上での生と労働にかんする豊富な経験の持ち主であった。

船乗りの仕事場、すなわち遠洋を航行する帆船は、当時の工場ともいうべき場所であり、そこでは「働き手」――財産を持たず、それゆえ自らの労働力を売ることで貨幣賃金を稼ぐ――が協力してこの機械を動かしたのである。小さくもろい木船で、世界の荒海を渡っていくために、水夫は全面的に集団労働に加わることになり、生き延びるには、同僚の船舶労働者たちとの息の合った共同作業が求められた。その一方で船長は、ほとんど無制限の懲戒権を有し、いつ何時でも九尾の猫［結び目のある九本の縄をつけたむち］を用いる準備は万端であった。水夫はこのような船長への権力の一極集中に対して、脱走や怠業、反乱、ストライキといったさまざまな抵抗手段を練り上げてきた。事実、一七六八年のロンドンでの賃金紛争で、水夫はストライキを「発明」したのであり、商人らに要求を受け入れさせるため、水夫連中は船から船へと乗り移っては帆をストライクした――「帆を降ろす」の意――のだった。

慢性的な食料や飲料の不足、忌々しい等級や特権の制度など、自然や人間が作り上げたさまざまな脅威にさらされながら、船乗りは平等の大切さを知っていった。自身が苦しみながらも積み上げた経験によって、危険を公平に分担することで皆が助かる見込みが大きくなることを学んだ。船乗りは、愛する者や世間と長い間離れ離れの生活のなかで、船乗り特有の言葉、歌、儀礼、兄弟愛の意識からなる独自の労働文化を生み出していった。集団主義、反権威主義、平等主義にこそ、この文化の真価があり、これらの要素は反抗的な水夫たちがよく口にした言葉に要約される。「我らは一つ。互いに助け合うことを誓う」と。かかる文化的特色は、いずれも船乗りの労働経験から生まれたものであり、次章以降で見るように、海賊に

なる決意のみならず、海賊になったあとの振る舞いにも影響を及ぼすことになる。(9)

支配者の論理

一七一六年に生きていた船乗りが、一八世紀初頭の海賊行為に対して自身の態度を決めうるだけの経験を有していたとすれば、彼らとは正反対の階級に属する人々、すなわち船主、商人、そして大西洋帝国の支配者たちもまた同様であった。社会の支配集団である彼らの海賊に対する態度は、法律として具現化され、法的効力を持ったのである。スペイン継承戦争ののちに海賊行為が急増した折、イギリス支配下の大西洋世界で効力のあった準拠法は、「より有効な海賊鎮圧のための法」(ウィリアム三世治世一一・一二年第七号)であった。当初この法律は、一六九〇年代、戦争のなかった時期に海賊行為が大幅に増大したことへの対策として、一六九八年から九九年にかけて起草され、一七〇〇年に恒久化されたものである。同法には、過去の海賊法(ヘンリー八世治世二八年第一五号〔一五三六年〕)の諸要素が組み込まれた。なおヘンリー八世治世の法には、一七世紀初頭になってから、海賊行為が小叛逆罪に含まれるとの解釈と、海賊を「人類共通の敵」だとするローマ法の文言が、エドワード・クック卿によって付け加えられている。ヘンリー・エイヴリーの部下の海賊たちが裁かれた一六九六年の「国王対ドーソン」裁判では、海事裁判所判事のチャールズ・ヘッジズ卿が、いくぶんかもったいぶった様子で次のような裁定を下した。すなわち、イギリスの裁判所とその判事は、地球上のどこであろうとも、同国の商業を妨害したあらゆる人を裁く権限を持つのだと。さらに一七〇〇年の法では海賊の定義が拡大され、海上で掠奪行為を犯した者のみならず、船を乗り逃げした謀反人や、海賊から襲撃された際に船の防衛を妨げた船員もまた、海賊と見なされることになった。この法律では、海賊から船を守るために負傷した者への恩給についても規定され、もし死亡した場合には、その恩給は当該船員の妻子に支給するとされた。また、船から脱走した商船員——彼らこそが海賊船の新たな乗組員になると考えられていた——にかんしては、その賃金を没収されることになった。(10)

この法は一七一五年と一九年にも改定されたが、二度の改定のはざまにあたる一七一七年と一八年に、国王は海賊を海から一掃するために恩赦を出している。しかしながら、赦免を受けられるのは、ある特定の時期に特定の場所で犯した犯罪のみであることが規定されていたために、多くの海賊は、当局が大いに自由裁量を利かせることを警戒し、降伏を拒んだ。なかにはいったん赦免を受け入れて、そのあと再び海賊行為に手を染める者もいて、一七一八年にサウスカロライナ総督のロバート・ジョンソンが通商拓殖委員会に以下のように説明している。「私には、国王陛下の寛大なる恩赦の声明が、奴らに対して何らかの効果を及ぼしているとは思えません。確かに幾人かは降伏して赦免状を受け取りましたが、そのあと再び気晴らしへと戻る者もおります」。アンティグア島のウォルター・ハミルトン総督も同じ見解を示しており、やはり同委員会に対し、「閣下方は、この害虫どもへの恩赦や減刑を定めた諸法がいかに機能していないか、いまやはっきりとお気づきになられていると存じます」と書き送っている。やはり海賊たちの多くが、赦免を受けたあとで掠奪行為へと戻り、そしてまた赦免を受けに来たようである。いずれにせよ、ほとんどの海賊にとって、恩赦の令を受け入れ従うことは、彼らが逃れてきた悲惨な境遇へと逆戻りすることを意味していたであろう。(11)

この方策が不首尾に終わったために、イギリス帝国の統治者たちは、一七二一年に海賊法を強化した

（ジョージ一世治世八年第二四号）。それにより、海賊に協力したあらゆる者に死を与え、海賊から船を守ることを拒んだ者には賃金の没収と六か月の禁固刑を科すことが取り決められた。また、海軍の艦船は、商品輸送をおこなわずに海賊を追跡し、戦闘すべき旨も定められたが――これまで海軍がかなり嫌がっていた行動である――、これには商人層も官僚もひどく落胆したのだった。『ボストン・ニューズレター』紙には、海賊との戦闘で負傷した船員は、「実際に彼らが国王の軍務に服していた場合と同様の支給を受けるものとする」とも掲載されている。議会は一七二一年の新法が海を越えて効力を発揮することに疑いを持たず、同法が「アジア、アフリカ、そしてアメリカにおける国王陛下のすべての領地に及ぶべし」との文言もある。海賊にかんする国際法の権威アルフレッド・P・ルービンによると、これらの法の制定を陰で推進した主たる動機は、「国境を越える私有財産」を守ることであった(12)。

海賊行為の条件

古来より、海賊行為が生じて隆盛を極めるには、特定の条件のそろった環境がつねに必要とされてきた。時代を問わず、貿易の存在こそが何よりも不可欠な前提条件であり、価値ある商品が、貧しい人々の暮らす、防備の手薄な遠方の地域を通って海上輸送されている必要もある。次に、貧しい人々が海を渡る船を利用できることもまた、一つの条件となる。たいていの場合その船は、積荷を満載した船舶を追跡し、拿捕を試みるために、相手より小さく軽装備で、船足が速く操船しやすいものだった。「船乗りの中の船乗りは海賊」という古い格言が示すとおり、海賊には、船を操る並はずれた技能が求められた。彼らは、活動地域の風向きと水深、浅瀬と海岸線、航路と輸送パターンにかんする専門的な知識を身につけていた。

さらに貿易の主要ルート近辺や、あるいは彼らを支援する人々が住む共同体の近くに、潜伏や待ち伏せに利用できる場所を知っていた。また、彼らが分捕った品々を売ったり交換したりするための故買屋や市場も必要であった[13]。

一七一〇年代・二〇年代には、これらの条件がいずれも整っていた。これまで見てきたように、貿易はグローバルな経済発展への推進力であり、きらびやかな富の源泉であったのだが、当時の諸帝国は、世界のあらゆる海洋へと支配力を広げるだけの軍事力を持ち合わせていなかった。キャプテン・チャールズ・ジョンソンは、西インド諸島と周辺海域でスペイン、フランス、オランダ、イギリスがおこなった「大商業」を強調しており、そこでは膨大な量のカネ・食糧・衣類・船舶需品が取引された。貧しい人々が西インドの島々に押し寄せ、特に、腕が良くても職も希望もない船乗りたちは、ほとんどの港町にも群がっていた。当時の技術ではおそらく最も洗練され、経済的価値が高い遠洋船（特にスループ船のように小型で船足が速く、武装も十分な船）を、盗みや武力行使によって手に入れることは、彼らにはさほど困難ではなかった。

西インド諸島は彼らにとってあつらえ向きの環境であり、その小さな入江や潟、浅瀬のために、軍艦のような大型船舶が海上で掠奪者を追跡することを困難にする「自然の防御《セキュリティ》」であった。かつてエドワード・ヴァーノン提督は、海賊船を追って大きな軍艦を派遣することは「野うさぎを追って牛を放つ」ようなものだと述べている。図体が大きく動きの遅い牛が、一羽でも野うさぎを捕まえることができたとすれば、それは偶然によるものでしかなかった。これらの小さな島々は、食糧——飲食料、海亀、海鳥、貝、魚——にも富んでいた。また、少なくとも本書で論じる時代の初期においては、海賊に手を貸そうとする人々が必ずいたし、海賊の掠奪品を売買しようとする商人もいた。海賊は、砂糖プランターたちが容赦のかけらもない支配を確立したのちのジャマイカでさえ、「絶えず支持や後ろ盾を得た」。これらの条件が同時に成立していたことが、スペイン継承戦争後に海賊行為が急増しえた理由であり、またこの事態を予測することさえ可能にさせた最大の要因だったのである。(14)

海賊たちの活動域

当時の推計によると、本書の扱う時代には、どの時点をとっても一〇〇〇人から二〇〇〇人の海賊がいたとされている。一七一七年、フィラデルフィアの商人ジェイムズ・ローガンは、目下一五〇〇人の海賊が活動していると見積もり、そのなかで、バハマ諸島における海賊の根城であるプロヴィデンスを拠点にしている者が八〇〇人だという。一七一八年から二〇年には、それぞれバハマ諸島、サウスカロライナ、バミューダ諸島に住む三名の人物が、およそ二〇〇〇人という数字を挙げている。フィラデルフィアで発行された『アメリカン・ウィークリー・マーキュリー』紙によれば、一七二〇年の末に三二隻の海賊船――約二四〇〇人の船員を乗せていたであろう――がカリブ海を徘徊していたとされる。法律の向こう側にいた者による推計は、一七一六年にある海賊一味が残した記録しか利用できないものの、それによると「彼らの三〇隻の同志」(やはりおよそ二四〇〇人)が世界の海を股にかけていたという。(15)

これらの数字はおおよそ正確であろう。(16) 海賊船の活動を記録した史料や、乗組員の数にかんする報告や推計から判断すれば、一七一六年から一八年の間に一五〇〇人から二〇〇〇人の海賊が海を行き交い、一七一九年から二二年には一八〇〇人から二四〇〇人、そして一七二三年には一〇〇〇人だったのが、一七

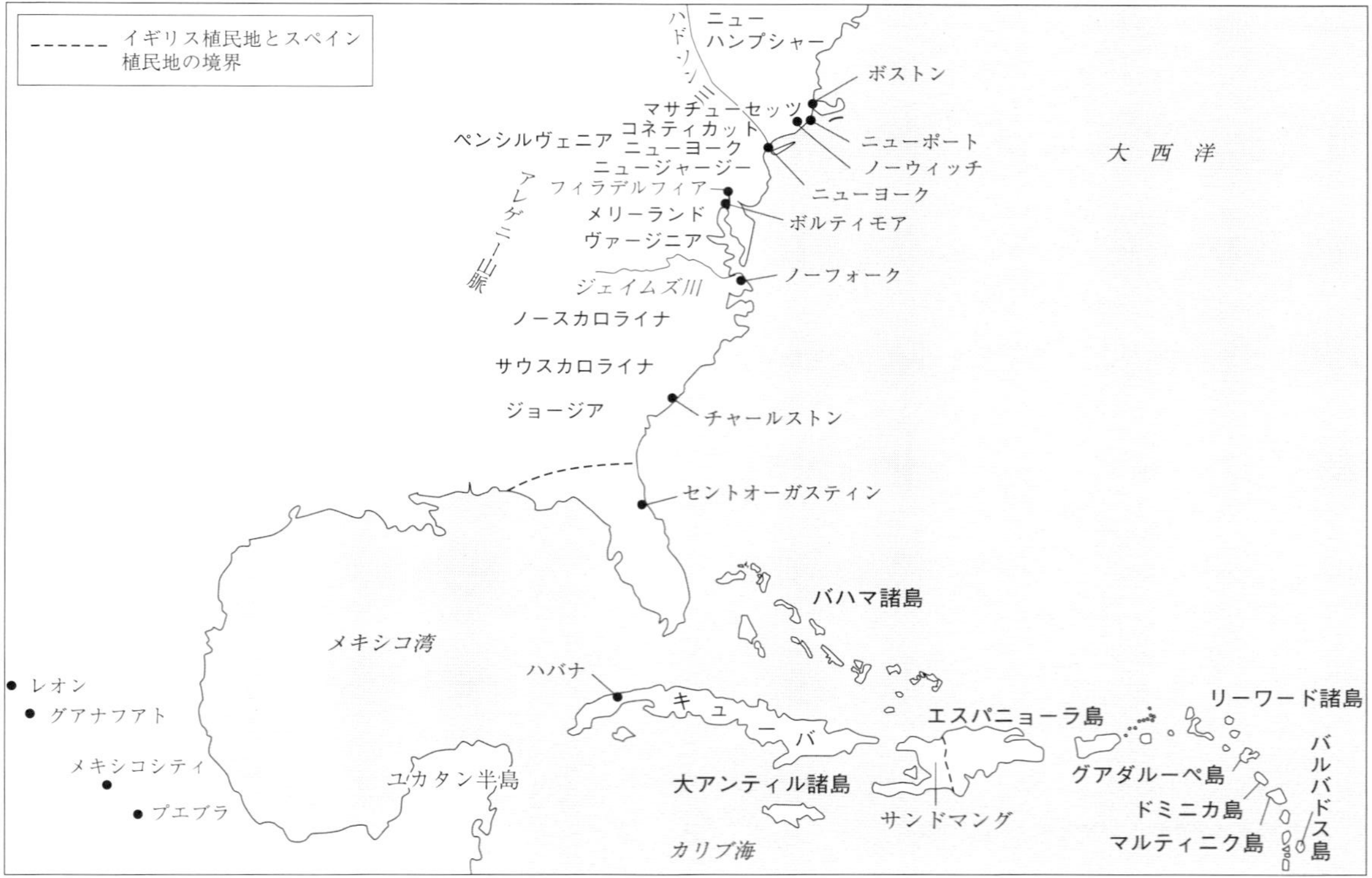

イギリス植民地とスペイン
植民地の境界
ハドソン川
ニュー
ハンプシャー
ボストン
マサチューセッツ
コネティカット
ペンシルヴェニア
ニューヨーク
ニュージャージー
ニューポート
ノーウィッチ
大　西　洋
アレゲニー山脈
フィラデルフィア
ニューヨーク
メリーランド
ボルティモア
ヴァージニア
ノーフォーク
ジェイムズ川
ノースカロライナ
サウスカロライナ
ジョージア
チャールストン
セントオーガスティン
バハマ諸島
メキシコ湾
ハバナ
レオン
グアナフアト
メキシコシティ
プエブラ
キューバ
エスパニョーラ島
リーワード諸島
ユカタン半島
大アンティル諸島
グアダルーペ島
ドミニカ島
マルティニク島
バルバドス島
サンドマング
カリブ海

図2－1　北米とカリブ海域

二四年には五〇〇人へと急減し、一七二五年もしくは二六年までには二〇〇人を下回ったと考えられる。総じておよそ四〇〇〇人が、彼らの言う「勘定」に出たのである。一方、海賊にとって最大の敵であるイギリス王立海軍には、一七一六年から二六年のいずれの年においても、平均してわずか一万三〇〇〇人の人員しかいなかった。海賊たちは、とりわけ最盛期となる一七一八年から二二年の時期、強固に武装した船で海を渡り、手に負えないほどの武力を誇示したのだった(17)。

それ以前のあらゆる海賊と同じく、この時代の掠奪者たちも利益の大きい通商路に狙いを定め、また、掠奪の拠点を帝国権力の中枢から離れた場所に求めて、特にカリブ海とインド洋を選んだ。君主の保護下にも支配下にもなかったバハマ諸島は、一七一六年から数百人の海賊たちを引き寄せ始めた。ヴァージニアのアレグザンダー・スポッツウッド総督は、海賊がバハマ諸島を「共通のたまり場」として利用し、「それらの島々が奴らのものだと考えているようだ」と書き留めている。不安を抱えていたある評者に言わせれば、バハマ諸島には政府が存在していなかったために、そこにいるすべての男たちが「彼自身の目に正しいと映ることばかりをやっている」状態だったという。このような海賊たちは、自らを「フライング・ギャング」と呼んでいたのだった。一七一八年までに、相次ぐ不平不満がジョージ一世をも動かし、王はバハマ諸島を支配下に置くべく、ウッズ・ロジャーズに遠征の指揮を命じた。そしてロジャーズの取り組みはおおむね成功を収め、海賊たちは四方八方へと離散していくことになる。両カロライナの人気のない入江へと北上した者もいれば、より小さなカリブの島々を目指して羅針盤を西や南へ向ける者、あるいは大西洋を東へと横断してアフリカに向かう者もいた(18)。

海賊たちは、早くも一六九一年にはマダガスカル島に住みつき始めていた。彼らの存在は、長きにわたり「インディーズ〔東インド〕と貿易をおこなう国々に多大なる不安と恐怖」を引き起こしていたのである。海賊は土着の人々と交わって「浅黒いムラート集団」を形成し、時の経過とともにそれは新たなエスニシティとなった。一七一八年までにマダガスカルは、海賊の定住地、掠奪品の集散地として機能するようになり、ヨーロッパの海洋諸国にとっては、抑えの利かない悪夢のような場所の典型となっていた。海賊は、バハマ諸島を「第二のマダガスカル」にするとか、バミューダを奪って「新たなマダガスカルを築き上げる」などと脅して、大西洋の支配者たちに恐怖を抱かせ、もてあそんだ。また、アフリカ西海岸のシエラレオネ川河口は、海賊が「買春と酒」を求めて、あるいは荷降ろしのために立ち寄る場所だった。「いかなる権力であろうとも、その一帯では海賊たちと交渉の場を持つこともできない」ゆえに、当局は、このような遠く離れた地域に海賊が「一種の共和国を建設する」のではないか――実際、共和国という表現は的を射ていた――と恐れた[19]。しかしながら、海賊たちの活動域は、季節、商船の航行予定、獲物の多寡、海軍による取り締まりの計画に応じて変わるものだった。ただし一般的には、ある海賊が書き記しているように、この流浪者たちは「世界のあちらこちらに散らばっていた」。海の掠奪者たちが欲した活動拠点は、主要な貿易ルートの近くでありながら、国家権力からは可能な限り遠く離れた場所であり、いつも彼らは実際にそのような場所を見つけていたのである[20]。

貿易に迫る危機

海賊は、果たして貿易に危機をもたらしたのだろうか。キャプテン・チャールズ・ジョンソンは、海賊が「貿易業界に甚だ有害」だと確信していたし、当然ながら植民地と本国の商人や役人たちも意見は同じである。もっとも、彼らは貿易に利害を有しており、これが自らの事業を政府に保護させようとする利己的な見解であることは考慮すべきであろう。ヴァージニアのスポッツウッド総督は、向こう一〇年以上にわたって再三再四繰り返される警鐘を、最初に打ち鳴らした人物の一人である。一七一六年の七月、彼はこう警告した。海賊は至るところに群がっていて、「この増大しつつある悪を抑圧すべく、時宜を得た対策をとらなければ、［アメリカ］大陸のありとあらゆる通商が危険にさらされることになるだろう」と。しかし国王による恩赦はうまく機能せず、海賊の群れは拡大し続けた。一七一七年の四月までに、ヴァージニアの商人たちは次のように書き記している。「我々の海岸には、いまや海賊がはびこっております。奴らが貿易にいかなる損害をもたらすのか、それは神のみぞ知るところでありましょう。それでも商船は日々、出港と帰港を繰り返すのです」。ウィダー号のサム・ベラミーと部下の海賊たちは、チェサピーク湾の商業を巧みに妨害し、貿易商たちの懸念は増すばかりだった。神経質になった商船長は、地平線上に浮かぶすべての帆船を海賊船だと思い込んだことだろう[21]。

南北アメリカを拠点とする少数の軍艦による取り締まりの動きに応じて、海賊たちの遠征が活発になったり下火になったりしたことは、他の地域にも影響を及ぼした。一七一七年四月、黒ひげとその部下が、病人や怪我人の手当てに必要な薬を調達しようとチャールストンを包囲した際には、あるサウスカロライナ人によると、「この地の通商は完全に遮断され」、この植民地全体が「大きな恐怖」に陥ったという。一七二一年の末には、バーソロミュー・ロバーツ率いる船団が西インド諸島の貿易を麻痺させている。その少しあと、一七二二年七月にはフィラデルフィアで、すべての貿易が一週間にわたって停止するという衝撃が走った。「有効な措置がとられなければ、まもなくアメリカのあらゆる通商が崩壊するに違いありません」という商人と役人たちの悲痛な叫びは、大西洋を越え、帝国の中枢ロンドンに向けてこだまし続けた。もしも掠奪行為が野放しにされ続ければ、「アメリカにおけるイギリスの全植民地が、たちまち廃墟と化すでしょう」と。アンティグア島のハミルトン総督は、西インドの小さな島々のプランターたちが抱える苦悩を代弁し、「我々は、このならず者たちの意のままにならないために、いったいどうすればよいものか」と思いめぐらしている。問題はあまりに深刻で、敵対する帝国同士が互いに協力せざるをえない状況であった。一七二一年、小アンティル諸島におけるイギリスとフランスの植民地政府は、海賊に対する共同の軍事防衛策に同意した。当時のある論者は、海賊行為が、大西洋両岸を結ぶ貿易や植民地間貿易だけでなく、イギリスの国内産業にまで損害を与えていると述べている。そうだとすれば、往路でイギリス製品を輸送するアメリカやアフリカへの貿易は、特にひどい痛手を被っていたと思われる(22)。

人一倍、この危機を声高に叫んだ人物の一人がキャプテン・ジョンソンだった。彼によれば、一七一六年から二六年の間に海賊が拿捕した船の数と通商に及ぼした損害は、スペイン継承戦争中にスペイン・フランスの海軍と私掠船の軍事行動によって受けた被害を上回っていたという。これは驚くべき主張である。ぼろ服をまとった数千人の無法者たちが、世界の強国に数えられる二国の軍艦と私掠船を結集した勢力よりも強大たりえたのだろうか。歴史家レイフ・デイヴィスは、この戦争でイギリスがおよそ二〇〇〇隻の船舶を失ったと見積もっているが、イギリス側も、それ以上とはいかないまでも、ほぼ同数の船舶を海上で掠奪したと付け加えている。この相関関係に従えば、ジョンソンの主張が正しいことは疑う余地がない。問題をさらに詳細に見てみよう(23)。

海賊行為が貿易に及ぼす影響は、相補的な二つの方法から推測することが可能である。第一に、同時代に出された見解（なかには海賊自身によるものも含む）に注目することで、海賊がどれだけの商船を拿捕し、掠奪したのかを大まかに示すことができる。具体的な数字を挙げると、バーソロミュー・ロバーツの船団だけで、一七一九年から二二年の間に四〇〇隻以上の船を拿捕している。エドワード・ロウ一味はおよそ一四〇隻を捕らえ、黒ひげはおそらくそれよりも少ない。サム・ベラミーとその仲間は、不運にも嵐によって難破してしまうまでに五〇隻以上を拿捕した。それ以外にも、エドワード・イングランドとチャールズ・ヴェイン（それぞれ少なくとも五〇隻）、チャールズ・ハリス（四五隻）、フランシス・スプリグズ（四〇隻）、ジェイムズ・フィリップス（三四隻）、ジョージ・ラウザ（三三隻）、リチャード・ホランド（二五隻）といった海賊が、相当数の船を捕獲している。ここで、残るおよそ七〇人の海賊の船長が、それぞれ平均二〇隻（控えめな見積もりを出すために、獲物が特に多かった船長たちを除いたおおよそ平均的な拿捕数）を拿捕していたと仮定すると、海賊に拿捕され掠奪された船舶は、合計で二四〇〇隻を上回ることになる。[24]

ただし、海賊に拿捕された商船のほとんどが全損の被害を受けているわけではなく、実際にはごくわずかの積荷の損失だけで済んだり、あるいは一切積荷を失わなかった船もある。一七一九年にウィリアム・スネルグレイヴ船長は、彼を雇った船主への手紙に、その頃西アフリカのシエラレオネ川周辺で海賊に拿捕された船舶のリストを載せ、うち数隻は「掠奪されたが被害はわずか」だと書き添えている。商船が小型である場合や、船長が「良い人柄」であることが分かった場合には、海賊たちは掠奪品のごく一部を手元に残すだけで、残りは商船の乗組員たちに返すことがしばしばあった。海賊が必要としたのは食料と飲み物だけというケースや、あるいは奪った積荷の使い道がないケースもあったが、その理由としては、かつては彼らの盗品を故買してくれた商人たちとのつながりをほとんど失っていたことが大きい。多くの場合、砂糖、タバコ、奴隷といった重要な積荷は、海賊にとっては無用の長物であった。海賊は、単にそれらを売却する手段を持たず、それゆえ彼らには必要のないものだったのである。[25]

しかし、このような事情のために、一方では海賊による拿捕総数の重大性が減ぜられるとすれば、他方では別の二つの事情によって、海賊の脅威がより強調されることになる。第一に、イギリスも他の国々も、海賊から受けた損失を埋め合わせるような拿捕をおこなった事例はごくわずかである。というのも、各国に拿捕された海賊船はほんの一握りであり、まして財宝を満載した海賊船などもっと少なかったため、海賊船を拿捕したところでさほどの利益はなかったのである。第二の、おそらくさらに重要な事実は、海賊に拿捕された船舶の相当数が完全に打ち壊されてしまったことであり、このような行為については本書でもすでに言及した。海軍や私掠船とは違い、海賊はたいてい拿捕した船を沈めたり燃やしたりしたことにより、短期的にも長期的にも海運や商業に経済的損失を与え、国の役人からはたび重なる不満が噴出したのだった。ジャマイカの総司令官だったピーター・ヘイウッド将軍が、一七一六年に通商拓殖委員会に送った書状によれば、海賊はイギリス・フランス・スペインが領有するカリブ海植民地を往来する船の半数を拿捕し、「多くの場合それらの船を燃やしたり、あるいは操船不能にして、沈みゆく船を置き去りにする」のである。どうやらキャプテン・ジョンソンは、海賊のことをよく知ってはいたが、それでも結局は、掠奪者たちが通商に及ぼした損害を過小評価してしまったのかもしれない。一八世紀初期の商人や役人とは違い、歴史家たちは気づかなかったのかもしれないが、海賊は確かに貿易を危機へといざなう何かを引き起こしていたのである。このことは、大規模な成長の二つの局面の間で長期の不況に陥っていた一七一五年から二八年に、イギリスの海運がゼロ成長だったことを示唆する事実を明らかにする一助となるだろう。[26]

海賊行為による貿易への影響を探る第二の手段は、一七一六年から二六年に海賊が拿捕した五四五隻という相当数の船のサンプル（ただし無作為に抽出したものではなく、包括的なサンプルでもない）を用いる方法である。拿捕行為の最盛期といえるのは、前出の商人や役人も示唆しているように、一七一七年、一八年、二〇年、それから二二年である。被拿捕船のサンプルからはさらに、一七一七年に拿捕が劇的に増えたこと、二四年以後にかなり急速な減少があったこともうかがわれる。この傾向は、黄金時代後期における海賊行為の時期的な増減にかんして、別の章で提示する証拠とも矛盾しない。海賊が最も多く絞首刑に処されたのが、一七一八年（一一〇人）と二二年（一四八人）であることもまた、これらの証拠が互いに補完し合う重要な点であろう。海賊は、国際貿易のなかでも最大の富をもたらす領域、すなわち西インド諸島、北アメリカ、西アフリカを混乱に陥れ、彼らはほとんどすべて（九五パーセント）の獲物をその一帯で獲得している。サンプルによれば、拿捕された船舶のおよそ一一パーセントが、激しい損傷を受けたか、あるいは破壊されたことがわかっている。この割合を、二四〇〇隻の被拿捕船に当てはめれば、海賊たちは二五〇隻以上の船を破壊したことになる。結論としては、商人や役人は、海賊の「跳梁跋扈」や貿易に及ぼす膨大な損害に対する不平を訴えるにあたって、海賊のことを実によく把握していたということである。[27]

黄金時代の三局面

この概観を締めくくるにあたり、また、読者諸氏を以下の章へといざなう時系列マップを提示しておくためにも、一七一六～二六年における海賊行為が三つの局面を経てきたことに言及しておきたい。第一の局面は、すでに指摘したように、一七一三年にユトレヒト条約によってスペイン継承戦争が終結した直後に始まり、一七一六年には国際的に重大な問題へと発展した海賊行為を指す。当初、海賊の多くはスペインやフランスの商船を襲っていた私掠船員であり、彼らを取り巻く環境は――法律上の定義も――、終戦とともに変化したのだった。それでも、ベンジャミン・ホーニゴールド、ジョン・ジェニングズ、フィリップ・コクラムといった船長に率いられた海賊たちは、旧来の敵を襲い続けた。海賊に拿捕されたある船の船長によれば、「奴らはイギリス人やオランダ人に手を出すつもりはない、だが奴らはフランス人やスペイン人との和平条項にも決して同意しない」ことを告げられたという。次章で見るように、彼らは独善的にバッカニアの伝統を引き合いに出し、バハマ諸島を拠点とする共同体を作り上げたのだった。彼らの海賊行為の舞台はほとんど西インド諸島のみであったが、黄金時代の海賊たちが一〇年間で得た獲物の約八パーセントを拿捕したにすぎなかった(28)。

ほどなくしてバハマ諸島の海賊に分裂が生じたことから、一八世紀初頭の海賊史における第二の、そして最も劇的な局面が幕を開ける。この局面は一七一七年に始まり、この年、多くはイギリス人からなる多民族の海賊たちは、ホーニゴールドを指揮官の座から引きずり下ろした。その理由は、「彼がイギリス船を拿捕し掠奪することを拒んだ」からであった。つまるところイギリス船というのは、カリブ海とそれに隣接する大西洋において最も数が多く、その上、たいていは多くの富を載せた船だったのである。一七二二年まで続くこの局面は黄金時代のなかの黄金時代であり、一〇年間の黄金時代における獲物の七〇パーセント以上を拿捕した。そして実はこの時代は、海賊の不朽のイメージを作り上げた時期でもあった。黒ひげやバーソロミュー・ロバーツの全盛期にあたり、海上での彼ら「大海賊」の功績は、他の海賊たちをちっぽけに見せてしまうほどである。この時期におけるいま一つの重大な展開は、一七一八年にウッズ・ロジャーズがバハマ諸島に王権を回復させたことであり、これにより海賊の根城は消滅した。結果として各地に分散することになった海賊たちは、北アメリカ沿岸を北上したり、西アフリカに向けて大西洋を横断したり、さらには彼らの先達が一六九〇年代におこなったように、喜望峰を回ってマダガスカルやインド洋に向かったりと、その戦域を大きく拡大していく。一七一八～二二年という時代には、洋上の一般民衆が海賊事業を掌握し、時の上流階級による経済事業とかかわりを持つことなく、自らのために海賊行為をおこなった瞬間が描き出されるのである。一七二〇年までには、もはや海賊行為の目的は掠奪品ではなくなり、むしろ「自由な人生」を永続させようとする試みとなっていた(29)。

おおよそ一七二二年からの第三の局面は、海軍が西アフリカ沿岸沖でロバーツと彼の二隻の大型船、そして三〇〇人の部下に敗北をもたらしたことによって幕を開け、大西洋の海賊行為が事実上の終焉を迎える一七二六年まで続く。この段階に至ると、争いは血なまぐさいものへと変わっていた。商人や役人が、海上での掠奪行為や、海賊が象徴する反体制的な生活様式の根絶に乗り出したことで、数百人もの海賊が軍事行動によって、あるいは絞首台の上で命を落とした。これに対して、海に残っていた海賊たちは、自らの所業ゆえにもはや確実な死に直面していることを理解していたために、さらに死に物狂いで暴力的になり、より大勢の捕虜を殺害するようになっていった。一七二二～二六年は、海賊は戦利品を求めるよりも、まさに生き抜くために戦った時代であった。しかしながら彼らの決断は、イギリスを筆頭とする諸政府とは渡り合えなかった。結末は、血の粛清へと至るであろう(30)。

船乗りの知らなかったこと

一七一六年、海賊行為の一歩手前で佇んでいた船乗りは知っていた。世界がいくつかの広大な帝国へと分割されていること、富は大西洋の貿易路を流れていること、遠洋を渡る船が富の運び手であること、そして船乗りであることこそがすべての鍵を握っていることを。今が困難な時代であること、諸帝国が領域を拡張しすぎたために、海賊となって命を賭けたい者には好機が訪れていることを。しかし、彼は知らなかった。続く一〇年間が海賊行為の「黄金期」となること、数千人の人々が「勘定」に出ていくことを。行動を起こした者たちが、数百隻、いや実際には数千隻の船を拿捕してその多くを破壊し、大西洋の貿易システムを混乱に陥れることを知らなかった。その結末として、未曾有の暴力的弾圧の嵐によって、どれほど大勢の者が死んでいくのかを、彼は知らなかったのである。無知ゆえに、あるいは絶望感から、またあるいは希望を抱いて、このような運命を選んだ者たちについて、さらに入念に調べることにしよう。

第3章　海賊となる者

海賊ケネディの生涯

ウォルター・ケネディは、一六九五年、ロンドンで船乗りが暮らすワッピング地区のペリカン・ステアーズで生を受けた。「海のロビン・フッド」ことヘンリー・エイヴリーが、反乱を起こして海賊になり、インド洋で財宝を積んだ船を拿捕した年であった。ケネディの一家は、地域の人々がそうであるように、海を生活の糧としていた。彼の父は錨職人で、「息子のウォルターに、かなう限り最良の教育を与えた」。しかし時代の波は厳しく、若きケネディにはなおさらであった。彼は貧しく、読み書きができなかったが、「野心に満ちあふれた性格」だったことが知られており、法に背いてしまうことも間々あったという。幼い頃から「手くせが悪く」、のちには押し込み強盗にも手を染めたといわれる。その一方で、彼は父親の徒弟として見習い経験を積んでいたが、それも老いた父の死によって唐突に終わりを迎えてしまった。ケネディはすぐに、父親が残した遺産を母と兄弟たちに託して、「自らの放浪癖に従って海へと向かった」。スペイン継承戦争では、彼は長期にわたって軍艦での勤めを果たした。その際、彼は水兵たちが口にしていた話を耳にする。話の中身は、「東インドおよび西インド諸島での海賊たちの手柄と、彼らがいくつかの島々を支配下に置いて住みついていること、そしてそこで主権を行使していること」であった。ケネディは、「この手の話が話題になるたび、いつになく身を入れて聞き入っていたし、水夫仲間たちからそういった話を聞こうと、あらゆる機会をうかがっていた」。彼はモーガン、エイヴリー、その他「海のならず者たち」の冒険譚に耳を傾け、彼らの「主要な遠征」を記憶に留めていった。これらの物語は「ウォルターの性向に多大なる影響を与え」、彼の心に「同じやり方で名を成そうとする密かな野心」を芽生えさせたのだった。冒険譚によって、彼の人生行路は定まった(1)。

図3-1 テムズ川沿いのワッピング地区

図3-2 ワッピングのパブ「プロスペクト・オブ・ウィトビー」の絞首台
この絞首台は，17世紀に大勢の反逆者を絞首刑に処したジョージ・ジェフリーズ判事が同店の常連だったことにちなんで設けられたものだが，実際の海賊処刑場もかつてこの付近に存在した。

ケネディは、バハマ諸島へと派遣されたウッズ・ロジャーズを指揮官とする遠征部隊に参加した。「その島を占領し、各所で防備を固めている海賊たちを一掃することで、島を取り戻す」ための遠征であった。しかしケネディ個人の目的は、海賊の鎮圧に手を貸すことではなく、むしろ彼らを「見つけて仲間になる」ことだったと思われる。彼はプロヴィデンスに到着するや、数名の「心を入れ替えた海賊たち」とともに、商船員としてスループ船バック号に乗り組んだ。そこで彼とほか五人（海賊船の船長となる運命のハウエル・デイヴィスとトマス・アンスティスも含まれていた）は、「この船を奪って海賊行為に走ることを計画していた」。中心となってこの陰謀を企てた男たちは、黄金期を通じて最も成功を収めた海賊集団へと発展を遂げることになる。(2)

図3-3　ムガル帝国の船と交戦するエイヴリー一味
『海賊自身の書』より。

ケネディは、海賊たちのあいだで、「大胆で恐れを知らぬ男だが、ひどく道徳心に欠け、品行が悪い」との評判を得ていくことになる。投票によって船長に選ばれたハウエル・デイヴィスとともに、彼は西アフリカにある奴隷貿易の城塞を、果敢にも幾度か襲撃している。一行はまずセント・ジャゴでポルトガル人を襲い、次いでガンビア城塞に向かうと、より大規模かつ大胆不敵な戦闘を起こした。この戦闘により、彼らは「およそ二〇〇〇ポンドの金の延べ棒」を手に入れ、最後には城塞の「大砲を取り外して、防備を無にして」しまった。その次はシエラレオネの城塞を標的とし、やはり同様に攻略、掠奪した。その後、プリンス島の奴隷貿易の城塞で、デイヴィスがポルトガル兵に殺害された時には、ケネディはこの倒れた同志のかたきを討つべく、三〇人の海賊からなる部隊を率いた。「味方の船からの掩護射撃を受けて」、彼は一行を引き連れて険しい丘を登ると、奴隷商館へと攻め入った。ポルトガル人の衛兵たちは、海賊の姿を見るやいなや持ち場を離れて逃げ出した。ケネディと仲間たちは「抵抗を受けることもなく進軍すると、城塞に火を放ち、大砲をすべて丘から海へと投げ入れて、それを終えると静かに船へと戻っていった(3)」。

ケネディは怒りに満ちた男だった。たとえば、一七一九年にアフリカ沖で二人の船長に出会った時のことである。彼は、戦利品として、捕らえたウィリアム・スネルグレイヴ船長の鬘《かつら》をいただこうと決め込んだのだが、船長が抵抗を示したために、ケネディは容赦なく怒りを込めて諫言《かんげん》した。「警告しておくぞ。海賊の意思に逆らおうなどとは考えないことだ。もし俺が、生意気なあんたの頭蓋骨を真っ二つに割ってやったら、あんたには破滅以外に何があるというんだ。確かにあんたは得意がるだろうさ、俺は残忍に捕虜を殺害したかどで処刑されるんだからな。だが断言しよう、その時には仲間たちが俺を救い出してくれるのさ」。このようにケネディは、死がもたらす破壊力、イギリスの法体制への侮辱、仲間への信頼に言及しながら捕虜を愚弄した。これは特権階級のシンボルである鬘をめぐる取っ組み合いのなかで、彼の口をついて出た言葉であった(4)。のちにトマス・グラント船長を捕虜にした際には、ケネディは「畜生め、てめえのことは忘れもしねえ、犠牲になってもらうぜ」と言い放ち、「そのこぶしで力いっぱい告発者「グラント」の口を殴りつけ、鼻も口も血まみれにした」。ケネディは、過去にグラントから、記録には残っていない何らかの侮辱を受けたため、彼を殺したかったのだが、仲間たちに制止されてしまった。結局この問題は、海賊たちの慣例的な会議により、グラントは生かしておいて彼の船を沈めることで決着し、そのように執行された。いずれの事例からも、ケネディの海賊行為が少なくとも部分的には、かつて彼が水夫として働きながら経験した無力さに対する、怒りにまかせた抵抗であったことがうかがえる(5)。

デイヴィスの死後、バーソロミュー・ロバーツの指揮のもと航海を続けていたケネディは、ほどなく袂を分かつことを決意する。ケネディは副官として一隻の船を任されており、ロバーツが獲物を追跡するためにケネディのもとを離れた時、好機は訪れた。ケネディは、時を移さず帆を上げたのである(これによりロバーツは、以後アイルランド人に対してある種の嫌悪感を抱き続けることになる)。ケネディは航海術には長けていなかったのだが、「謀反を起こした一味の船長に選ばれた」(明らかに彼は、「度胸だけで指揮をとることを良しとしていた」)。しかし、船員たちは船員たちで、いずれ解散し、「機会が得られれば各々の道をゆく」と決めていた。ケネディは、ついにはスコットランドで難破し、そこで金を浪費したか、あるいは奪われたりした。一味のなかには、エディンバラで捕らえられて絞首刑に処された者もいたが、ケネディはアイルランドへの船に乗り、やがてロンドンまでたどり着いた。間もなくデットフォード街にある売春宿を営むようになり、時おり片手間に盗みを働いていたが、ある時、宿の女が彼を密告し、ブライドウェル(矯正院)に収容されてしまった。そこで彼は、かつて掠奪した船の航海士に出くわしたために、極刑に値する海賊行為のかどでマーシャルシー監獄へと送致された。彼は海事裁判所の判事によって有罪を宣告されることとなったが、審判の場には、判事の権威を象徴する銀の櫂《かい》がテーブルに置かれていたのだった(6)。

監獄に入ると、ケネディは自らの命を救うべくあらゆる策を講じ、仲間を密告することさえした。彼は一三人の男たちのリストを当局に差し出したものの、彼自身、その大部分の居場所を知らないために、逮捕されたのはわずかに一名で、結局その男さえ刑の執行を猶予された。また、残りの者たちは、「見つかるはずもなかった」。裏切りが功を奏することもなく、仲間を裏切ることで、彼は自ら傷口を広げてしまったのかもしれない。「(死刑の) 宣告を受けたあと、彼は同じ状況下に置かれた人々に比して、生きることにほとんど執着を示さなかった。彼は数年前に耐え忍んだ苦難や逆境に、たいそう疲れ切っていたのだ。死は、彼にとって恐れるものというよりも、むしろ望ましいものだったようだ」(7)。

彼の海賊仲間の一人であるジョン・ブラッドショー——この男もまた死刑を宣告されていた——の罪が、流刑に減刑されたと耳にした時、ケネディは「大いに満足の意を表し」、「仮に自分自身が赦免を受けるよりも喜色を浮かべたのだった。「もしもあいつみたいにアメリカに追放されたら、俺はかつての生きざまを忘れられずに、改心するどころか罪を重ねることになりそうだ」と、ケネディは物思いにふけったのである。荷馬車に乗せられ、海事裁判所の銀の櫂を引きずって刑の執行へと向かいながら、かつて金銀の掠奪に加担したこの海賊は、絞首台まで同行した人物に次のように語った。「この世におさらばする時、俺たちには埋葬の棺を買う金もないのさ」と。彼は故郷に帰り着いた。一七二一年七月二一日、自らが生まれたワッピングにある海賊処刑場で、彼は絞首台の露と消えた。二六歳であった(8)。

最後に触れておくべきは、ケネディが物語を愛したことであろう。彼はヘンリー・エイヴリーの物語を聞くのが好きだったし、むろん他の海賊の物語も好きで、彼自身の海賊譚を語ることも好きだった。彼は、「(海賊として) 遠征をおこなったために失意や投獄の憂き目に遭ったあとでさえも、遠征中に自らの身に起きた出来事を語ることに格段の喜びを覚えていた」。ケネディと出会い、彼の処刑後に路上で販売した呼び売り本《チャップブック》を通じて、この海賊の物語を伝えた作家がいた。その作家が指摘しているように、物語を話すことは船乗りの得意わざであった。曰く、「あの稼業の男たちは、少なくとも、その手の（海賊の歴史といった）事柄にかんしては、たいてい記憶が良いものだ」と。(9)

ケネディが語った物語のなかに、海賊たちの民主的自治にかんする話があった。彼の生涯を書き残した件《くだん》の作家によれば、「合法的政府を模倣して、また倫理的公正の実現のために制定された法令を模倣して、不遇の者たちが作り上げた掟」であるという。ケネディはこう説明している。

彼ら海賊は自分たちのなかから船長を選んでいた。選ばれた人物は、戦闘時に独裁的かつ無制限の指揮権を有することを除き、事実上ただその肩書を持っているにすぎない。彼らの多くは、以前に士官から酷い扱いを受けていたため、いまや選択の自由を得て、このような悪に対して注意深く備えを固めていた。独自の秩序のもと、彼らは特に仲間うちでのもめごとに対する予防措置をとり、もめごとを生じさせるような振る舞いには一定の処罰を定めていた。処罰のしかるべき執行のために、彼らは船長のほかにも役職を設置し、一人の手に過大な権力が集中するのを回避しようと心を砕いていた。(10)

つまるところウォルター・ケネディは、すり、押し込み強盗、売春宿の経営者であるにとどまらなかった。度胸が据わり怒りに燃え、仲間意識と背信性をあわせ持った反逆者というだけでもなかった。奴隷貿易を破壊するだけの者だったわけでもない。彼は、海に生きたストーリーテラーであり、発想に富み、自身の政治哲学さえ持つ男であった。あとで見るように、彼の政治哲学は「合法的政府」の模倣ではなく、むしろそれへの批判であった。彼はどの程度まで、そしていかなる点において、典型的な海賊だったのだろうか。その答えは本章において、海賊旗のもとで航海した人々の社会的出自を精査することによって明らかになるであろう。

海賊たちの前身

スペイン継承戦争のあと、誰が海賊になったのか。「勘定」に出たほとんどすべての者が、もとは商船の水夫、王立海軍の水兵、私掠船の乗組員、漁民、あるいは「ベイマン」（木材の伐採人へと転身した船乗り）であった[11]。大多数は、海賊に拿捕された商船からの志願者であり、彼らが海賊になった理由は、サミュエル・ジョンソンの言葉からうかがい知ることができる。「自ら牢獄に入る才のある者なら、船乗りにはならないだろう。なんとなれば、船にいることは、おぼれ死ぬ可能性のある牢獄にいるのと同じなのだ。……牢獄にいれば、もっと広い部屋とましな食べ物があって、たいていもっとましな仲間もいるものだ[12]」。もちろん多くの船乗りが、港町の牢獄や、外海へと向かう商船の船倉で、殴られてふらふらの状態で、あるいは酩酊状態で目覚めた時、彼らなりに両者を比較していただろう。いずれにせよジョンソンの指摘は、一八世紀初頭における商船の水夫の運命が、過酷なものだったことを物語る。

船乗りは、閉所恐怖を引き起こしそうな窮屈な居場所や、粗末で悪臭を放つ「食べ物」に苦しみ、さらにそれ以上の苦痛さえ受けていた。当然ながら、彼らは重い病気や、障がいの残るような事故、難破、早死にの憂き目も見たのである。士官からの折檻にも遭い、ただ厳しい折檻ならまだ良い方で、たいていは死に至るほどであった。そのうえ、平時の賃金は低く、支払いのごまかしも日常茶飯事だったために、死をも恐れぬ労働によって彼らが得た報酬は微々たるものだった。水夫にとって、法律に救われる見込みは乏しかった。一八世紀の大西洋における法律とは、ジェシ・レミッシュによれば、「安価で従順な労働力の迅速な供給を保障すること」が目的であった。また商船の水夫は、王立海軍による強制徴募にも立ち向かわねばならなかった。[13]

もともとは海軍に仕えていた海賊もいたが、そこでも船上の境遇は、商船と同様に過酷なものだった。賃金は、とりわけ戦時には商船よりも低かったし、船での食事の量と質は、時に商船よりましな場合もあったものの、いつも腐敗した給仕長や士官が上前をはねてしまうのである。軍艦の上で、大勢の海事労働者の協力体制を組織しつつ秩序を保つには、暴力的な規律――意図的な見せしめとしての刑が盛り込まれている――が必要とされ、それは商船での規律よりもいっそう厳しいものであった。換気も不十分な軍艦に詰め込まれた多数の水兵たちが行き着くもう一つの先は、病気の蔓延であり、しかもたいていは伝染病である。皮肉にも、それによって利を得たのは海賊であろう。ある役人の報告によれば、海軍は海賊との戦いに手を焼いていたが、それは国王の船が「水兵の病気や死亡、脱走のために、ひどくその能力を損なわれていた」からだった。[14]一七二二年、国王は海賊の船団を追ってウェイマス号とスワロー号を派遣した。船医のジョン・アトキンズは、「イングランドから二四〇名の（補充の）乗組員を乗せていったウェイマス号」が、「航海の最後には、その船員録に二八〇名の死亡者」を記載していたことを書き留めている。彼は、商船の水夫たちが頻繁に海軍に徴集されていることに触れ、彼らが何を恐れるべきなのかを明示したのである。[15]国王の軍艦では、伝染病、肺病、壊血病が猛威をふるい、男たちは「脱走するか、障がいを負うか、あるいは死ぬことでしか逃れることのできない機械のなかに囚われて」いた。ジャマイカはポートロイヤルのロバート・ディールは、軍艦を脱走して海賊となった大勢のなかの一人だった。また、軍艦で二八年間を過ごした熟練水夫のジョン・アプトンは、とうとう精根尽き果て、一七二五年に海賊ジョゼフ・クーパー船長のナイト・ランブラー号に仲間入りした(16)。

私掠船では、船乗りは少しばかり良い生活を送ることができた。食事はより良く、賃金はより高く、交替制の労働時間はより短く、意思決定における乗組員の影響力はより大きかった。しかし私掠船も、必ずしも幸福な船ではなかった。まるで軍艦であるかのごとく船を管理する船長もいて、彼らが厳格な規律を課すなど悪評高い措置をとるせいで、時に不平や不満が生じ、さらには反乱が起こることさえあった。ウッズ・ロジャーズは、大成功を収めた一七〇八年の私掠航海を率いたジェントルマンの船長であり、のちにはバハマ諸島の総督として西インドの海賊たちの天敵となった人物で、前述のケネディもかつては彼のもとで働いていたのだが、航海中に部下のピーター・クラークを拘束したことがあった。クラークは「海賊船に乗りたい」と望んだ男で、「この船の連中を打ち負かすことのできる敵が接近してきてほしいもんだ」などと言っていたのだった。ある私掠船の乗組員たちは、あいにく平和が訪れてしまいそうだと知ると、「船長を陸《おか》に降ろして海賊になった」。海軍医のジョン・アトキンズは、私掠船員から海賊への転身を、「他人のための掠奪」から「彼ら自身のための掠奪」への転向であると表現している(17)。

キャプテン・チャールズ・ジョンソンが言うには、ニューファンドランドでの漁業もまた、一八世紀初期の海賊にとって人員の補充拠点となっていた。イングランド西部(トプシャム、バーンスタプル、ブリストル)からの船は、「毎年夏に、低賃金で雇われた大勢の貧しい男たちを乗せてきて、彼らは国に戻る船賃を自ら賄わねばならない契約となっている」。「仕事のきつさ」と「夜の冷え込み」のために、男たちは多量の「ブラック・ストラップ」（ラム、糖蜜、チャウダー、ビールから作られる）を飲むのだが、商人はそれを法外な値段で彼らに売りつけた。やむなく彼らは借金を負い、自ら年季奉公に入らざるをえなくなる。そのため多くの者が、機会が訪れるやいなや、海賊に加わるために逃亡したのだった。コークに生まれ、教育も受けられなかった若いアイルランド人リチャード・ニールは、もとは漁師であったが、結局は一七二一年にフィリップ・ロシュの謀反仲間になった。一七一八年に黒ひげとともに航海したジョン・ローズ・アーチャーは、ニューファンドランドの漁業で働きながら身を隠し、絞首刑を逃れようとした。しかし一七二三年に、ジョン・フィリップスが海賊旗を掲げてその地域を巡行し始めた時、アーチャーはケネディの言う「かつての生きざま」に戻ろうとする気持ちを禁じえなかった。この選択によって、彼は命を落とすことになった(18)。

海賊のなかには「ベイマン」、つまりログウッドの伐採人だった者もいた。ユカタン半島東側のホンジュラス湾および西側のカンペチェ湾という帝国の辺境で、骨の折れる労働に従事していた男たちである。どちらの湾にも船乗り、反逆者、漂流者が住みつき、彼らはマングローブの生い茂る湿地で、ジャマイカ商人に売るためのログウッドを伐採していた。ジャマイカ商人はそれをヨーロッパに向けて船積みし、織物産業で染料として使用された。伐採人たちは、「皆一つ」という集団主義的な船乗りの伝統にならった生活をおくっていて、あらゆるものを「共同で」所有し、食糧も共有していた。特に酒は必ず分け合うもので、彼らはよく酒盛りをおこなったことでも知られている。彼らは独自の自律的な体制と社会的規則を考案し、死刑の禁止もルールの一つであった。スペイン当局は、一七一七年までに起きた海賊行為への報復として、両湾にあるログウッド伐採地域を攻撃したが、その行為は、当局のみならず誰にとっても、事態の悪化を招くことになった。というのも、ジャマイカの役人の報告によれば、それまで伐採に携わっていた男たちが、「海賊に転向して、我らの海全体に群がった」のである。エドワード・ロウやジョージ・ブラケターといった海賊が、この「陸の上の船乗り稼業」ともいえる環境の出身であった[19]。ほかに、年季契約奉公人だった海賊たちもいた。とりわけ一四年間の年季を課された者たちであり、一四年という数字は、彼らがイギリスで罪を犯し、その刑罰として植民地に移送された者であることを意味していた。一七一八年に、ジャマイカのニコラス・ローズ総督は、通商拓殖委員会に対して以下のように不平を訴えている。

あの者どもはこれまで、悪に染まった振る舞いや生活様式を改めて、我々に益するようになってきております。しかしながら、いまやその大部分が身を落とし、他の者までも海賊稼業へと誘い込んだり、黒人たちをそそのかしては、主人から逃れてキューバのスペイン人のもとへ向かうよう、けしかけたりしております。わずかに残った者も、不道徳で怠惰な無精者どもばかりです。この国が、これ以上奴らに悩まされることのないよう、心より願うばかりであります。

このように年季奉公から逃れてきた者も、その多くはおそらくもとは船乗りであり、このことが「掠奪行為」に走った人々の職業的背景を浮き彫りにしている。要するに、海賊の圧倒的多数が、海の上の仕事から来たのである。最多数は商船の水夫で、海軍や私掠船にいた者も多かった。漁民やベイマン、奉公人だった人々もいて、はしけの船頭や、海亀の捕獲を生業としていた者も少数ながらいた。海の掠奪者たちは、「陸者《おかもの》の考え方をひどく見下していた」のであり、まぎれもなく海賊行為は陸上生活者の選択肢ではなかった。「勘定」に出かけたのは、男性のみの労働社会と、海の上での生――そして死――の過酷さを熟知していた者たちであった(20)。

海賊への道

海賊になるには、主として二つの方法があった。そのうち、より劇的ではあるが一般的でなかったのが、ウォルター・ケネディが用いた手段である。すなわち、水夫たちが大胆不敵にも団結して謀反を起こし、商船を制圧して掟を作成し、協力して海賊旗を縫い合わせ、「全世界に向けて宣戦布告する」という方法である。一七一〇年代から二〇年代にかけて、商船での反乱は少なくとも三一件に上り、その多くがアフリカの奴隷貿易に関与した船での出来事であった。そして、これら謀反を起こした船員のおよそ半数が、海賊へと転身している。フィニアス・バンスとデニス・マカーティは、一七一八年にカリブ海で船上反乱を組織した。船員たちが「私と結婚するって約束したじゃないの」と歌い始めたその時が、反乱の始まりであった。ほかに、海賊になることを選んだ反抗的な船員たちを率いた人物としては、ハウエル・デイヴィス（一七一八年）やジョージ・ラウザ（一七二一年）、フィリップ・ロシュ（一七二一年）、ジョン・フィリップス（一七二三年）、ジョン・ガウ（一七二五年）、ウィリアム・フライ（一七二六年）がいたが、彼らのほとんどが、のちに戦闘で殺害されるか、あるいは絞首刑に処されることになる（ジョージ・ラウザは自殺した）。彼ら以外に、不従順な船員を率いた指揮者たちの名は、もはや我々が知る由もない。一七一六年から二六年にはおよそ八〇隻の海賊船が活動していたため、ざっと五隻に一隻――そしておそらく海賊の五人に一人――が、船上での謀反、すなわち小さな革命から、海賊としてのキャリアを始めたのであろう[21]。

したがって、ほとんどの男たちが、第二の方法で海賊になったことになる。彼らは、乗っていた商船が拿捕された時、進んで海賊になったのである。一七一八年、ベンジャミン・ベネット大佐は通商拓殖委員会に書簡を送り、西インドの掠奪者に対する不安を述べている。「奴らがほどなくおびただしい数へと増えることを危惧しております。というのも、非常に多くの者が、奴らに捕まった際に仲間入りしたがるのです」。同様の不安を抱いていたヴァージニアのスポッツウッド総督によると、海賊の数は、たとえ「奴らが誰に対しても仲間入りを強要していない」としても、増え続けていた。トマス・コクリン一味が、捕虜にしたウィリアム・スネルグレイヴに語った話によると、彼らが船を拿捕する際に何ら抵抗を受けないのは、「どいつもこいつも、俺たち一味に加わるチャンスを喜んでる」からだという。サミュエル・フレッチャーという名の水夫が実例であり、彼は「任務を命ぜられるといつも不平をこぼしていて、船が海賊に遭遇するように、全能の神に幾度も願っていた」。海賊エドワード・イングランド船長の一味は、一七一九年の春にアフリカ沖で九隻の船を拿捕したが、一四三人の水夫のうち五五人が、自主的に掟に署名した。このような海賊行為への逃亡は珍しいことではなく、とりわけ一七一六年から二二年によく見られた[22]。

商船が海賊に拿捕されると、そのあとには葛藤を秘めたドラマが展開された。拿捕した船に乗り込む海賊の一味を率いるクォーターマスター［この役職については第4章参照］は、その船の水夫を集めると、髑髏と黒旗のもとで働こうという者はいないか、問いかける。そして前掲の書き手たちが示唆しているように、数名が海賊に加わろうと志願するのは何ら珍しいことではなかった。しかしなかには、その気がないふりをして仲間入りしたがる者もいた。言い換えれば、彼らは海賊たちと行動をともにしたかったが、それと同時に、力ずくで海賊の一員に加えられたようにも装いたかったのである。そうすることで、彼らは仮に身柄を拘束された場合でも、言い逃れができると考えたのである。一七二一年、バーソロミュー・ロバーツは、拿捕したオンスロウ号の船員を集め、「強要するつもりはないので、志願するのかそうでないのかを尋ねた」。その際、男たちの多くが「懇願するような面持ちでいる」ことを認めたロバーツは、おそらくは苦笑いを浮かべながら、「俺はこいつらを、あえて力ずくで仲間に入れてやらなきゃならねえのか」と叫ばずにはいられなかった。ピーター・スクーダモーのような男たちは、「海賊の掟に署名することさえ見逃してもらえるのなら、心からこの海賊たちについていきたい」と口にしていた。ウィリアム・フィリップスは、ある海賊一味に加わった際、誰かが「俺のことを新聞に載せるだろう」と期待していた。しかし、もし新聞に載ったとしても、その甲斐はなかっただろう。一七二二年に逮捕され、ケープコースト城塞で絞首刑に処されたからである(23)。

海賊たちはつねに、一味に社会的結束やさらなる自衛力をもたらし、果ては公海上での掠奪においてもより大きな成功をもたらすであろう、たくましくてやる気に満ちた志願者を好んだ。サム・ベラミー一味は、「誰に対しても行動をともにすることを強要せず、誰一人として当人の意志に反して連れて行くことはしないと断言した」。ある証人が法廷で証言したところによると、「捕虜に無理強いしないことが海賊たちの習わしで、彼らのもとに残ったのは、自ら志願した者たちだった」。ある船乗りによれば、フランシス・スプリグズから海賊に加わる気があるかどうかを尋ねられて、それを拒否した。するとスプリグズは、「とっとと失せろと私をののしった。彼は無理強いするつもりはなかったのだ」。このように、「誰に対しても強要しなかった(あるいは、強要しなかったと思われる)」船長は、実際に何人かいたのである。ただし、熟練労働者たちが引き留められたという例もあった。「船大工で独身だったために」海賊に引き留められた者もいたが、それは彼の技能が木造船の世界に生きる人々にとって不可欠なものであるからだった。

しかしながら一七二〇年代の初頭には、無理強いをしないという方針が変わり始める。海賊になることを志願する船乗りの数が徐々に減少していくにつれて、海賊たちは拿捕した船の船員に対して仲間入りを強制するようになっていくのである。彼らは、まるで王立海軍のように徴発によって労働力を奪い取るようになり、死に物狂いの抵抗を引き起こした。また、海賊行為が終焉へと向かう数年間には、「強制された男たち」が、海賊の船長に対する劇的な反乱を率いることになる。その標的となったのは、一七二四年に斬首されたジョン・フィリップスや、身柄を拘束されたのちに二六年にボストンで縛り首となるウィリアム・フライなどであった。(24)

海賊の社会的出自

それでは、海賊になった人々は、どのような年齢層に属していたのだろうか。一七一六年から二六年に活動していた海賊のうち、一六九人の年齢が判明している。年齢幅は一四歳から五〇歳に及び、平均値は二八・二歳、中央値は二七歳だった。二〇〜二四歳、二五〜二九歳の年齢層に最も人数が多く、それぞれ五七人と三九人である。ゆえに、海賊のおよそ五人に三人が二〇代であったといえる。より広い目で一八世紀前半における商船の水夫と比べてみると、海賊にはティーンエイジャーの割合がより小さく、三〇代の割合がより大きかったが、かといって三〇代の海賊が大勢いたわけでもなかった。無法者たちの年齢分布は、より広範な労働社会における年齢分布と似通っており、海賊行為があらゆる世代の船乗りをほぼ等しく惹きつけるものであった証左といえよう[25]。

彼らの稼業を基準にすれば、二〇代後半の船乗りや海賊がもう若くはないことは、強調しておく必要があろう。すでに触れたとおり、この仕事は病気、事故、あるいは戦闘行為によって死亡するリスクの高いものだった。この世代の海の男というのは、経験と知識が豊富で、なおかつ国際的な視野を有する世慣れた人物である。ほぼすべての海賊が、「勘定に出る」決断を下すまで、おそらく数年間、船乗り業に従事していたのだった。

確固とした根拠があるわけではないが、多くの海賊は、家族との絆や義理を通じて、土地や家庭に縛られるようなことはなかったと思われる。ウィリアム・フライとともにフェイムズ・リベンジ号に乗り組み、三七歳でクォーターマスターを務めていたサミュエル・コールには、一七二六年に処刑された時、妻と七人の子どもがいた。しかし、彼は例外である。海賊たちの裁判の記録には、妻子についてはほとんど言及されていないし、船員の脱走を防ぐために、海賊船では多くの場合、「既婚の男を乗せなかった」。このことは、エドワード・ロウほか数名の海賊の指揮官たちにも当てはまり、ケネディが述べているように、彼らは「ことのほか仲間うちで起こりうる不和に対して」予防策を講じようとしたのだった。絞首台を前にして、家族の存在を理由に慈悲を請う海賊もわずかにいたものの、かかる哀願がめったになかったことは、大勢が未婚であったとの結論を裏づけるものである[26]。

最後に、とりわけ重要なのは、海賊がほとんど例外なく社会の最下層からきたということである。海賊は、船乗りという集団の一部を成しているが、その集団を構成する人々の例に漏れることなく、海賊たちは貧しく、もとは最もプロレタリア的な業種に従事していた。ある役人が得意げに述べたように、彼らは陸上での生活に希望のもてない「命知らずのごろつき」だったのである。一七二一年に反乱を率いて海賊に転身した船乗りフィリップ・ロシュは、貧しくてたいていは親のない大勢の少年たちと同様に、「船乗りになるように育てられた」。海賊船に乗って航海した者の多くが、「裸一貫」の男たちであった[27]。

実際、この世代の海賊のなかで、財産を有していたと考えられる人物は、いかなる基準に照らしても、きわめて少ない。そのなかには二人の「ジェントルマン」がいた。周囲から正気ではないと思われていたスティード・ボネットと、「紳士然とした」ふるまいのせいで部下に指揮権を取り上げられたクリストファー・ムーディである。別の二人の船長、エドワード・イングランドとヘンリー・ジェニングズは、教育を受けた経験があるといわれており、このことは海賊と行動をともにした一握りの外科医たちにも当てはまるだろう。海賊に転身した少数の熟練労働者――航海士、船大工、樽職人――は、もとはそれなりに快適な生活をおくっていたかもしれない。しかし、海賊の圧倒的多数は平水夫であり、ウォルター・ケネディのように、海賊になることで失うものより得るものの方が多かったのである。

海賊の地理的出自

海賊たちはどこから来たのか。彼らの地理的出自はどうなっていたのか。それについてはよく分からない、というのが最も簡略な答えである。貧しい船乗りたちが従事した職業の性質上、彼らは七つの海へと散り散りになり、絶えず港から港へと移動を続け、最後には、大勢が若くして命を落とすことになったからである。彼らは財産を残すこともなく、残せたとしてもごくわずかであり、自らの手で生きた記録を残すこともほとんどなかった。彼らは苔を生ずることなき転石であった。つねに転がり続けた海賊が、地理的な用語のなかに「落ち着く」はずもない。

それにもかかわらず、時の権威者たちは、捕らえた多くの海賊の名前だけでなく、場所も記録することを試みている。一七一六年から二六年に活動していた海賊のうち、三四八人には場所が記載されている。問題は、記載されている場所とその海賊にいかなる関係性があるのか、ほとんど分からないことである。それは出生地なのだろうか。先祖ゆかりの土地であろうか。彼もしくは彼女が育った場所であろうか。はたまた、船乗りがつねに航海の出発地とする、家族・友人・隣人が暮らすコミュニティたる「母港」なのだろうか。それとも、船乗りが出帆した「最後の」港町、すなわち、彼が賃金を受け取り、再び海に出るまで「六週間の君主」よろしく金を浪費する、数限りない港町の一つにすぎないのであろうか。あるいは単に、当局をあざむき、大切な者を差し迫った屈辱的な処刑に巻き込まないために、その場しのぎででっち上げた場所だったのか。おそらくは、当局が海賊と結びつけていた場所とは、ここに挙げたすべてが当てはまり、またそれ以外にもあっただろう。かかる理由により、そしてまだ吟味していない別の理由もあって、我々はこの手掛かりを、細心の注意を払って扱わねばならない(28)。

確かなことが一つある。海賊のほとんどとはいえないまでも、多くがイギリス系《ブリティッシュ》だったということである(ただし我々は、英国人《ブリティッシュネス》という概念がその当時新たに創出されたものであり、おそらく海賊は自分自身をそのような用語で捉えていなかったことを心に留めておかなければならない)。より正確にいえば、海賊の大多数が、イングランド、アイルランド、スコットランド、ウェールズに暮らした人々の血を引いていた。特にイングランドとのつながりを有した者は、ほぼ半数(四七・四パーセント)にのぼる。さらにそのなかのおよそ三人に一人が、「帝国の渦」たる大ロンドンとつながり、特に船乗りの住む地区であるワッピング、ステップニー、シャドウェル、ロザハイズの出であった（もっとも、多くの海賊の記載は特定の地区ではなく、単にロンドンとなっているのだが）。イングランド出身者の約四分の一は、他の主要な港湾都市――ブリストル、リヴァプール、プリマス――とつながっていた。残りの海賊たちには、デヴォンシャー、ケント、サマセットシャー、コーンウォールといった州名が添えられており、なかにはビデフォードやファルマスなど地方の港町の名まで明記されている者もいるが、そのような記載のないほうが一般的である。大雑把に、一〇人に一人（九・八パーセント）が何らかのかたちでアイルランドとつながりを持ち、同様に一四人に一人（六・三パーセント）がスコットランド人、二五人に一人（四・〇パーセント）がウェールズ人だった。当然ながら、彼らもたいてい港町、すなわちダブリン、コーク、アバディーン、グラスゴーから来ていた。ウェールズ人の数は多くないが、この世代の海賊船長でも最もよく知られ、成功を収めた二人、ハウエル・デイヴィスとバーソロミュー・ロバーツが、ウェールズ人であった。

海賊のおよそ四人に一人は、広い意味でアメリカ人――要するに、西インド諸島あるいは北アメリカと結びつく者――であった。西インド出身者の圧倒的多数は、歴史に残る海賊の二大拠点であるバハマ諸島かジャマイカとつながりを持ち、少数はバルバドス、マルティニク、アンティグアなど、より小さな島々と関係があった。北アメリカの者たちはもっと広く分布していたが、最多数はマサチューセッツ（主にボストン）の出であり、少数の者たちは、それ以外のあらゆる場所から来た。すなわち、ロードアイランドから、その南のニューヨーク、サウスカロライナ（おそらくチャールストン）に至るまで、そしてこれらの間に位置する多くの場所である。また、六人のアメリカ先住民も含まれていた。

場所とのつながりを示すこの断片的な手掛かりから、リスクを承知の上で第二の共通項を探るならば、以下のようになろう。すなわち海賊は、その大部分が、以前は遠洋航海の船乗りであり、世界の遠い地に向けて、港町から長い航海へと帆を広げた者たちだった。どこで海賊稼業に引き込まれたにせよ、また、遠方の地にいたことが、彼らにとっていかなる意味を持っていたにせよ、彼らのほとんどは故郷から遠く離れた地で海賊になった。

場所にかんする手掛かりは、残る最後の論点を物語る。すなわち、海賊のなかには、イングランド人でも、それ以外のイギリス人でもなく、オランダ、フランス、ポルトガル、デンマーク、ベルギー、スウェーデン、さらにはアフリカ各地――カラバル、シエラレオネ、ウィダー――といった世界のさまざまな土地から来た者もいたという事実である。主に法廷の書記や他の役人が記した文書によれば、このような世界中とのつながりは全体の六・九パーセントを占めている。だが、この割合は誤解を生じさせかねない。どういうわけか記録者たちは、異国の地から来た海賊に対しては、さして注意を払わなかったからである。幸いにも我々は、種々雑多で多国籍という海賊船の特徴を、強く、より正確に示唆する別の手掛かりに目を向けることによって、この誤った印象を修正できるだろう。

ジャマイカ総督ニコラス・ローズが海賊を「あらゆる国の盗賊」と呼んだのは、各地の役人の思いを写し取ってのことであった。カリブにいた別の役人も同意見で、海賊たちが「万国の民」から成り立っていると述べている。実際、一七一七年のブラック・サム・ベラミーの一味は「あらゆる国家の雑多な群衆」であり、イギリス人、フランス人、オランダ人、スペイン人、スウェーデン人、アメリカ先住民、アフリカ系アメリカ人のほか、奴隷船から解放された二四人のアフリカ人がいた。同年、軍艦ウィンチェルシー号のキャンドラー艦長は、海賊が「万国の民から構成されている」と海軍本部に書き送っている。一七二四年にジョージ・ギャレー号で起きた反乱の首謀者は、イングランド人一名、ウェールズ人一名、アイルランド人一名、スコットランド人二名、スウェーデン人二名、デンマーク人一名であり、その全員が海賊になった。ベンジャミン・エヴァンズ一味は、イングランド、フランス、アイルランド、スペイン、そしてアフリカから来た者たちだった。夕食を終えたあとも席に残っていた海賊ジェイムズ・バロウが、「オランダ語の祈禱書の文句をスペインやフランスの曲に乗せて冒瀆的に歌っていた」ことが、まさに現実を物語っている。諸政府はしばしば「奴らに祖国などない」と言い放っていたし、第1章で見たように、海賊たちもその点を認めていた。ある植民地の役人は、一六九七年に通商拓殖委員会に以下のように報告している。海賊たちは「国をもたない人間であると認めており、奴ら売国奴は、もし捕まれば絞首刑に処されることも承知の上なのです。奴らは一切の容赦をせず、あらん限りの悪事をはたらくでしょう」。反乱を起こしたある人物が一六九九年にもらしたように、「いい生活ができるのなら、世界のどこに暮らそうが問題ではなかった」。このようにさまざまな国籍が混じり合っているさまは、船乗り業のグローバルな本質を反映していたのである。(29)

黒人の海賊

法的文書に残ることなくほとんど埋もれてしまった重要な事実は、アフリカ系の数百名の人々が、海賊船の上にいたことである。多くの場合、植民地の役人たちは黒人の海賊を裁判にかけて処刑するよりも、むしろ彼らを奴隷として売りさばくことで利益を得るほうを選んだ。ただし、少数ながら注目に値する例外もある。ブラック・バート・ロバーツとともに航海して、そのために一七二〇年にヴァージニアで絞首刑に処されたムラートのように、「四方八方で暴れ回った」挙句に命を落とした有色人種の海の男たちもいた。もう一人、シーザーという名の「意志の堅い黒人」は、一七一八年に、王立海軍に降伏するくらいなら黒ひげの船を爆破してやろうと決め込んで抵抗した。彼もやはり絞首台の露と消えた[30]。

海賊のなかに、もとは奴隷貿易に従事していた者が、少数派とはいえ相当数いたとすれば、彼らは奴隷化とその移送というメカニズムの一翼を担っていたことになる。また、海賊船は、折に触れて奴隷を含む積荷を分捕った（さらには売却した）であろう。だが、たとえそうであったとしても、アフリカ人やアフリカ系アメリカ人は、自由の身であれ奴隷の身であれ、大勢が海賊船の上で活動していた。黒人の船員たちは、海賊の先兵の一員として、獲物の船に斬り込む役割を任されており、仲間から最も信頼され、誰よりも相手を恐怖に陥れる存在であった。モーニング・スター号の斬り込み隊には、「人の二倍の武装をした黒人のコック」がいた。ドラゴン号のエドワード・コンデントの斬り込み隊は、半分以上が黒人であった[31]。一七二四年には、フランシス・スプリグズ率いる船の乗組員たちが「たいそう陽気に」暮らしていくために、「自由黒人の」コックにも食糧が平等に分配された。「黒人とムラート」はほぼすべての海賊船にいて、彼らに言及している多くの商人や船長が、彼らを奴隷と呼称することはごく稀であった。黒人の海賊たちは、ベラミー、テイラー、ウィリアムズ、ハリス、ウィンター、シプトン、ライン、スカーム、ロバーツ、スプリグズ、ボネット、フィリップス、バプティスト、クーパー、その他の船長たちとともに航海したのである。一七一八年には黒ひげの一〇〇人のクルーのうち六〇人が黒人であったし、ウィリアム・ルイス船長は、八〇人の乗組員のなかの「四〇人の有能な黒人水夫」のことを得意げに話している。一七一九年、オリヴェール・ラブーシュの船は、「半分がフランス人、半分が黒人」であった[32]。黒人の海賊はありふれた存在であったがゆえに、ある新聞ではこう報じられている。ムラートのみで構成された海の盗賊一味は、カリブ海を荒らし回っては、捕虜にした白人たちの心臓を食べるのだ、と[33]。

一方、ロンドンでは、当時最も成功を収めた演劇の催しが開かれたが、宮内長官がジョン・ゲイ作『ポリー』の上演を許可しなかったために、黒人海賊の現実が表現されることは叶わなかった。同作は、マクヒースが白昼、強盗をしたかどで絞首刑に処されんとする場面で終演した『乞食オペラ』の続編で、『ポリー』では、西インド諸島へと移送された彼が、プランテーションから逃亡して海賊になり、「黒人の悪党」モラノに変装して、海賊一味の指導者となる。男に変装したポリー・ピーチャムは、「もしかしたら、次のプランテーションの奴隷から、彼の知らせを聞けるかもしれない」と言いながら、海賊一味、そして彼女が恋い慕う男を探すという筋であった[34]。

黒人の海賊のなかには自由人もいた。デットフォードから来た経験豊富な「自由黒人の」水夫がその例で、彼は一七二一年に、「士官が多すぎること、仕事がきつすぎること、その他もろもろの理由で起こした反乱」を率いた。また、海賊には逃亡奴隷もいた。一七一六年、アンティグア島の奴隷たちが「あまりに生意気で傲慢」になったために、その所有者たちは反乱を恐れていた。歴史家のヒュー・ランキンによれば、手に負えない相当数の奴隷が、「肌の色の違いなど、さほど気にしそうにない海賊たちに仲間入りするために逃亡した[35]」。海賊たちの関心は、新入りが海賊業に身をささげるつもりがあるかどうかであり、もちろん逃亡奴隷たちはこの条件にあつらえ向きであった。アンティグア島での出来事の直前には、ヴァージニアの統治者たちが、「海賊たちの猛威」と「黒人たちの暴動」とが結びつくことを危惧していた。その後ほどなくして、バミューダ副総督ベンジャミン・ベネットも、「このところ、我々が奴らの暴動を疑うのも無理はないほど、あまりに生意気で傲慢」になった「黒人たち《ニグロ・メン》」に対する懸念を表明している。彼はまた、仮に海賊が攻撃をしかけてくれれば、奴隷たちは島を守るどころか侵略者に仲間入りするであろうことを確信していた。一七二二年に、ブラック・バートの残りの乗組員とともに捕まった黒人水夫たちは、王立海軍に送られると、そこでのひどい境遇や「わずかな食事」の憂き目にあうなかで、反抗的になっていった。というのも、彼らの多くが、長い間「海賊流」の生活をおくってきたからであった。それは彼らにとって、また他の者にとっても、より多くの食事とより多くの自由を意味していた(36)。

かかる物質的、文化的接触は珍しいことではなかった。一七二〇年代のはじめには、ある海賊一味が西アフリカに住みつき、海事に長けていることで知られるクルー族と接触し交わり合った。クルー族は、奴隷にされると、新世界で反乱を指導することでも有名であった。そしてもちろん、長年にわたって海賊はマダガスカル島の先住民とも交わり、「かの地の黒いムラート集団」を生み出すことになった。ヨーロッパ人やアフリカ人の水夫あるいは海賊の間での文化交流は多方面に及び、たとえば、アフリカの歌と船乗りのシャンティ（はやし歌）には類似した調子が見られることはよく知られている。また、規則に逆らって「黒人の歌」を歌った水兵たちは一七四三年、軍法会議にかけられている。謀反を企てる者たちが、奴隷が反乱を起こす前におこなうのと同じ儀式を取り入れたこともあった。一七三一年、反逆者の一群はラム酒と火薬を飲んだし、またある時は、一人の水夫が「マスケット銃の銃身から水を飲む」ことによって反乱を起こす合図を送ったのだった。ただし、大西洋の奴隷コミュニティで定められ施行されていた黒人の掟に従って、海賊行為が機能していたのではない。海賊船の上に自由を見出した奴隷や自由黒人もいたが、マルーン（逃亡奴隷）のコミュニティを離れて、海賊の主な戦域であるカリブ海やアメリカ南部で自由を得るのは容易なことではなかった。確かに海賊船それ自体を、多民族からなるマルーン・コミュニティと見なすこともできるかもしれない。マルーンが山地やジャングルを利用するように、そこでは反逆者たちが公海を利用したわけである。海賊トマス・コクリン船長の船はマルーン号と名づけられ、一味はしばしば「マルーナー」と自称していた。[37]

「勘定」に出る所以《ゆえん》

つまるところ、いかなる要因が、雑多な船員たちを海賊へと変えたのだろうか。彼らはなぜ、命をかけて海賊旗のもとで航海したのだろうか。その動機は一様ではなかった。家庭でのひどい境遇から逃れてきた者もいた。ウィリアム・スネルグレイヴ船長は、海賊に加わることを選んだ乗組員の一人、サイモン・ジョーンズのことを、次のように書いている。「彼の家庭環境はひどいものだった。さらに彼には、どうしても愛することのできない妻がいた。このような理由から、彼は海賊の一員となり、奴らの掟に署名したのだ」と。大胆不敵な女海賊アン・ボニーは、彼女の父の抑圧的なやり方から逃れるために海に出た。スティード・ボネットは、バルバドス島の有力家系出身で財産もある男だったが、彼は妻から逃げたのだといわれている。その他、借金に苦しんでいたり、罪を犯して追われる身となっていた者が大勢いた。ところが、これらは最も一般的な動機ではなかった。[38]

なぜ人々が海賊になるのか、という問いに対しては、伝統的に欲という概念が強調されてきた。確かにそれは間違いではなく、海賊船で働く多くの者がカネを欲した。財産をもたぬプロレタリアとして、彼らは必死に生きていかねばならなかったのである。ただし、カネをめぐる闘争は、単なる欲よりももっと複雑で、それについては海賊たち自らが明らかにしている。海賊スティーヴン・スミスが、一七一六年にジャマイカ総督へ敬意を込めて記した書簡で説明したように、カネは単に生計を立てることを意味していた。一七一八年に、海賊たちがバミューダのベネット大佐に説明したように、貧しい一家にとってカネは生存を意味していた。また一七二一年に、海賊たちが捕虜のジョゼフ・ホレットに説明したように、カネは「彼らが生きている限り」海の生活の残忍性から逃れることを意味していた。いまや彼らは「金持ち紳士《ジェントルメン・オブ・フォーチュン》〔海賊の意〕」なのであった(39)。

近年は、海賊行為の社会的諸原因を解釈するにあたり、商船や軍艦での労働環境を強調する傾向が強まっている(40)。このことは二世紀半にわたって忘れ去られていたようであるが、昨今における新たな発見ではない。商船や軍艦での環境が原因の一つであることは、大西洋で海賊行為が大規模に発生した一七一六年までには知られていた。原因のすべてを知り尽くしていた人物として、小冊子『撲滅されたる海賊行為』を著した匿名の作者がいる。彼は「東インド会社船の士官」で、一六九〇年代に「東インドにおける昨今の海賊行為にかかわっている者たちの数名」に話を聞き、海賊行為の原因が「船乗りの生活様式の全面的な腐敗と、彼らに信仰の意識がほとんど、あるいはまったくないこと」だと述べつつも、海賊たちが挙げた動機も伝えている。そして、それらはいずれも海の労働の残忍性――強制徴募、むち打ち、粗末な食事、障がいを負うことや、これらが彼ら自身やその家族に及ぼす致命的な影響――に反抗を示すものだった。「士官たちから、無慈悲に棒で殴られ、むちで打たれた」ことを引き合いに出す海賊たちもいた。士官はこう続ける。「かつて商船で航海していた者たちは、彼らの船長の残虐な行為を訴えた。特に、彼らから食べ物を取り上げ、健全な体を保つのに必要な量の半分も与えなかったことへの不平である。彼らは水も与えられず、しばしば極度の渇きに苦しんだ。船が港に到着した時には、多くの大樽が残っていたにもかかわらず」。一七二〇年、エドワード・ヴァーノン提督も同様の見解を示しており、商船の船主が船員たちに十分な食糧を与えなかったために、大勢の船乗りが海賊になったと認めている(41)。

事情に通じたその士官は、詳細を述べることはしなかったが、本質的な点を指摘している。すなわち、渇き、飢え、むち打ちによる負傷、そしてこれらが引き起こす早死にが、この時代の遠洋航海には付き物であり、「勘定」に出る決断を下すうえで、なおさら大きな要因となったのである。船乗り業は、危険な労働に携わる世代の人々が経験するなかでも、最も危険を伴う職業の一つであり、その危険の原因は自然のみならず、人が作り出したものであった。「甲板の上には天然痘、中甲板にはペスト、船首楼には地獄があり、そして舵柄には悪魔がいる」とは、船乗りがよく口にした格言である。当時の遠洋航海での船乗りの死亡率にかんして広範かつ信頼のおける統計は存在しないものの、命がけのアフリカ奴隷貿易では、水夫の死亡率が、公式に奴隷にされた人々と同程度か、あるいはそれ以上だったのは確かである。そして、もともと奴隷貿易に従事していた水夫たちが、海賊のなかでは少数派ながらも相当な数に及んでいたことも、我々は把握している。さらにこの時代は、どの港町でも手足が不自由な船乗りがあちらこちらで物乞いをしており、船乗りの仕事場の危険性が、絶えず身体への障がいを引き起こし続けたことは明らかだった(42)。

大勢の者が、一七一六年から二六年にはびこっていた恐ろしい労働環境から逃れようとした。ジョン・フィリップスは、捕虜にした商人ジョン・ウィングフィールドを「上乗人〔航海に同行し、積荷の管理や売買を担う商人〕の畜生め」とののしり、「てめえは自分の部下を飢え死にさせやがった。てめえみたいな犬どもが、人を海賊にするんだ」と、大声で怒鳴り散らした。ジョン・ジェソップは、海賊たちの「陽気な生き方」を好み、西アフリカにある、イギリスの奴隷貿易の拠点として悪名高い「ケープコースト城塞よりも、海賊船での暮らしは良かったと断言していた」。バハマ諸島プロヴィデンスの絞首台では、海賊デニス・マカーティが「(他の海賊たちと)実に楽しそうにおしゃべりを始め、海賊暮らしは気概ある男たちにとって唯一無二だとまくし立てながら、かつて彼らが海賊だった頃の手柄を得意げに話していた」。すでに見たように、奴隷にされたアフリカ人たちは、隷属からの逃げ道を求めた。漁民は日雇い労働の身分から、流刑囚は長期間の労役から、船乗りは強制徴募や船上の悲惨な境遇から、それぞれが逃れようとしたのである(43)。

ともかくあらゆる労働から逃れるために、船乗りのなかには海賊たちと運命をともにする者もいた。大西洋を横断する二五〇トンの商船は、一五人から一八人の「働き手」を乗せていたであろうが、それが仮に海賊に拿捕され、海賊船へと艤装し直された場合には、八〇人から九〇人が乗り組むことになり、それはとりもなおさず、各々に課される労働が軽減されることを意味した。一七二二年に海賊ジョゼフ・マンスフィールドが述べたように、「酒と怠けた暮らしへの愛着」は、「彼にとって黄金よりも強い動機」であった。ヴァーノン提督は、そのような動機があることを心得ており、彼なりのやり方で対処しようとした。彼はジャマイカの監獄から、海賊容疑のかかった一六人の者たちを自身の軍艦へと乗船させると、ただちにポンプで水を汲み出す骨の折れる仕事を割り当てた。「それは彼らがかつての道へと堕落しないための助けとなる」と考えての措置であり、さらには「労働から逃れるために悪党になった彼ら」に「労働とは何かを学ばせる手段」でもあった。バハマ諸島の総督にして、海賊をよく知るもう一人の男ウッズ・ロジャーズは、こと労働となると「奴らはそれをひどく嫌悪していた」と書き留めている。サミュエル・バックはロジャーズが来る以前のバハマ諸島における海賊のコミュニティを熟知していて、総督と同じような言葉を残している。曰く、「労働は奴らとは相容れない」、と。(44)

結局のところ、ウォルター・ケネディは、いくつかの重要な点において典型的な海賊であった。彼は港町の貧しい生まれだった。彼は海軍と商船の双方で、海での過酷な生活環境を経験していた。彼は明らかに未婚であった。そして彼は二〇代半ばであった。かかる特徴が、彼がより良い何かを求めて海賊になる決断をした時、他者と団結するための下地となったのである。しかも、他の海賊たちと同様に、彼は単に抑圧的な境遇から逃れようとしただけではなかった。彼は、何か新しいものへと逃れようとしていた。それはもう一つの現実であり、彼が若き日に耳にしていた魅力的な何かであった。

第4章　船上の新たなる統治

逆さまにされた世界

「海の料理人」バーナビー・スラッシュは、船乗りを知っていた。海賊を知っていた。なぜ船乗りが海賊になるのかを知っていた。一八世紀初頭における海の生活を語る、聡明だが本名の分からないこの人物によれば、海賊旗のもとで航海する危険を冒した者たちを突き動かしたのは、欲だけにとどまらなかった。彼らはこれまでとは異なる統治を前提とし、新たな社会秩序のなかを生きようとしたのである。

海賊とバッカニアは、（船乗りの）貴公子《プリンス》である。彼らは誰一人として、共通の労働や危険を免れえないのであるから、もしも頭《かしら》が同志たちに比して大きな取り分を受けるとすれば、それはあらゆる大胆な計画において、つねに彼が指揮を執る人物だからである。しかも彼は、他のいかなる企てにおいても同様に勇敢であるにもかかわらず、衡平のための慣習法を犯そうとはしない。すべての仲間が正当な分け前を有しているからである。……このように、この人類共通の敵は、彼らを除く万人に対してまさしく盗賊であるのと同じく、仲間うちではまさしく公正なのである。そうでなければ、あたかも土台を欠く建物のごとく、彼らが生き長らえることはないであろう。[1]

社会の支配層から「人類共通の敵」と見なされ、邪悪なものとして扱われた人々が、一般の船乗りたちにとっては英雄であったのだと、スラッシュは示唆しているのである。その主たる理由の一つは、無法者たちが全乗組員を組織した方法にあり、それこそが多くの船乗りを惹きつけたのだった。では、世界各地からやってきた、貧しく、雑多で、独り身の船上労働者たちは、いかにして「共通の労働や危険」を均等に分配したのだろうか。「頭《かしら》」たる人物は、いかにして「あらゆる大胆な計画」を率いたのだろうか。同志たちは、いかにして各自の取り分を分配したのだろうか。「すべての仲間」が、いかにして「正当な分け前」を得たのだろうか。「衡平のための慣習法」とは何であったのか、そして海賊たちはいかにしてそれを実施したのだろうか。彼らはいかにして「仲間うちではまさしく公平」であろうとしたのだろうか。法律によって、絞首刑という「正義」を下されんとする人々にとって、正義とは何を意味していたのだろうか。

本章では、海賊船の社会組織と、その船を操った人々の結びつきに焦点を当てることで、海賊船の社会史と文化史という広い枠組みから、これらの疑問について検討する。ここでは、総じて海賊行為とは、世間の習わしに背を向け、真っ向からそれに反抗した大勢の人々が、自らの意志で選んだ生活様式を象徴するものであったことが論じられる。ひとたび海賊が、ウォルター・ケネディの言う「選択の自由」を手にすれば、「死の王の旗」である海賊旗のもとで、そして伝統的権威の力が及ぶはるか先で、新たな社会秩序が形作られたのだった。[2]

前章までに述べた労働、階級、権力をめぐる船乗りの体験は、海賊が日々の営みをおくるうえで決定的な影響を及ぼしていた。海賊には「組織立った統率がない」と主張した同時代の者たちは、彼らの異質な社会秩序――商船、海軍、私掠船での体制とは異なる――を、無秩序だと誤解したのである。海賊船という組織のなかで形成されたこの新たなる社会秩序は、海賊たち自身によって考案され、入念に構築されたものだった。その特徴は、粗野で間に合わせではあるが、権力を乗組員の集団的管理のなかに置くという効果的な平等主義であり、換言すれば、平水夫が築き上げてきた文化の真価が、海賊船の上で制度化されたのである。以下では、海賊がどのように物事を決定したのか、どのように指導者を選び任命したのか、どのように掠奪品、食糧、さらには規則を割り当てたのか――要するに、どのように彼らは独自の文化を創出し、永続させたのか――を考察することにより、海賊船の社会秩序とは、逆さまになった世界だったことが明らかになるだろう。海賊たち自身が、そして彼らのあらゆる難敵が、海賊が「船上の新たなる統治」を創造したことを感じ取っていたのである(3)。

バッカニアの伝統

もしも海賊船の社会秩序が、一八世紀初頭において新しい何かを象徴するものであったとしても、その秩序が形成されるまでには、やはり長い時間を要した。そもそも海賊行為それ自体が古代より続くものであり、幾度もの変化を遂げてきた。そしてイギリスの大西洋世界においては、海賊行為は長らく国家と商人社会の要望を満たしてきた。ただし、海賊行為を統制する主体は、長期的には社会の上層から下層へと移ってゆく傾向が見られた。すなわち、国家の最高位の役人(一六世紀末)から大商人へ(一七世紀初頭)、さらにはより力の弱い植民地の商人等へ(一七世紀末)、そして最後には海の上の庶民へと(一八世紀初頭)、移っていったのである。この段階的な推移が最下層に到達した時、つまり船乗りが海賊として、商人や皇帝の権威から離れて一つの社会を組織し、（彼らが一六九〇年代に始めたように）商人の財産を侵害するためにそれを利用した時、国家を支配する人々は大規模な暴力に訴えた。第7章、第8章で見るように、海賊行為を根絶するために、軍事的な暴力（海軍）と刑罰としての暴力（絞首刑）が、ともに行使されたのである。(4)

　船乗りにとって、船の自治権を掌握し、その小規模な社会を意のままに組織するまでには、長い時間が必要だった。一六四〇年代・五〇年代の革命期のイギリスで、生活、賃金、権利をめぐって、さらには強制徴募や暴力的な規律に抗して船乗りたちがおこなった闘争は、アメリカのバッカニアたちの間で、新たな、そしてより自立的な形となった。バッカニアによる海賊行為が、新世界において共通の敵スペインと対峙していたイギリス、フランス、オランダの上流階級にとって有利に働いていた頃でさえ、現場の船乗りたちは彼ら自身の伝統を築き上げつつあり、それは当時、ジャマイカの掟あるいは私掠船員の法と呼ばれた。時の権力者たちが、規律や法律へのアンチテーゼと見なしたその伝統は、独特な正義の概念を有し、船長、船主、ジェントルマンの冒険商人たちに対して階級的な敵意を掲げていた。また、権力の民主的な管理や、負傷者のための規定も、その特徴であった。(5) このような独自の社会秩序を作り出すにあたって、バッカニアは逸楽《コケイン》の国と呼ばれる農民のユートピアを念頭に置いていた。そこでは、労働は廃止され、財産は再分配され、身分の差はなくなり、健康は回復し、食べ物はあり余るほどである。彼らはまた、国際的な船乗りの習慣をも意識していた。すなわち、古代や中世の船乗りたちが、金銭や品物を役割に応じて分配し、重要な問題は全員で民主的に相談し、船長と乗組員の争いに決着をつけるために執政官を選び出

した習慣である。(6)

バッカニアの伝統を築いた初期の者たちは、カリブ海のあるイギリスの役人曰く、「あらゆる国からの追放者」であった。すなわち、囚人、売春婦、負債者、浮浪者、逃亡奴隷と年季契約奉公人、宗教的急進派、政治犯であり、彼らはいずれも「境界線の向こう」の新たな入植地へと移住した、あるいは追放された人々だった。別の役人が言うには、バッカニアはもともと奉公人や、「不幸で絶望的な状況にあるあらゆる者たち」であった。実際、フランス人のバッカニアの多くは、アレクサンデル・エスケメリン［バッカニアの船に乗船して記録を残した文筆家］のように、もとは年季契約奉公人であり、奉公人となる前は織物工や日雇い労働者だった。バッカニアのほとんどはイングランド人かフランス人だったが、オランダ人、アイルランド人、スコットランド人、スカンディナヴィア人、アメリカ先住民、アフリカ人もそれに加わった。彼らはたいてい、カリブ海で生まれつつあった残酷なプランテーション制度からかろうじて逃れてきたのだった。(7)

これら労働者たちは無人の島々へと流れつき、そこでマルーンのコミュニティを形成した。彼らの自律的な共同社会は多民族からなり、狩猟と採集、すなわち野生の牛や豚を狩ったり、スペイン国王の金貨を集めることによって成り立っていた。このようなコミュニティには、反乱農民や除隊した兵士、土地を奪われた小農、雇用のない労働者らの経験に加え、カリブ族やクナ族、モスキート族などの先住民も含めたさまざまな民族や文化の人々の経験が凝縮されていた。(8) バッカニアの文化の根底にある、最も重要な記憶と経験の一つはイギリス革命であると、クリストファー・ヒルは記している。ランターズ［喧騒派の信徒］、クェーカー教徒、［キリスト教神秘主義の］ファミリスト教徒、再洗礼派、急進思想の兵士、そして「革命期のイギリスで興った思想を抱いていた」者たちなど、「一六六〇年の直前あるいは直後に、驚くべき数のイギリスの急進派たちが西インドに移住した」。大勢のバッカニアたちが、「色褪せた新型軍の赤い上着《レッド・コート》」を身にまとって狩猟や採集をしたのである。そのなかの一人は、齢八四の「恰幅がよく灰色の髪」の「陽気な老人」だった。彼は「アイルランド反乱の時にはオリヴァ［クロムウェル］のもとで従軍した男であり、その後はずっと、ジャマイカで私掠行為を続けた」。新世界において、彼のような退役軍人らは、かつて大西洋の向こう側で彼ら革命軍がおこなったように、民主的な選挙によって士官を選出することに固執した。J・S・ブロムリーによれば、バッカニアの文化のもう一つの源は、一六三〇年代にフランスを揺るがした農民反乱の波であった。フランスの海賊の多くは、「国王の税務官《フィスク》や代理人の急増に対する農民反乱の影響を受けた地方から」、「年季契約奉公人《アンガジェ》」としてやってきた。反抗者たちは、すべて「庶民《コマン・プーブル》」の名のもとに、「自ら組織を結成し、『コミューン』を構成し、代表者を選出し、『法令』を発布する能力があることを、すでに証明していた」。そのような経験は、ひとたびアメリカへともたらされると、「沿岸の同胞たち」たるバッカニアの生活様式を形作っていった。(9)

　海の上の労働を生き抜いた水夫たちによって、過去の経験はのちの世代の水夫や海賊へと伝えられた。ある私掠船の船長が、一六八九年に四人の老練なバッカニアを仲間に加えた際には、船長は彼らを「どうしようもない奴ら」と呼んでいた。「しかし彼らの話術や知識がすぐれていたために、船長はのちに、彼らを乗組員の間に分散して配置することを余儀なくされた」。スペイン継承戦争の最中には、ジャマイカの私掠船に乗り組んだ古株たちもいたが、彼らはユトレヒト条約後に新たな海賊行為に加わった。ジャマイカの掟と、それによって生まれた偉業は、ウォルター・ケネディの事例で見たように、民話、歌、バラッド、民衆の記憶のなかで生き続けた。また、アレクサンデル・エスケメリンやペール・ジャン＝バプティスト・ラバ、その他バッカニアの生活を直接体験によって知っていた人々の手になる記録が、大衆向けに出版されたり、しばしば翻訳され、そのなかで生き続けたことは言うまでもないだろう[10]。したがって、一七世紀末や一八世紀初頭に海での生活をおくるなかで、命にかかわる状況に対峙した船乗りたちは、人々の記憶にあるもう一つの社会秩序を選ぶことができたのである。

船長とクォーターマスター

バッカニアの掟は、のちの海賊たちの規約へと進化を遂げ、どの船でもきわめて類似したルールと慣習が普及した。これらの協約は、航海のはじめに、あるいは新たな船長を選ぶ際に作成され、乗組員たちによって同意される。それぞれの海賊船が、かかる協約の条項に基づいて機能していたのである。明文化された取り決めにより、海賊たちは権限を割り当てたり、掠奪品、食糧、その他の財産を分配したり、規律を励行させたりした[11]。このような協約によって、船長は自らの部下に服する立場に置かれた。すなわち、キャプテン・チャールズ・ジョンソンが表現したように、クルーは「自分たちが彼に対して船長たることを条件に、彼が船長の座に就くことを認めた」のである[12]。

勇猛果敢で、かつ航海に長けた人物であると期待して、男たちは指揮官を選んだ。彼らは、生得的地位や階級に基づく指導力など眼中になく、船長が現場でその指導力を実証することを望んでいた。そのため船長には、ほとんど特権を与えなかった。船長や「幹部たちが、他の者より多くの食料を与えられることはない。のみならず、船長は自身の船室を独り占めすることも認められていない[13]」。なかには「船長とともに食事をとった」部下もいたが、「誰でも気の向くままに、船長と飲み食いしに［船室に］来ていたために、誰一人として船長との会食を、好意や優遇のしるしとは考えていなかった」。海賊の捕虜となった商船の船長が不満げに記したところによれば、海賊たちは船のどこでも好きな場所で睡眠をとり、「海賊の船長でさえベッドをあてがわれていなかった」。海賊たちは「船の上を好き勝手にうろついて」いたのであり、このような行動は「乱暴な舵取り」と呼ばれていた。船上での空間や特権の扱いが再編成されたことは、海の上での社会関係を再構築するにあたってきわめて重要なことであった[14]。

海賊船の乗組員は船長に対し、「戦闘や追跡の時、あるいは追跡されている時」には絶対的な権限を認めていた。しかし「それ以外のあらゆる場合において」は、船長は「多数の部下によって制御されて」いた[15]。ある商船の船長は、憤慨をこめてこう述べている。「その船長はまったく指揮をとらないようだが、こと追跡や交戦となると、彼は絶対的な立場となる」と。乗組員の過半数が賛同すれば、船長が解任されることもあった。臆病だったり、残忍なおこないをしたり、あるいは「イギリス船を拿捕して掠奪することを拒んだりすれば、船長はその立場から降ろされたのである[16]。あまりに「紳士ぶって」いたために、部下の階級闘争じみた怒りを買ってしまった船長さえいた[17]。時には、横暴すぎた船長が処刑されたこともあった。ウォルター・ケネディの記録を思い起こしてみれば、ほとんどの海賊たちが「かつて士官たちからひどい目に遭わされたために」、彼ら自身で船を統率するようになった時、「そのような悪行が起こらないよう慎重に備えていた」のである。幹部を民主的に選出するという特徴が、商船や海軍でのほとんど専制的ともいえる支配体系との明確な違いとなっていた[18]。

権力の濫用を防ぐために、海賊たちが選び出したのがクォーターマスターと呼ばれる幹部であり、船長の権限と相殺しうるほどの力を与えられていた。ウィリアム・スネルグレイヴの説明によれば、クォーターマスターは「諸事万端を監視し、しばしば船長の命令をも制御する。この人物はまた、彼らが船を攻撃する際に、一番最初に乗り込む者とされている。すなわち、ボートに乗って、あらゆる命知らずの仕事に向かうのである」。同じく海賊の捕虜となったリチャード・ホーキンズ船長は、クォーターマスターを海賊船の「監事長」と呼んでいる。また、キャプテン・チャールズ・ジョンソンによれば、「クォーターマスターの意見は、トルコの人々にとっての宗教指導者《ムフティー》の意見のようなものである。船長は、クォーターマスターの同意なくしては何一つ事を始められない。ローマの護民官を控えめに模倣したのが、クォーターマスターであるともいえよう。彼は乗組員たちの利益を代弁し、それに注意を払うのである」。ジョンソンはクォーターマスターを、「民の治安判事」あるいは「首相」とも呼んでいた。ムフティーのごとく、クォーターマスターは海賊の伝統の番人をつとめ、文化的実践の最終判断を下す人物であった。古代ローマの護民官（もともとは部族《トリブス》の指導者）のごとく、彼は人民を権力者から、すなわち平民《プレブス》を貴族《パトリキ》から保護したのである。操舵手《クォーターマスター》は、商船においては士官とは見なされず、むしろ単に「スマート」な（つまり知識が豊富で経験豊かな）水夫に過ぎなかった。しかし海賊のなかでは、威信と権力をもつ非常に価値ある地位へと上りつめたのである[19]。

　クォーターマスターを置く主たる目的の一つは、特権や昇級をめぐって、恨みつらみや不和が生じないようにするためであった。事実、海賊船を除く船の上では、「生きるための必需品」の割り当てを得られるかどうかは特権や昇級にかかっていた。クォーターマスターは、船員たちに食糧を平等かつ公平に分け与えたが、とりわけ食糧が乏しく船員への割り当て量がわずかな場合、これは非常に重要な習慣であった。

「その際、船員たちはクォーターマスターの監督下に置かれ、彼はすべてのものを彼ら全員に平等に受け渡す。どの大人にも、どの少年にも等しく」と、船乗りのクレメント・ダウニングは記している[20]。船上で最も信頼される人物として、クォーターマスターはあらゆる掠奪品への責任も負っていた。すなわち、それらを奪いとる段階から、海賊船へと移して保管し、乗組員に分配するまでが彼の責務であった。この任務ではまず、目当ての獲物を襲撃するために、あるいはすでに降伏した船へと乗り込むために、何人かの乗組員を選んで組織しなければならない。実際に獲物に乗り込む者たちには役得がある――その船の上で、最も良い武器（たいていはピストル）を選んだり、着ている服を交換できる――ために、時に船員たちは乗り込む権利をめぐって「仲間うちで争い合った」。そのためクォーターマスターは、できるかぎり公平な手段で統制しなければならなかった。たとえば、拿捕した船に乗り込む機会を全員に平等に与えるために、クォーターマスターが「当直表《ウォッチビル》」を作成していた船もあった。また、クォーターマスターが「乗り込みたいのはどいつだ？」と大声で叫んで、志願した者のなかから選んだ船もあったが、一味に加わったばかりの者はたいてい除外された。時には、志願者の数があまりに多すぎて、あわやボートが沈んでしまいそうなほどであった[21]。

拿捕した船に乗り込んだ時から、クォーターマスターはその船に対して責任を負うことになり、まずはその船の水夫たちを集めると、彼らが船長からどのような扱いを受けていたのかを尋ねる（これについてはあとで詳述する）。またその際に、水夫のなかに海賊船に加わりたい者がいるかどうかを尋ねることもあり、たいてい複数の水夫たちが仲間入りを志願した。そのあと、彼は拿捕した船を見て回り、その積荷を調べると、「一味で使用するにふさわしいと思われるもの」を決定し、それを海賊船へと移すよう命じるのである。海賊船に戻った彼は、全員の取り分を適切かつ公正に計算するために「帳簿をつけた」。二万ポンドから三万ポンドの価値のある金銀を取り扱ったサム・ベラミーのクォーターマスターは、「カネが欲しい奴にはくれてやるぞ、と仲間たちに言い放った」。ピーター・フーフによれば、「ベラミーの」ウィダー号では「彼らのカネが、監視もつけず船内の箱《チェスト》に保管されていたが、クォーターマスターの許可なくしては誰一人も手をつけてはならなかった」。また別の船では、掠奪品は「鉄張りの箱」に保管され、「それは全乗組員の箱《カンパニーズ・チェスト》と呼ばれていた」。クォーターマスターは、「共有の箱」の番人だったのである(22)。

　クォーターマスターと船長という、船員を代表する二人の幹部が権力を保つという体制が、海賊の社会組織の明確な特徴であり、新たに船を組織する場合にも影響を及ぼした。クォーターマスターは、船の上で時には護民官であり、時には調停者であり、時には出納官であり、また時には平和の番人であった。海賊船の乗員が多すぎたり、船員間に不和が生じて分裂している場合には、海賊は拿捕した船を海賊船に転用したが、その際にはたいてい彼が新しい船の船長となった。キャリコ・ジャック・ラカムやポール・ウィリアムズ、そのほか幾人かの海賊船の船長たちは、まずはじめはクォーターマスターとして、乗組員たちの信頼を——そして得票を——勝ち得たのだった。このようにして、海賊船においては権力を制限することが慣例となり、その伝統は船から船へと伝えられた(23)。

船上の民主主義

　しかしながら、船長もクォーターマスターも、最高権威ではなかった。海賊船における最高権威という名誉を付されていたのは会議であり、定期的におこなわれる会議には、船長から平水夫まで全員が参加した。会議での決定事項は、船上の安寧に多大なる影響を及ぼすものであり、海賊たちは忌憚なく活発に議論し、時には激しい論戦も巻き起こった。全船員を主権者とするにあたって、海賊たちは一七〇〇年まで忘れ去られていた古来の船乗りの慣習を生かすことにした。すなわち、商船で重要な決断を下す際に、船長が全乗組員（彼らはたいてい積荷の共同所有者であった）に意見を求めたしきたりである。また掠奪者たちは、軍艦や艦隊の最高幹部が集まって戦略を練る海軍の伝統──参謀会議──についても知っていたが、その海軍の慣習を民主化したわけである。海賊による海に浮かぶタウン・ミーティングは、「我ら皆、一蓮托生」という古い格言が示す真理を重んじていた[24]。

すでに触れたとおり、会議をおこなう主目的は、船長とクォーターマスター、さらに下級の航海士といった幹部を選出するためであった。特に、船大工などの熟練労働者が、必要最小限の人数より多くいる場合には、会議によってそのなかから幹部が選出された。ある船では、なんと甲板次長の選出にまで、その論理を適用したこともあった。会議ではまた、どこで極上の獲物を捕獲できそうか、いかに船員たちの分裂を解決すべきか、といった問題も議論された。エドワード・イングランドが、僚船とともにインド西岸のポルトガル領ゴアを攻めることを提案した時には、部下たちは会議に集まって相談し、「彼らが同意しかねたために、南へと船を進めた」。イングランドと部下に起こったこの出来事は、なんら珍しいことではなく、平の海賊たちが、幹部の希望や決定を覆すことはしばしばあった。サム・ベラミー船長とポール・ウィリアムズ船長が、「スループ船から積荷を奪ったあとで（同船の船長であるサミュエル・）ビーアに船を返すつもりでいたが、乗組員たちが船を沈めるよう注文をつけた」という例もある。エドワード・ロウとフランシス・スプリグズの両船長も、同じようなことを経験していて、彼らは「票数で圧倒されている」ことを悟ったという。海賊は、掟を犯した者に与える処罰についても会議の投票で決定したし、収監者や捕虜が解放を要求した時にも投票をおこない、その要求を聞き入れることもあれば、応じないこともあった[25]。

会議での決定事項はきわめて神聖なものであり、誰より胆が据わった船長であっても、あえてその権威に異議を申し立てようとはしなかった。実際、会議の決定によって地位を奪われた船長や幹部は少なくなかった。トマス・アンスティスも船長の任を解かれた一人だが、海賊たちの表現を借りれば、彼は「マスト前部に追いやられた」のである。それはつまり、自らが指揮していた船の平水夫へと降格させられたことを意味していた。また、チャールズ・ヴェインは船員たちから臆病者との烙印を押され、やはり船長の地位を追われた。チャールズ・マーテル船長の仲間たちは、乗組員や捕虜に対する扱いが残酷であるとの理由から彼を解任し、その後釜には「もっと人望のある」男を選んだ。バーソロミュー・ロバーツの一味では、船員の大部分が、「古株」のデイヴィッド・シンプソンがクォーターマスターとして堕落してしまったと考え、シンプソンは「彼らによって解任された」。

このような船の上の民主主義は、とりわけ長く過酷な全体主義の労働環境で働いてきた者たちに、陶酔をもたらすものであった。絶えず会議を利用して、「過半数の票によって万事を進めた」一味もあれば、法廷の代わりとして会議を設けた船もあった。海賊たちは票決を好み、拿捕した船の船長に対して、「俺たちは、一切合切こうやって決めるのさ」と言い放った。確かに海賊には「統治機関や従属関係がほとんどなかった」ために、「時に彼らは全員が船長であり、全員が指導者」となったのである。海軍大佐ハンフリー・オームは、一七二三年に海賊の一味を捕らえて尋問し、この点を次のようにかいつまんで説明している。「そこ（海賊船）で地位を享受できるかどうかは、実に成り行き任せであり、まったく乗組員たちの意思と思惑次第である」と。[26]

掠奪品の分配については、船の掟によって明確に規定されており、船員たちの技能と職務に応じて割り当てられることになっていた。利益を振り分けるために海賊が用いたのは、前資本主義的な分配システムであった。船長とクォーターマスターの分け前の割合を一・五ないし二とし、砲手・甲板長・航海士・船大工・医師は一・二五ないし一・五の割合を、それ以外の船員はそれぞれが一の割合を受け取った。[27]このような支払い制度は、海賊が商船・王立海軍・私掠船の慣習から根本的に決別したことを象徴していた。それはまた、賃金の差を生む複雑な階級制を取り払い、階級の上層と下層との間の格差を決定的に軽減させた。実際、海賊による富の分配は、一八世紀初頭において最も平等主義的なやり方の一つであったことは疑いない。仮に、（海賊の研究で知られる歴史家フィリップ・ゴスが示唆したように）「あらゆる船乗りの精鋭が海賊であった」とすれば、掠奪品の公平な分配と協力の概念は、仲間の技術に価値を見出し尊重する海賊たちがもたらした成果であると理解されるであろう。（反乱や拿捕のあとに）商船を奪うことで、海賊は貿易の価値を生み出す媒体を奪い取ったのであり、船はそこで働く者たちの共有財産であることを宣言した。彼らは、資本の蓄積プロセスの根幹をなす賃金関係を廃したのである。商人資本家が所有する道具と機械（船舶）を使い、賃金を求めて働くのではなく、海賊は船を自らの所有下に操り、協力して危険を冒し、等しく分け前を受けたのだった。[28]

海賊は、作成した掟のなかで、あるいは彼らの慣習として、船の上での飲食料の分配については入念に取り決めていた。というのも、大勢にとって、これらにありつけることこそが、そもそも「勘定に出る」

ことを決意した理由だったからである。一七二四年にジョージ・ギャレー号に乗り組んでいたある不従順な水夫は、ミズントップ〔後檣の、下から二番目の帆〕を巻き上げろとの船長の命令に対して、「偉そうな態度で、ぶっきらぼうに、俺たちは食べたぶんだけは働きますよ」と答えた。別の反抗的な水夫たちは、「飢え死にすることは俺たちの仕事じゃない」ので、もし船長が食べ物を与えないのなら、絞首刑になるのとそう変わらないと言ってのけた。「もし反乱が失敗に終わっても、こんな体重じゃ首を吊られても死にはしないさ」とは、十分な食べ物を与えられずに腹を立てた水夫たちが口にしていた古いジョークである。(29)

陽気な海賊暮らし

このように、海賊となった水夫たちはすべてを変えた。長い間、他の船で食糧が乏しかったり、腐っていたりして苦しめられてきた彼らは、海賊船では「勝手気ままに騒ぎながら」飲み食いした。これが実際に海賊たちの習慣だったのである。彼らは「パンチを注いだ大杯を手に」あれこれ仕事をこなしていたものだから、しらふでいると、「同胞に対して陰謀を企てている疑いあり」というレッテルを貼られてしまうことさえあった。いつも酒を飲まずにいたトマス・ウィルズという男は、仲間たちから「長老派」とあだ名をつけられてからかわれていた。バーソロミュー・ロバーツ一味の掟では、実に最初の項目で、すべての者が「重大な事柄にかんする投票権」と、「新鮮な食料」と「強い酒」に対する「平等の権利」を有することを保証している。政治的な民主主義と、経済的なそれとの結びつきを示す好例であろう。海賊に加わったある者にとっては（そしておそらく他の大勢の者たちにとっても）、酒は彼が得るであろう富よりも重要なものであった。「食い物なしには冒険なんてまっぴらごめんだ」というモットーには、ほとんど誰もが同調したことだろう(30)。

驚くほどのことではないが、海賊の生活を目にした少なからぬ人々が、飲み食いし、フィドルを奏で、踊って浮かれ騒ぐといった海賊たちの品行が、まるでカーニバルのようだったことに言及していて、なかにはこのような「終わりのない騒動」が、海の上での秩序を乱すと考えた者もいた。確かにその考え方にも一理あって、船での生活は、時として収拾がつかなくなることもあった。しかし、ここで肝心なのは、海賊たちは他の誰かに支配されているのではなく、彼ら自身の支配下にあったことである。スネルグレイヴ船長は、海賊ハウエル・デイヴィスの一味が、獲物の船から食べ物と飲み物を奪った凶暴さを目にして、こう確信した。彼らが掠奪をほしいままにして「あまりの破壊と荒廃をもたらした」ために、「あのような悪党がさらにおびただしい数であったならば、わずかな時間で大都市さえも廃墟へと変えただろう」と。デイヴィス一味は、ウインチとテークル［滑車装置］を使って、拿捕した船内から「赤ワイン《クラレット》やフランス産ブランデーの入った大量の樽《ハーフ・ホグズヘッド》」を引き揚げた。そしてすぐさま「その蓋を打ち割ると、樽から直接飲もうとジョッキや杯を突っ込んだ」。これらの樽が空っぽになるや、彼らはまた次を引き揚げた。ほどなくして彼らは、赤ワインとブランデーを「手桶に満杯にして」互いに浴びせ合い、その日の終わりには、「樽に残っていたぶんでデッキを洗った」。いまや海賊たちは、酒をどう扱おうと自由な身になったのである。彼らは「コルクを抜くことすら面倒だったから、奴らの言葉で言うと、ボトルに刻み目《ニック》をつけた。つまり、ボトルの首をカトラスで切り落としたのである。そうすると、だいたい三本に一本は割れてしまった」。要するに、彼らは酒の入ったボトルにまで「破壊をもたらした」ために、「数日のうちにボトルは底をついた」。似たような出来事は、エドワード・イングランドの船でも見られた。一味は三日間にわたって「底抜けに飲み騒いで」クリスマスを過ごし、新鮮な食料のおよそ三分の二を食べ尽くしてしまった。このように浪費してしまったあとには、海賊たちは必ず、次のような挨拶をすることになった。一七一六年六月、拿捕したばかりの船のジョン・ブレット船長に対して、無法者たちは「その証人［ブレット船長］をののしり、彼の酒を海賊船に持ってくるように命令した」(31)。

こうして海賊たちは、陽気に浮かれ騒いだ。実際、「陽気」とは、海賊船での生活の雰囲気や精神を表現するのに最もよく使われる言葉である。一七一八年、サウスカロライナのチャールストンで開かれた、スティード・ボネットとその仲間たちの裁判の証言から、このことがたまたま明らかになった。ジェイムズ・キリングは、刑死に値する数名の海賊を指さしながら、彼が海賊に捕まった時、この男たちが彼を元気づけようとしたことを証言した。「彼らは私に、どうして俺たちと一緒に食事をしないんだ、と問いかけたのです」。キリングは気が動転して、「食欲がないので」と返したという。しかし海賊たちは引き下がらなかった。「彼らは、私がなぜそんなにも塞ぎこんでいるのか尋ねてきたのです」。それに対してキリングは、「できるだけ元気に振る舞います」と答えた。すると海賊たちは、キリングの気分を変えようとするのをやめて、自分たちの気分を良くすることにした。「船にはどんな酒を積んでるんだ？」と問われたキリングが、「ラムと砂糖があります」と伝えると、海賊たちはそれらを持ってきて、杯にパンチを注いで乾杯し、「一、二曲歌い上げた」。また、一〇週間にわたりボネット一味の捕虜となったピーター・マンウェアリング船長の証言は、キリングが不機嫌そうに語った状景が真実であることを裏づけるものである。「彼らは私を丁重に扱いました。そう、とても丁重に」と、マンウェアリングは証言した。海賊たちは「全員が非常に活発で陽気な者たちでした。彼らには何もかもが豊富にあり、パンチを作っては飲んでいました」。また別の商船の船長は、フランシス・スプリグズ船長の一行が毎朝熱いパンチを飲んでいたことを記憶していた。そのため「彼らは一日中陽気に暮らしていた。食事の時にはクォーターマスターがコックを監視して、仲間に平等に配分されるように見張っていた」。知識豊富なある船乗りは、初めのうち、海賊に加わることに乗り気でなかったが、彼がようやくスプリグズの船の掟に署名することを決意した時には、喝采が巻き起こり、大砲がとどろき、この日は「健康を祝して乾杯し、陽気に騒がしく」過ぎていった(32)。

ただし、海賊船の陽気さには裏の面があった。加減を知らない飲酒は争いを生み、時として船全体を巻き込む乱闘へと発展した。もっとひどい場合には、酒浸りが大惨事へとつながることもあった。サム・ベラミー一味は「惜しげもなくマデイラワインを飲み騒ぎ、酔っぱらった彼らは船を座礁させてしまった」。また、陽気な時間が長引けば、戦闘準備にも支障が出た。たとえば、軍艦スワロー号との戦闘が差し迫った時、バーソロミュー・ロバーツの船にいた多くが酔いつぶれていた。そのなかの一人、ジョゼフ・マンスフィールドは、「カトラスを手に取って怒鳴りながら甲板に出た」が、すでに彼自身の船は、旗を降ろして降伏したあとだった。その際、彼は「獲物に乗り込みたいのはどいつだ」と問いかけたのだが、「仲間たちが彼に事情を理解させるのに、しばらく時間がかかった」という(33)。

船上の社会秩序

船の上に社会秩序を作り上げた時、海賊たちが、現代においても最も人道にかなった制度の一つであろう概念を先取りしていたことには驚きを禁じ得ない。彼らは、独自の社会保障制度を創出していたのである。目には眼帯、木の義足、鉤《フック》の腕といった海賊の一般的なイメージは、必ずしも正確とはいえないが、ある本質的な真実を物語っている。すなわち、船に乗るのは危険な職であり、身体を害するものであったという点である。ゆえに海賊たちは、健康、安全、保障についての条項を、掟のなかに組み入れた。彼らは掠奪品の一部を「共有資金」として割り当て、視力や手足を失うなど、癒えることのない傷を負った者に支給することにしていた。たとえば海賊ジェレマイア・ハギンズは、「負傷したために」一四枚のピストール金貨と七・五オンスの砂金、八二枚の八レアル銀貨、一七オンスの銀塊をもらったと公言していた。しかも、不運にも障がいを負った者たちは、海賊船ではそれを理由に不利な扱いを受けることもなかった。事実、隻腕《せきわん》のジョン・フェンは船長になったし、「両手の不自由な」ジョン・テイラーも同様であった。食べ物と飲み物を保障し、ある種の福祉制度を作り上げることによって、海賊は自分たちの健康を守り、人員補充を促進させ、さらには集団のなかに忠誠心を育もうとしたのである。[34] 海賊による最も劇的な作戦の一つは、一七一七年の黒ひげによるチャールストン港の包

図4-1　大西洋世界で流通した金貨の例

2エスクード貨（西）や1ルイドール貨（仏）はピストール貨とも呼ばれた。左から，½エスクード（葡），1ダカット（蘭），1ルイドール（仏），1ギニー（英），4エスクード（ブラジル），8エスクード（ボリビア）。

図4-2　大西洋世界を席巻した8レアル銀貨とその補助貨幣

左から，½（コブ），½，1，2，4，8の各レアル。

図4－3　アジアにおける8レアル銀貨
8レアル銀貨は，日本の書物にも記載がある（狩谷懐之『新校正孔方圖鑑』〔1815年〕）(左)。中国では「本洋」として流通した（中国商人等の荘印が刻まれたもの）(右)。

囲であるが、かの地の通商を停止させるほどの行動をとったのは、負傷者を治療する薬が必要であるとの理由からであった。(35)

海賊たちの社会生活において、彼らが現代的に思えるもう一つの領域は、性に対する自由な感覚であり、それについては船の掟にほとんど規定されていない。一七世紀のバッカニアたちは、「マトロタージュ」によって結びついていた。それは、二人の成人男性の間に、また時には成人と若者との間に結ばれた、財産の共有と相互義務を特徴とする関係を指す。個々人が自らこのような関係を結ぶことを選んだのだが、この習わしが根づいた裏には、カリブ海では女性の数が少なく、性比がアンバランスだったことも関係していた。一八世紀初頭の海賊のうち、性的関係にまつわる掟を定めていたことで知られているのは、わずかに二つのクルーだけであり、その一つは、一七二〇年頃にバーソロミュー・ロバーツのクルーが定めていた「少年や女性を連れ込むことを禁ず」との条項だった。いま一つは、一七二三年にジョン・フィリップス一味が設けたルールで、当人の同意なしに「分別ある女性」に手出しすることを禁じたものである。なお、男性間の性的関係、すなわち男色について規定している掟は一つとしてなく、海賊たちが気の向くままに楽しんでいたことがうかがわれる。しかしここで、歴史家B・R・バーグのように、海賊たちが「男色社会」を作り上げていたと主張するのは言いすぎであろう。というのも、文学史の研究家ハンス・ターリーが記しているとおり、

「海賊の男色にまつわる証拠は、ほとんど皆無に等しいほどに乏しい」のである。ただし、男色をほのめかす断片的な証拠も残っている。一七二三年七月、ロードアイランドのニューポートでの海賊三六人の審理の場で、ジョン・ウィルソンが証言したところによると、かつて海賊トマス・パウエルが、彼に向かって「この地でお前と、一糸まとわず一緒にいたい」と口にしたという。コットン・マザーは、パウエルほか二五人が絞首刑に処される前におこなった説教で、売春婦や男性との性行為を連想させる「忌まわしき不浄の罪」に対する注意を促している。力強さ、精力、強靭さ、度胸、そして強引さに価値を見出す、男性のみの非常に勇ましい世界においては、当時の教養ある規範に背くような性の自由が好まれたのである(36)。

海賊たちの掟は、船の上での懲罰についても規定していた。ただし、「懲罰」という謂いは、抑制のない自由な行動が大幅に許容されている海賊船での制度を指す語としては、やや不適切かもしれない。彼らの懲罰は、商船のように上級者の自由裁量によるものでなく、また海軍のように体系化されているわけでもなく、つねに違反に対する乗組員の共通理解に基づいていた。多くの非行に対して、「船長と、乗組員の過半数が適切だと考える処罰」が与えられたし、海賊たちがあまりむち打ちをおこなわなかったことも注目に値する。彼らが行使した懲罰は、時には確かに厳格なこともあったが、多くの場合、商船や海軍で見られた懲罰に反発するような寛大な振る舞いであった(37)。

懲罰には主に三つの方法が用いられたが、そのいずれもが、海賊船には船員がぎっしり乗り込んでいるという事情――二五〇トンの船なら、乗組員数の平均はおよそ八〇人――を考慮したものであった。バーソロミュー・ロバーツの船の掟では、船の上の秩序を乱さぬために、次のような方策をとっていた。「船上で互いに攻撃し合うことを禁ずる。すべての諍《いさか》いは、陸《おか》の上で、剣とピストルによって決着をつけるものとする」。すなわち、争いの当事者は、まずピストルで決闘することが定められており、ともに一発目の弾丸を外した場合には、彼らは剣を手にして戦い、最初に相手の血を流させた者が勝者であることが宣言されるのである。船を離れて（象徴的にいえば、海から離れて）決着をつけさせることにより、海賊たちは込み合った船内の協和を促したのだった(38)。

海賊が、仲間を「島の統治者」にしたのも、船の上に協和をもたらすためであった。それは、秩序を乱す手に負えない者や、重要なルールを犯した者を、島に置き去りにするという掟である。仲間をだまして掠奪品の取り分をせしめた者、戦闘中に持ち場を離れたり仮病を使った者、仲間に隠しごとをした者、さらには盗みを働いた者は、「必ず苦難に直面するであろう場所」に置き去りにされることを覚悟せねばならなかった(39)。

処刑は、秩序を保つための最後の手段であった。「少年や女性」を船に連れ込んだり、拿捕した船にいた「分別ある女性」に手出しした場合には、かかる処罰が下されることがあった。また、持ち場を逃げ出した者も、その行為によって全船員を危険にさらしたと見なされれば、死刑に処された。実際に一七二二年には、バーソロミュー・ロバーツ一味が、船から脱走したことを理由に乗組員二名を処刑している。両者ともに、死刑執行人を自ら選ぶことを許され、それからメーンマストに縛りつけられて銃殺されたのだった。またある時には、船に連れ戻した脱走者に対して、船員一人ひとりが二回ずつむち打ちを加えている。ただし結局のところ、処刑という手段が最も頻繁に行使されたのは、権力を乱用した船長を罰する場合であった(40)。

乗組員たちはまた、指揮官に勝るとも劣らないほどに意見を主張した。一七一九年のことである。ある晩、ハウエル・デイヴィス、オリヴェール・ラブーシュ、トマス・コクリンの三船長が、シエラレオネの「黒人の淑女たち」を訪ねるべく上陸しようとしていた。見目を良くしようと、彼らは保管してあった掠奪品のなかから、派手な刺繡の施されたベストを取り出した。ところが彼らは、「共有の箱」にある品々を管理するクォーターマスターから、ベストを持ち出す許可を得てはいなかった。船長らの所作を知った船員たちは、当然のごとく憤慨し、すぐさま三人から衣服を取り上げていったん箱に戻すと、それらをメーンマストの下で競売にかけ、最も高い値をつけた者に売るべきだと主張した。船員たちはウィリアム・スネルグレイヴに対し、「もし俺たちがああいう行動を容認すれば、船長たちは何もかも思い通りにしようと、権力を握ろうとするだろうさ」と語ったという。犯した違反がどの程度のものであれ、船員たちは自らが統治者であることを明言したのであり、それが海賊船における習わしであった。リチャード・ホーキンズ船長は、海賊の懲罰にかんする核心に触れて、「何人たりとも、罪を犯せば全乗組員によって裁かれる」と述べている。海賊船の掟のもとでは、たとえコックでも統治者になりえたのである。[41]

海賊文化の継承と伝播

海賊のなかには、「当人の意志に反しては誰一人も」仲間として連れて行かないことで、規律上の問題が生じるのを回避しようとした者たちもいた。[42] 同じ論理で、彼らはやる気のない者を船に留めてはおかなかった。海賊エドワード・デイヴィスによる一七一八年の供述からは、新たに加わった者たちの忠誠心を強めるために、名誉にかけて誓いを立てさせていたことがうかがえる。「当初、古参の海賊たちは、新たに加わった者たちをいくぶん信用していなかった。……しかし、ほどなくして新入りたちが誠実たることを誓い、また、仲間に対して八レアル銀貨の価値をごまかさないことを誓うと、船員らは皆で相談し合い、合意の上で行動するようになり、もはや古株と新入りの区別はなくなった」[43]。

なおこの一節からは、次のような疑問が生じる。海賊たちは、いかにして彼らの文化を創造し、また作り直したのだろうか。その答えは、海賊の一味がどのように結成されたのかによって異なる。つまり、反乱を起こして海賊になった者たちは、自ら文化を創造しなければならなかったし、すでに海賊船として組織されていた船では、新たに仲間入りを志願する者たちが溶け込むための儀礼を考案する必要があった。

前者の例として重要なのがバック号で起きた反乱であり、その反乱によって生まれた系譜はバーソロミュー・ロバーツへとつながり、ひいては一七一九年から二二年に彼が四〇〇隻を拿捕したことにもつながってゆくことになる。航海士のハウエル・デイヴィスは、もと海賊の水夫たちや他の船員たちが「謀反の手筈を整えている」ことを知っていたため、たやすく反乱を組織し、バック号の乗っ取りに成功した。間もなくその無法者たちは、「パンチを注いだ大杯」を手に、指揮官を選ぶために全乗組員による「参謀会議」を開いた。彼らの「大多数」がデイヴィスに投票し、「全員がこの選択に同意した」。次いで一味は、自分たちが従うべき掟を作成する段階へと移り、その掟に「彼自身（デイヴィス）と残りの者たちが署名し、宣誓した」。そのあと、新たな指揮官は「短い演説をおこなった。その主旨は、全世界に対する宣戦布告であった」。それから彼らは、どこに向かうのか、何をするのかを「相談して」、間もなく冒険へと乗り出していった[44]。

反乱を起こして同様の手順を踏んだ船員たちは、ほかにもいる。エドワード・ウォーリーとそのクルーは、「真ん中に死神の頭部が白く描かれた黒旗」を作り、掟に署名すると、「決して降伏せず、最後の一人になるまで互いに助け合うことを固く誓った」。王立アフリカ会社のガンビア・カースル号にも、ジョージ・ラウザとジョン・マッシーをリーダーとする反徒がいた。彼らは「海賊行為を働くことに同意し、誓いを立てて掟に署名して、黒い旗を準備した」。彼らはまた、「船室を取り壊し、船首から船尾まで全体にわたって平甲板にして」、船をデリヴァリー号と改名した。また、海賊たちが仲間割れして、新たな船長を選び任命する際にも、同様の流れでことは進んだ。フランシス・スプリグズの例がまさにそれであり、船員たちは独自の海賊旗を縫い上げて、その新たな船長に敬意を表して大砲を鳴り響かせた(45)。

一方、海賊たちは、いかにして新入りを、船での生活と労働へと組み込んでいったのだろうか。海賊の大多数は、「かつて乗り組んでいた商船などで」反乱を起こした者ではなく、拿捕された船から自主的に加わった者たちであるため、これはとりわけ重要な点であろう。新たなメンバーの加入はたいてい、掟への署名に始まり、たとえば船大工のジョン・ハスウェルがハウエル・デイヴィス一味に加わる際におこなったように、「仲間に対する誠実の誓い」を立てることを求められた。それから新入りたちは、同志への献身ぶりを示さねばならなかったが、これにはそれなりの時間が必要だった。トマス・コクリン船長は、実際に戦闘に参加するまで、「新たに加わった男たち」は海賊一味の正式なメンバーではないと考えていたようである。彼が言うには、新入りたちは「硝煙のにおいを覚え」なければならなかった。コクリ

図4-4　ジョージ・ラウザ
キャプテン・チャールズ・ジョンソン『最も有名な追い剝ぎ，殺人者，路上強盗らの生涯と冒険の歴史』（1734年，ロンドン刊）より。

ンは、甲板長の籐《とう》製のむちで新入りたちを打ったとされているし、ロバーツのレンジャー号の甲板長イズリエル・ハインドは、「いつも新米の海賊たちをののしり悪態をついていた」。ジョン・フィリップスはよく、「新参者たちが口を開こうとすると、お前らはまずやることをやってからだと言い放って、彼らを畏縮させて」いた(46)。

古参の海賊は、新入りたちが「信頼のおける」男であるとか「威勢の良い船員」だと分かるまで、彼らに制限を加えた。「乗組員の中でも新入りは、あらゆる獲物の掠奪に加わることを禁ずる」船もあった。トマス・デイヴィスの証言によれば、ベラミーの船では「会議を招集し、各人が票を投ずる際、強制的に船に乗せられている者には投票権を認めない」という決まりがあり、船員たちは掟に署名するまでは、民主的な討議や意思決定から除外された。カサンドラ号では「船医たちに投票権がなかった」が、それはおそらく船医の階級的な経歴（また、彼らが強制的に同行させられている）ゆえに、信頼されていなかったからであろう。船員たちが同化するプロセスは、いつも緊張を伴うものだったのである。「古参の海賊は、つねに新入りに対して用心深く、最大限の注意を払って彼らの行動を監視していた」。新入りたちが連絡を取り合うことは、すべて古株による監視の対象となったために、「マストに釘で打ちつける以外には、字を書くこともできなかった(47)」。

海賊の文化が時間・空間を超えて継承・伝播するには、海賊が新たな志願者をうまく惹きつけること、そして彼らの民主的な――無政府主義的と言ってもよい――組織が自主的に形成されることが必要であった。海賊に加わろうとする者が多ければ多いほど、さらに船の上が乗組員で込み合うほどに、クルーが分裂する瞬間が自ずと訪れるものである。適度な大きさと船足で、大砲も備えたあつらえ向きの船が手に入れば、分離したがっていた者たちは独自に掟を作成し、船長を選び、新たな一味を結成したであろう。クルーが分裂するいま一つの理由としては、もともといた船員同士で意見が対立するケース——指揮権や、航海の行き先などをめぐって——が挙げられ、この場合、異議を唱えた者たちが自分たちの船長を選出し、それまでの仲間と袂を分かつことになった。海賊が構築した社会組織は柔軟なものだったが、それでも泥沼化した対立を調停することはできなかった。ひどく窮屈で権威主義的な商船の世界を経験した者は、クルーが自由に分離できるこの伝統を大切にした。そして海賊が権力を民主的に運用したことで、船の上には慢性的な不安定さがもたらされたけれども、同時に文化の継続性が保障されたのであり、マイナスとプラス両方の効果があったといえよう。新たな海賊一味が形成されるまさにそのプロセスこそが、海賊の文化の継承を実現させる一助となったのである。(48)

文化が継承されてゆく仕組みは、海賊たちのつながりを図式化することで把握できる。海賊船の船長の名を配した図４‐５は、おおよそ三六〇〇人の海賊——一七一六年から二六年に活動した海賊の約九〇パーセントに当たる——が、互いに分裂したり、あるいは他の船とともに航海したり、もしくはそれ以外のつながりによって、主に二つの系譜へと分類されることを示している。ベンジャミン・ホーニゴールド船長とバハマ諸島における海賊の根城が、複雑に入り組んだ系譜の起源となり、この系譜は一七二四年六月のジョン・フィリップス一味の絞首刑によって終わりを迎える。もう一方の系譜は、一七二二年に、ともに船員の反乱によって結成されたジョージ・ラウザ一味とエドワード・ロウ一味が偶然にも出会ったことから生まれ、一七二六年七月にウィリアム・フライとその手下たちが処刑された出来事が終点となる。主にこのネットワークの内側で、海賊船の社会組織は重要性を帯びていった。そこでは、海賊文化の慣習や

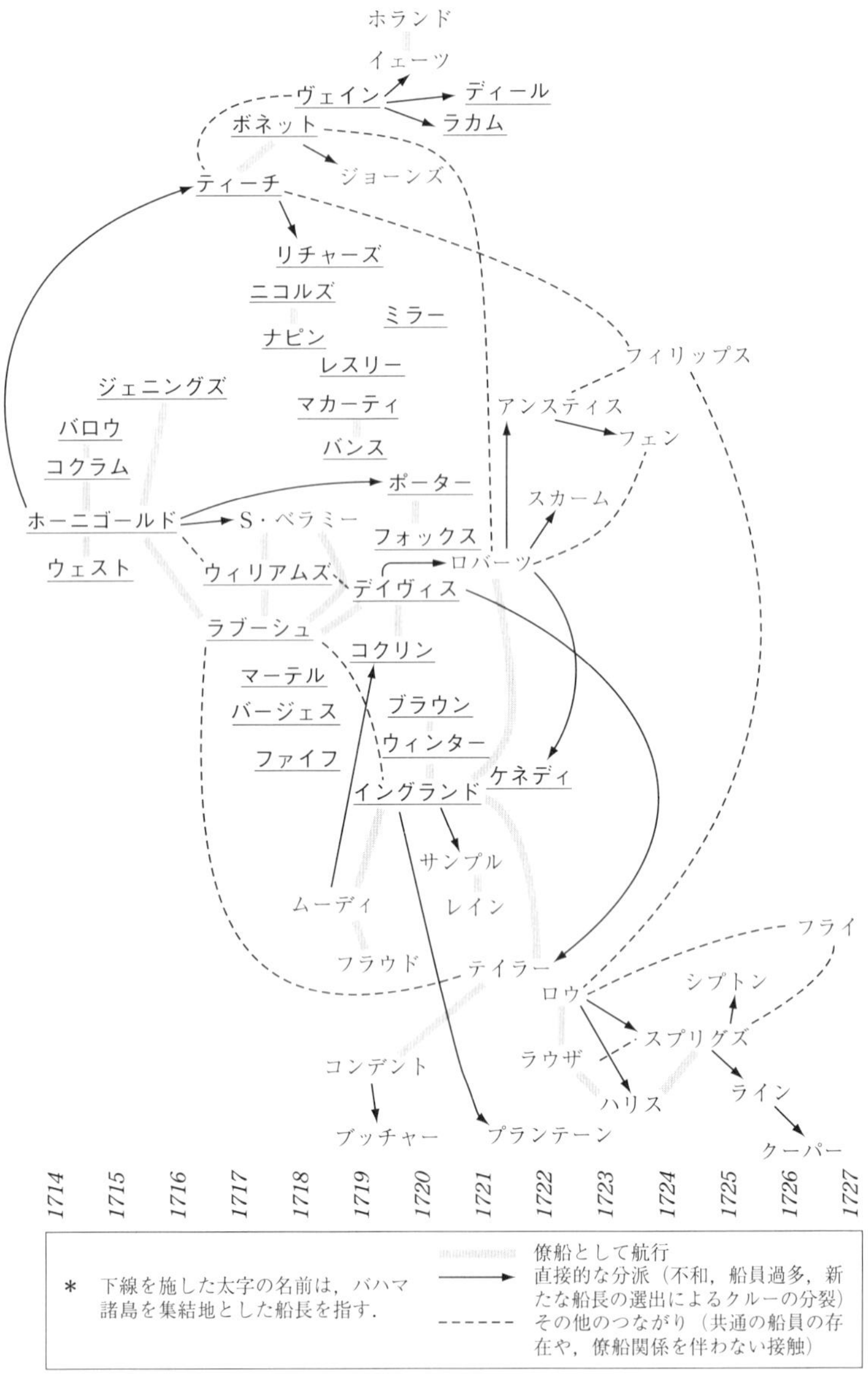

図 4-5　海賊船クルーのつながり（1714〜27 年）

意味が伝え守られ、海賊たちの社会性に満ちた世界の組織化と永続化が促進されたのだった(49)。

海賊船のクルーの分裂によって、まるでヒドラのごとく増殖していったのは、急進的・民主的な社会秩序と文化であった。海賊たちは、集団の内部において、また外部に対しても、彼ら特有の社会的態度と社会的関係を有していた。とりわけ当局の悩みの種となった側面については、一七二四年、ヴァージニアからロンドンへと航海する「安全な機会」をうかがっていたアレグザンダー・スポッツウッド総督が言及している。十分に武装した軍艦を使う以外に手がないことを悟った彼は、次のように書き送った。

海賊の鎮圧に懸けてきた私の意欲的な働きを思い起こしていただければ、私の言わんとすることが容易にお分かりいただけるかと存じます。水夫らを折檻したかどで、船長の鼻や耳をそぎ落とすことも辞さない野蛮な悪党どものことですから、私が奴らの手に落ちるようなことになれば、どれほど残酷な仕打ちを覚悟せねばならないのでしょうか。というのも私は、奴らが真っ先に復讐すべき標的なのです。大海賊サッチ(黒ひげティーチ)を、そのあらゆる野望もろとも討伐し、また、ヴァージニアの空の下、奴らの多くの同胞を縛り首にしたのですから(50)。

図4-6 軍艦パール号のバウスプリット（船首斜檣《しゃしょう》）の先端に掲げられた黒ひげの首

『海賊自身の書』より。

スポッツウッドは、海賊のことをよく知っていた。そもそも、黒ひげの首を戦利品としてヴァージニアへと戻ってきた遠征隊を認可したのは彼であった。彼は、大勢の海賊をヴァージニアの絞首台に吊り下げるべく、務めを果たしてきたのである。彼は、海賊が復讐を好むことを知っていたし、船員への「折檻」を理由に、たびたび商船の船長を罰することも、海賊たちがある種の「同胞愛」で結ばれていることも、知っていた。次の章で見るように、彼が海賊を恐れるのはもっともなことであった。

第5章 「水夫に公平な扱いを」

「まっとうな」商船長の命運

一七二〇年、インド洋西部を遊弋《ゆうよく》していたエドワード・イングランド、オリヴェール・ラブーシュ、およびそのクルーは、マダガスカル島を離れてジョハンナ島に向かうと、一隻の船を見つけた。ジェイムズ・マクレイが指揮を執るカサンドラ号である。海賊たちは、その船のことをよく知らなかったのだが、東インド会社に雇われていたマクレイは、海賊船の跡を追っていた。マクレイと別の船の船長は、その地の豊かな通商を混乱に陥れた「ならず者どもの巣窟を破壊すれば、東インド会社への多大な貢献となるだろう」と考えたのだった。海賊たちが迫り来て、恐ろしい海賊旗を掲げれば、商船の船長のほとんどは降伏するものだが、マクレイはそうではなかった。降伏するどころか、マクレイとその部下は、大砲の轟音とともに彼らの決意を表明し、それによって三時間にもわたる激しい戦闘の火蓋が切られた。互いの船のデッキは血で滑りやすくなり、至る所に死体が転がった。交戦のさなか、海賊たちは、彼らが「血まみれの旗」と呼ぶ赤い旗を掲げた。その旗は、決して降伏することなく戦い、相手が降伏しても容赦しないことを意味しており、まさに死力を尽くした戦いであった(1)。

最終的には、海賊側が勝利を収めた。マクレイとともに海賊と戦うと明言していた船長らの率いる二隻の僚船が、戦意を喪失して去ったことが最大の敗因であった。マクレイ自身、頭部にマスケットの銃弾を受けひどく出血していたにもかかわらず、生き残った部下たちをロングボートに集めると、ジョハンナ島のキングズタウンへとボートを漕いだ。しかし今や逃げ道はなく、沖合に投錨した海賊たちは、マクレイを引き渡した者には一万クラウンの賞金を与えると喧伝した。海賊は、どうしてもマクレイの首を手に入れたかったのである。抵抗しようとした者を拷問にかけて殺害し、恐怖という手段で教訓を思い知らせるのが海賊のしきたりであり、まして戦闘で同志の血が流れた場合にはなおさらであった。マクレイがついに自らイングランドの船へと向かった時、彼は死地に赴いていることを悟っていたであろう。

後甲板でマクレイの運命をめぐるドラマが展開していた折、突然船内から「恐ろしい頬ひげを生やした木の義足の男」が現れた。その海賊は、「暦に載っているダーツの矢が体に刺さった男のごとく、ピストルを体のいたるところに引っ掛けていた」。男は「怒鳴り散らしながら」義足を振り上げてはよろめき歩き、「ののしるような態度で、どいつがマクレイ船長だ」と尋ねた。その男を目にした時、マクレイは死ぬほど震え上がった。「この男が私の死刑執行人だ」、船長はそう確信したのである。

ところが、その荒くれ男はマクレイのそばに来ると、「彼の手を取り、あんたに会えてうれしいぜと騒ぎ立てた」。偶然にもこの海賊は、ほか数名とともに、「かつてマクレイとともに航海した」ことがあったのだった。彼は集まった仲間に向かって、マクレイが「まっとうな男」であることを伝えた。おまけに、いくぶん語気を荒げて、「お前ら、マクレイ船長に手出ししようもんなら、俺が相手になってやる」とさえ言い足している。彼は、船乗りの結束の表現——海賊たちのなかでお気に入りの誰かの肩を持つ行為——

を前面に押し出し、挑戦的な物言いをした。マクレイに危害を加えようとする者は、まずこの海賊と対峙せねばならないのである。結局マクレイは、度量の広い振る舞いをしてきたおかげで、海賊たちの会議で彼の問題が取り上げられるまで、刑の執行を猶予されることとなった。マクレイは状況を冷静な目で捉えており、のちに彼自身が以下のように述べている。「主だった海賊たちの数名が私のことを知っており、私と航海したことのある者たちもおりましたので、このことは私にとって有利に働くと判断いたしました。と申しますのも、彼らがいなければ、海賊たちは私の身の安全を保障したにもかかわらず、私を切り刻んでいたでしょうから」。

図5-1　マクレイ船長と木の義足の海賊
『海賊自身の書』より。

それから海賊たちは「彼ら自身の会議」を開き、頬ひげを生やした義足男も他の海賊たちも、互いに意見を言い合った。そして決定が下された。「マクレイ船長の堂々たる振る舞い」――海賊たちは彼の度胸に敬意を表した――と、「彼が部下に見せた何とも善良な人柄に鑑みて」――彼は「まっとうな男」であった――、海賊たちはマクレイに刑を執行しなかったばかりか、「彼の船をいただく代わりに」、戦闘でひどく損傷していた「別の船を彼に返してやる」ことも決めた。命が助かり、海賊たちから与えられた船を受け入れたマクレイは、その勇敢さを失うことなく、増援を得るためにいったんはその場を去った。ほどなくして、彼は再び海賊たちと一戦を交えるために舞い戻り、彼らを殺害あるいは捕獲しようとした。その行動に海賊たちは度肝を抜かれたに違いないが、その驚きはすぐに猛烈な怒りへと変わった。海賊の一人が述べたところによると、マクレイの行為は「礼儀」に対する侮辱であり、金輪際、商船の船長に対して慈悲を与えないことを誓ったという(2)。

海賊船でのマクレイ船長の物語は、本章で精査すべき問題を提起している。なぜ海賊たちは、彼や他の船長が「まっとうな男」であったかどうかを気にしていたのか。なぜ海賊たちにとって、「彼が部下に見せた何とも善良な人柄」が大きな意味を持ったのか。海賊の社会的出自と、海賊船での自主的な組織結成について考察してきた我々が、次に見るのは彼らの社会関係である。海賊独自の社会秩序は、彼らが縁を切った浮き世の風習に対する挑戦として築き上げられていたため、このことは重要なテーマとなる。海賊は、商船の船長、国王の役人、そしてこれらの人物が体現し、押しつける権威的体制に対して、尋常ならぬ軽蔑の念を抱いていた。一七一八年、ボストンで八人の海賊が裁かれた時、商船の船長トマス・チェクリーは、自身の船を拿捕した海賊たちが「ロビン・フッド気取りだった」と語っている。この表現のなかに、海賊たちの自己認識と、他者とのかかわり方を解き明かす糸口があるだろう(3)。

海賊の復讐心

言うまでもなく、ロビン・フッドは、中世後期のイギリスにおいて「富者から奪い貧者に施した」とされる伝説的な人物である。彼は傑出した義賊で、時の上流階級にとっては犯罪者でありながら、同時に下層階級から見れば英雄であった。歴史家エリック・ホブズボームは、義賊的行為が「普遍的かつ事実上不変の現象」であると述べており、それは「抑圧や貧困に対する農民固有の抗議であり、富者や抑圧者への復讐を誓う鬨《とき》の声」だという。そのめざす先は、「新たなる理想的世界などではなく、人々が平等に扱われる伝統的世界」である。ホブズボームは、かかる行為の支持者たちを「革命的伝統主義者」と呼んでいる。スペイン継承戦争後に現れた海賊たちは、もちろん農民ではなかったけれども、すでに見たように、彼らは確かに抑圧や貧困に抗議したのであり、自らの船の上に新たな世界を築いたのだった。そこでとりわけ重要な意味を持ったのが、彼らの「復讐を誓う鬨の声」であった(4)。

アレグザンダー・スポッツウッド総督は、海賊のことを、「水夫らを折檻したかどで、船長の鼻や耳をそぎ落とすことも辞さない野蛮な悪党ども」と評し、自らを、黒ひげを殺し、他の海賊たちを縛り首にしたために「奴らが真っ先に復讐すべき標的」になっていると述べた(5)。彼の言葉には、各地の役人や商船の船長が抱いていた海賊に対する恐怖と、海賊たちの持つ復讐への執念がはっきりと見て取れる。実は海賊船の名前自体も、同様に脅威を与えるものであった。たとえば、黒ひげの船はクィーン・アンズ・リベンジ号と名づけられていたし、スティード・ボネットのリベンジ号、ジョン・コールのニューヨーク・リベンジズ・リベンジ号、ウィリアム・フライのフェイムズ・リベンジ号も悪名高い(6)。海賊による復讐の最大の標的となったのは、商船の船長であった。ある船乗りが述べたよう

図5-2　クィーン・アンズ・リベンジ号と思われる沈没船から引き上げられた鐘

ノースカロライナ州ボーフォート沖で発見された（ノースカロライナ海事博物館ボーフォート館）。

に、「陸から遠く離れた場所では」、たびたび船の指揮官の「無制限の権力、理不尽なものの見方、意地の悪さ、過酷な規律がすべてまかり通っていた」。つまり、船には「いっさい抑えの利かない」人物がいて、部下の生活を悲惨なものにしてしまうことが間々あったのである(7)。一方で、一七二二年に、商船の船長であるアイシャム・ランドルフ、コンスタンティン・ケイン、ウィリアム・ハラデイが、「彼ら自身と他の船長らのために」、スポッツウッドに対して「反抗的で不従順な水夫を処罰する何らかの措置」を要請している。彼らが言うには、「海賊と遭遇した場合に」船長たちは大きな危険に直面することになるのであり、「あのような勝手気ままな船員が、我々が暴力をふるったなどとでっち上げようものなら、我々は必ずや、あらゆる拷問を受けることになるのです」。海賊は、「フライング・ギャング」と自称していたことからも分かるように、彼ら独自の民衆的な正義感に基づいて、海の上の下層民たる水夫たちの肩を持ったのである(8)。

「正義の分配」

商船を拿捕すると、海賊はよく「正義の分配」をおこなった。すなわち、「指揮官の部下に対する振る舞いについて尋ね、部下から不平不満を申し立てられた船長」は、「むちで打たれ、その傷に塩をすりつけられる」ことになる(9)。船長が部下をどう扱ってきたのかを取り調べる行為は実に一般的であり、海賊たちの間では「しきたり」とも呼ばれていた。バーソロミュー・ロバーツ一味はこのような尋問を特に重視し、クルーのなかからジョージ・ウィルソンを「正義の分配者」として正式に任命していたほどである。一七二四年に、商船の船長リチャード・ホーキンズは、海賊によるまた別の形の報復行為として、「汗《スウェット》」という名で知られる拷問について述べている。「主甲板の下で、奴らはミズンマストを囲むようにロウソクを並べると、二五人ほどの男たちが、手に手に剣、ペンナイフ、コンパス、フォークなどを握ってその輪を取り囲む。『被告人』が男たちの輪の中へと入れられると、バイオリンによる陽気なジグが奏でられる。およそ一〇分の間、臀部に器具を突き刺されながら、彼は輪の中を走り続けねばならないのだ」[10]。捕まった船長の多くが「無慈悲にあしらわれ」、なかには即座に処刑された者もいた。フィリップ・ラインは、血なまぐさい復讐の極みを体現したような海賊で、彼は一七二六年に捕らえられた時、「俺が海賊だった頃」には「三七人の船長を殺した」と白状している[11]。海賊による復讐の追求は、商船の船長による暴力的で身勝手で横暴な権力の行使に対する、さまざまな手段を用いた荒々しく敵意むき出しの対応にほかならなかった。

なお、マクレイ船長の事例に見られるように、船長たちへの処罰は、見境のないものではなかった。そして海賊による報復の対象として、意図的に選ばれた船長もいた。一七一九年に海賊に捕らえられたウィリアム・スネルグレイヴ船長の記述には、正義にかかわる海賊たちの意識が最もうまく描写されている。それによると、四月一日、シエラレオネ川の河口にて、スネルグレイヴ船長の船はトマス・コクリン率いる海賊一味に拿捕されてしまった。間もなくコクリンが、オリヴェール・ラブーシュとハウエル・デイヴィスが指揮する海賊たちと同行することになったために、スネルグレイヴはそれから三〇日にわたって、二四〇人の海賊とともに過ごすことになった。彼が残した記述は、海賊の社会的態度・社会的実践にかんする記録のなかでも最も洞察に満ちたものの一つであり、以下で吟味してみよう[12]。

スネルグレイヴの船が拿捕されたのは、一二人の海賊が、小さなボートでその船の舷側にやって来た時のことだった。彼の船は四五人の船乗りを擁する大型船で、その数は海賊に断固、抵抗するに足るものであり、彼は船員たちに戦闘準備を命じた。船員たちは海賊との戦闘を拒んだのだが、ともかくもその命令を耳にした海賊側のクォーターマスターは激怒した。海賊たちは、抵抗を受けることなくスネルグレイヴの船に乗り込むと、クォーターマスターはピストルを抜き、スネルグレイヴによれば、「銃の尻で私の頭を叩き割ろうとした」。すると、スネルグレイヴの部下数名が彼を助けようと、「『頼むから俺たちの船長を殺さないでくれ、この人ほど善良な船長はこれまでいなかったんだ』と大声で叫んだ」。彼らの訴えを聞いたクォーターマスターは、殴るのを思いとどまった。スネルグレイヴはこう記している。「彼は私に、『もし、船員たちからあんたへの不満が出なけりゃ、あんたの命は助けてやるよ』と言ったので、私は『きっと誰も不満はないはずだ』と言葉を返した」(13)。

コクリンのもとへと連行されたスネルグレイヴは、次のように聞かされた。「すまねえな船長さんよ、あんた、助命を許されたあともひどい扱いを受けたようだな。だがな、それが武運ってもんさ。……もしあんたが本当のことを言っていて、あんたの部下たちもあんたへの苦情を申し立てなけりゃ、あんたは丁重に扱われるだろうよ」。一番大きな海賊船を指揮していたハウエル・デイヴィスは、どうやらスネルグレイヴの部下たちへの聞き込みを続けていたようである。あとになってデイヴィスは、コクリンの手下による無作法を非難しており、スネルグレイヴの記述によれば、デイヴィスは「私が彼らにどのような扱いを受けたのかを聞いて恥じていた」。海賊たるもの、自らが海賊行為に走った理由が、卑劣な商人や冷酷な船の指揮官に復讐するためであったことを、肝に銘じておかねばならないとされていたからだ。……私の部下は誰一人として、たとえ海賊に加わった者でさえ、私のことを少したりとも悪く言ったりはしなかった。……単純に彼らは私のことを慕っていたのだ」[14]。

実際、スネルグレイヴの人格が尊敬に値するものだと分かると、海賊たちは彼に、積荷を満載した拿捕船一隻を与えることを提案し、他にも品物を売ってやろうと申し出た。その後、海賊はポルトガルの奴隷船を拿捕することになるが、スネルグレイヴが「多額の金を手にロンドンに戻り、商人たちへの服従を拒否」できるように、奴隷を売却した収益を彼に与えようとさえした[15]。海賊は商人たちに対して、幸運は善良な船長に舞い降りることを見せつけたかったのである。この提案に、一味は「満場一致で同意」したのだが、しかし海賊と共謀したと非難されることを恐れたスネルグレイヴは、提案を受け入れることをためらっていた。するとすぐさまデイヴィスが間に入り、「てめえのくたばり方くらいてめえで決めりゃいい」との考えを述べ、スネルグレイヴが世間のうわさを不安がるのもよく分かると、理解を示した。結局、スネルグレイヴは提案を謝絶し、海賊たちもそれに応じており、これについてスネルグレイヴは、「流れは変わり、当初は実に情け容赦のなかった彼らが、私に対して実に親切であった」と述べている[16]。

のちにスネルグレイヴは、商人のハンフリー・モリスに宛てた手紙にこう記している。「海賊たちは、非道なおこないをする理由の一つとして、水夫を公平に扱ってやるためだとの口実を設けておりました」。スネルグレイヴは別の出来事にも言及し、それが単なる口実にとどまらなかったことも明らかにしている。彼がまだ海賊に囚われていた頃、王立アフリカ会社の所有する古いスクーナー船がシエラレオネに入港し、同じ海賊たちに拿捕されたことがあった。その際、スネルグレイヴの船の乗組員だった男で、自ら志願してコクリン一味に仲間入りしていたサイモン・ジョーンズが、そのスクーナー船を燃やしてしまおうとせき立てた。というのも、彼はかつてこの会社の船に雇われたことがあり、そこでひどい扱いを受けていたためであった。そして海賊たちが今にも火を放とうとした時、ジェイムズ・スタッブズという名の海賊が異議を唱えた。曰く、その船はほとんど価値のないものであり、船を燃やせば「会社の利益になってしまう」だろう、と。彼は、「今あの船にいる、長い航海に耐えてきた貧しい奴らが、賃金をもらえなくなっちまうだろうが。そいつらがもらう金は、きっと船の価値の三倍はあるぜ」と指摘したのだった。海賊たちはその意見に同意し、船を返された船員たちは、「その船で無事イギリスに帰り着いた」。この出来事のすぐあと、スネルグレイヴ船長もイギリスへと戻ることができたが、彼の船にいた水夫のうち一人は、海賊として残ることを選んだ。商船での生産関係の特徴として、そこでは蛮行がまかり通っていたわけだが、スネルグレイヴの体験は、かかる残忍性に対して海賊がいかに介入しようとしたのか——そしていかに修正を加えようとしたのか——を明らかにするものである。時として海賊は、彼ら自身の持つ残忍性を行使して介入する選択をしたのであり、かつて彼らもその一部を担わされたシステムから逃れることが、どれほど困難だったのかを示しているといえよう(17)。

このスネルグレイヴという人物は、例外的に水夫に寛大な船長だったと思われる。一方、スキナー船長の場合、スネルグレイヴと同様に奴隷船に乗り、シエラレオネの沿岸沖で海賊に捕まった点でも共通しているが、彼の体験はスネルグレイヴのそれとはかなり異なる。ブリストルを出港したスノー船カドガン号を指揮していたスキナーは、のちにマクレイイを捕らえることになるエドワード・イングランドとオリヴェール・ラブーシュの率いる海賊一味に対して降伏した。そしてボートで海賊船まで来るよう命じられ、スキナーはそれに従った。彼は海賊船のデッキに上がるや、「最初に目に入った男が、彼のかつての甲板長だと分かった」。その海賊は、過去にスキナーとともに航海した人物であり、「つきまとう悪霊であるかのように目を見開いてスキナーの顔を見つめ、近寄ってこう声をかけた――やあスキナー船長！　あんたなのか。ただ一人、あんただけにはお目にかかりたいと思ってましたぜ。あんたにはずいぶん借りがあるから、今度はその借りをお返ししてさしあげましょう」(18)。

偶然にも、かつての航海でスキナー船長と部下数名との間に諍《いさか》いが生じ、船長は「この男たちは軍艦へと追放するのが妥当だと判断」して――当時の船長らが、反抗的だと見なした水夫に対してよくとった措置である――、実際に彼らを海に浮かぶ牢獄へと追いやった。スキナーは「同時に、彼らへの賃金の支払いを拒否」しているが、これもまた、当時は珍しくない慣例であった。ほどなくして水夫たちは、「その軍務から逃れる手段を見つけ」、西インド諸島へと向かうスループ船での職を確保した。その西インドで、彼らは海賊に捕らえられることになるのだが、どうやらその際に「同胞たち」に加わったようである。彼らは海賊たちの根城であったバハマ諸島のプロヴィデンスへと航海すると、そこで「イングランド船長と同じ勘定書」に名を連ね、間もなく西アフリカに向けて帆を上げたのだった。

スキナーは、おそらく二度とこの水夫たちに会うことはないと考えていただろうし、そう願っていただろう。しかし彼らは再び相まみえたのであり、しかも、スキナーが最後に彼らと接した時とは状況がかなり異なっていた。この時の目撃者に話を聞いたらしいキャプテン・チャールズ・ジョンソンによれば、「その哀れな男は、自らがいかなる連中の手中に落ちたのかを知って体じゅうに震えが走り、これから起こることをひどく恐れた。というのも、彼には恐れを抱くに足る理由があったのだ」。かつての甲板長は「すぐに仲間たちを呼んでその船長を捕まえ、ウィンドラス［錨の巻き揚げ機］にしっかりと縛りつけた」。それから彼らはかつての部下たちは彼に続けざまに「ガラス瓶を」投げつけ、「彼はひどく傷を負った」。それから彼らは

図5-3　スキナー船長にガラス瓶を投げつける海賊たち
『海賊自身の書』より。

むちを取り出すと、「自分たちが疲れるまで、デッキで彼をむち打った」。その間ずっと、「彼のあらゆる祈りや哀願には聞く耳を持たなかった」。最後には、皮肉をこめて「あんたは部下に対して思いやりのある船長だったから」と前置きし、「安らかな死をくれてやるさと、彼の頭を撃ち抜いた」。これこそが、スネルグレイヴとは違う性格の船長が、情け容赦のない現実を突きつけられた瞬間であり、しかも「どんな時でも捕虜を虐待することを嫌う」温厚さで知られていたイングランド船長が指揮する海賊船で起きたことなのである[19]。

大勢の水夫たちが、ひとたび海賊になれば、報復的なやり方で過去の恨みを晴らすべく、新奇な海賊船の環境に馴染んでいった。奴隷船の船長トマス・タールトンは、「商船の船長らによる専制的な規律や蛮行を憎んでいたバーソロミュー・ロバーツ自身によって、非情なまでに打ちのめされた」のだと、歴史家スタンリー・リチャーズは記している。ロバーツは、そのような船長のもとで奴隷貿易に従事したことがあったために、船長たちの人間性をよく知っていたのである。一七一八年、チャールズ・ヴェイン一味が商船のアレックス・ギルモア船長を捕らえた際には、過去にギルモアとともに航海したことのあったロバート・ハドソンという海賊が、「こん畜生、よくも嵐のなかで俺をメーンヤードに立たせてくれたな。殺してやる」と凄んだ（ただしこの時は、その船長の部下だったこの海賊の怒りに反して、ヴェインは船長を保護している）。一七二二年一月には、ジョゼフ・トラハーンが指揮する王立アフリカ会社のキング・ソロモン号に海賊が接近したが、トラハーンの甲板長ウィリアム・フィリップスは戦うことを拒否した。海賊たちがキング・ソロモン号に乗り込むと、フィリップスはその機に乗じて不平を訴えた。彼は「士官たちに対して脅し文句を使った。なぜならば、以前に彼が、命令を受けずに索具を切ったことに対して、船長から両耳を切り落とすぞと脅されたことがあったからだった」。彼はそのあと海賊に加わった。一方のトラハーンは、生き延びて海賊のことを証言し、フィリップスを含む多くの海賊たちが絞首台からぶら下がるのを見届けている[20]。

海賊は、捕らえた船長の「人柄」を判断したあとすぐ、その船長の船をどうすべきかを決定した。水夫たちから評判の悪かった船長の場合、その船は、たいてい燃やされるか沈められるかして破壊された。一七一九年七月、アフリカ沿岸でトマス・グラント船長の船が拿捕された時、ウォルター・ケネディの怒りの矛先はグラントへと向けられた。ケネディは、過去に侮辱されたお返しにグラントの口元を殴りつけ、さらには仲間の海賊たちに、グラントを殺そうとせき立てた。海賊たちはグラントの命は奪わなかったが、明らかにケネディをなだめるために、彼の船を沈めることを決定した。エドワード・イングランド一味がクリード船長を捕まえた時にも、よく似た事態が起こっている。いまや海賊の捕虜となったこの人物に、かつてイングランドの兄弟ジョンが虐待されたことが判明し、「海賊たちがクリード船長を乱暴に扱い、彼のカワード号を焼き尽くす引き金となった」。ただし、スネルグレイヴにかんしてすでに触れたように、海賊による船長の取り調べは逆の結果をもたらすこともあり、一七二二年一月にロバーツ一味に拿捕されたエリザベス号のケースもその一例である。そこでは、数名の海賊が「仲間が積荷を掠奪するのを制止」し、船長も一等航海士も死亡していたため、船を「二等航海士に返還してやる」ことを提案した。この提案は、「哀れな水夫たちを親切に扱う、船主の寛大な人柄に敬意をこめて」の行為だった。船とその積荷の運命もまた、海賊が取り調べる船長と船主の人間性に、少なからず左右されるものであった(21)。

「正義の分配」をめぐり、海賊たちが論争を起こすこともあった。一七二三年には、拿捕した船の上で海賊による「分配」がおこなわれていたにもかかわらず、ジョン・エヴァンズ船長がそれをやめさせ、平の海賊たちにこう問いかけた。「俺たちが矯正してやる必要があるか。俺たちは金さえ手に入りゃそれでいいんだ」。それから彼は、拿捕した船の水夫たちの方を向き、「『お前らの船長さんは、たっぷりと食いもんをくれたか』と尋ねた。彼らが肯定的な答えを返したところ、『だったら、船長さんはお前らに仕事もたっぷり与えるべきだな』と言い放った」。ただし、この出来事は例外と見なしてよい。というのも、エヴァンズ自身が専制的な船長であったことが分かっており、彼は自らの部下の一人にむち打ちを与えたあとに、侮辱されたと思ったその部下によって殺害されている。かかる例外があるのは通則があった証拠であり、実に多くの海賊たちが明らかにしているように、いかなる場合でも金と「矯正」は両立しないはずのない目的だったのである(22)。

まさにこの矯正という表現は、注目に値する。商船のファウル船長が、自らバーソロミュー・ロバーツの船へとやって来た時、海賊たちは、「この男は決して水夫を虐待しない、まっとうな人間に違いない」と判断した。「もしも悪党であるのなら、この船に来るはずがない」と考えたのである。しかも、たまたま海賊の一人がファウルのことを知っていて、「彼がまっとうな男だと仲間たちに断言したために、ファウルの船は燃やされずにすんだ」。ケイン船長が海賊に捕まった時には、海賊たちは「無慈悲に彼をむち打ち、こんなことをするのはあんたをまっとうな人間にしてやるためだと説明した」。マクレイ船長は「まっとうな男」だと言われていた。そしてもちろん海賊は、ウィリアム・フライが述べたように、自分たちを「まっとうな奴ら」だと考えていた。絞首台を前にしたフライは、すでに最期を遂げた何百人もの海賊に言及し、当局は「大勢のまっとうな奴らを縛り首にしやがった」と述べている。「まっとう」であることが、水夫への公平かつ寛大な扱いを意味する合い言葉であった[23]。

ハウエル・デイヴィスなどの海賊は、「信用できない」商船の船長たち（デイヴィスは彼らを、「卑劣」で「冷酷」な奴らと見なしていた）、すなわち「まっとう」なマクレイやスネルグレイヴのような船長ではなく、タールトンやスキナーの類の船長が、水夫が海賊になろうと考える大きな要因だったのだと断言している。一七一八年のエドワード・ティーチとの航海から海賊として歩み始めたジョン・アーチャーは、一二四年、死刑執行を前にして、最後の主張を口にした。「船長どもが、部下をかくも厳しく扱うことがないよう願うばかりだ。そのせいで、俺たちは［海賊行為への］強い誘惑にさらされてしまうんだ」。第1章で見たように、フライは他の海賊たちと同じく、しかもさらに怒りに満ちた告発をおこなっている。また一七二六年、謀反と殺人のかどで絞首台へと向かったジョン・ガウは、「船長の残酷な行為こそが、すでに起こってしまった結末を生んだのさ」と主張した。海賊にとって、復讐とは正義であった。残虐な船長たちに対する処罰は、その者の罪の重さに見合うように配分されたのだった[24]。

海賊はまた、彼らが敵と見なした政府の役人に向けて、さまざまな言葉を選んで用いた。チャールズ・ヴェイン一味は、陽気に乾杯して飲み食いしながら「くたばれジョージ王」と歌い騒ぎ、さらには「地獄へ落ちろ、総督も」と付け加えた。後者はおそらく、バハマ諸島の海賊の根城を一掃し、総督になって間もないウッズ・ロジャーズのことを指しているのであろう。怒りの矛先が明確でない場合には、海賊たちは「国王もお偉いさんどももくそくらえ」などと表現したこともあった。ロジャーズによって、一七一八年一二月にバハマで処刑された海賊たちも「国王と政府を非難した」とされるが、軽蔑的な言い方をしたにちがいない。スティード・ボネット一味のように、「老僭称者」ジェイムズ・スチュアートの健康を祝し、「彼がイギリス国民の王となる姿をこの目で見ることを願って」乾杯するなど、当局の敏感な問題をあざける海賊もいた。ある評者によれば、このような行為ゆえに海賊たちは「二重の意味で絞首台のすぐそばにいた」。彼らは「国家への反逆者であり、海賊でもあった」のだから。(25)

一七一八年、サウスカロライナ植民地のチャールストンでおこなわれたボネットとそのクルー三三名の裁判で、同植民地の法務長官リチャード・アレンは陪審に向かってこう述べた。「海賊は、国籍や宗教の別なく、あらゆる人間を、同業者を、そして同胞を餌食とする」。海賊が、掠奪において相手の国籍を意に介さないと主張した点では、アレンは正しかった。いまや彼らがカトリック教国スペインの船だけしか襲わないという保証などなく、事実イギリス船さえ攻撃していたのである。しかし、彼らが「同胞」への攻撃を厭わないとの主張は、はなはだ見当違いであった。海賊が、別の海賊船を掠奪することはなかった。むしろ彼らは一貫して、互いの団結と高度な集団的忠誠を見せていた。ここで、「同胞」に対する彼らの仲間意識と、その集団主義の反響を考察するために、彼らと外部との社会関係から、彼ら内部の社会関係へと視線を移してみよう。(26)

海賊の結束

海賊には強い共同体意識があった。海上でも港でも、海賊たちは互いに協力し合おうとする姿を何度も見せており、たとえ互いの船のクルーが見ず知らずの場合でも例外ではなかった。一七一九年の四月、ハウエル・デイヴィス一味を乗せたローヴァー号がシエラレオネ川へと進航した時、すでにそこに停船していたトマス・コクリン率いる海賊一味は戦闘準備を始めた。それは、相手が軍艦と判明した場合には自衛のため、商船と判明した場合には襲撃するためであった。ところが、接近してくる船の「黒い旗」を目にすると、「すぐに彼らは安心して、しばらくすると」船員たちは「互いに大砲を撃って敬意を表した」。同様の挨拶を交わした海賊はほかにもいて、手を組むことを決めたデイヴィスとコクリンのように、自発的な協調関係を築くために、歓待の精神を謳う暗黙の掟を援用することも珍しくなかった[27]。このような海賊同士の同盟は、国籍の壁をも越えた。第3章で見たように、フランス人、オランダ人、スペイン人、イギリス人の海賊たちが、同じ船の上で協力し合ったのみならず、主に同じ国籍の海賊ばかりが乗り組む船が、別の国籍の者が占める船と出会った時にも、協力し合うことが通例であった。かかる結束の強さゆえに、別の一味と争いが生じることは、ごく限られていたのである[28]。

この共同体主義的な志向は、時として陸上で具現化されることもあった。マダガスカルやシエラレオネといった海賊の拠点がその例である。帝国の勢力から遠く離れた土地や、人家まれなる島々では、海賊は定住性の生活様式を選ぶこともあり、メキシコ湾内カンペチェ湾のログウッド伐採人の共同体では、海賊も少なからずその一員となっていた。一七一八年には国王の役人が、「すでに共同体を作り上げたと思い上がり、唯一無二の共通の利害を有している」バハマ諸島の「海賊の群れ」に対する苦情を訴えている。

バッカニアの時代以来、海賊たちは自らを「沿岸の同胞たち」と見なしてきた。一七二二年のケープコースト城塞での裁判では、トマス・ハワードは海賊たちを「兄弟」と呼んだ。他の海賊たちも、互いに「兄弟の海賊」と呼び合っていた。(29)

海賊が、脅しをかけたり復讐を遂げたりする時ほど、スポッツウッドらの言う海賊の同胞愛や兄弟愛の意識が、はっきりと表に出る場面はなかった。その意識はとりわけ、海賊が一斉に、あるいは個別に、縛り首にされた時に表出した。一七一七年四月に、海賊船ウィダー号がボストン近くで難破する事件があり、船員の多くは命を落とし、生き残った者たちは投獄された。七月にボストンの船長トマス・フォックスが海賊に捕らえられると、この船長は「ボストンの監獄にいる海賊たちが、何か危害を加えられていないかどうか尋ねられた」。海賊たちは、「もしもその囚人たちが苦しんでいるのなら、ニューイングランドの者は捕らえたら一人残らず殺す」と断言したのだった。(30) この出来事のすぐあとには、ティーチの一味が商船を拿捕しているが、「その船がボストン籍であったため、(ティーチは)ボストンの者どもは海賊数名を絞首刑に処したと主張して、それを理由に船を燃やした」。ティーチは、すべてのボストン船が同様の報いを受けるに値するとも宣告している。(31) 恐ろしいチャールズ・ヴェインは、「バミューダ人には一切容赦せず」ひどい目に遭わせ、「トマス・ブラウンなる男が海賊容疑でこの諸島に(長い間)拘束されたことを理由に、バミューダ籍の船のマストを切り落とした」。どうやらブラウンは、自身が捕らえられたために実現はしなかったが、ヴェインと同行することを計画していたようである。(32)

植民地当局に対しては、海賊による報復行為はより大胆かつ恐ろしいものとなった。一七二〇年の九月、バーソロミュー・ロバーツ麾下《きか》の海賊たちは、ネヴィスで「彼らの仲間」が処刑された復讐として、「バステール（セントキッツ）の停泊地で白昼堂々と我々の船に火を放って破壊し、大胆不敵にも陛下の城塞を襲撃した」。それからロバーツは総督に対し、「その町（サンディ・ポイント）で海賊たちを縛り首にした報いとして、町に出向いて貴様の目の前で焼き打ちにしてやる」との言葉を送っている[33]。一七二一年に、スポッツウッドが通商拓殖委員会に伝えた情報によると、ロバーツは「別の船と落ち合ってからヴァージニアに向かい、この地で処刑された海賊たちの復讐を果たすつもりだと述べた」という[34]。ヴァージニアの参事会が、満場一致で「当植民地は早急に防衛体制を敷くべし」と決議したことから、海賊による脅しが口先だけのものではなかったことがうかがえる。実際、速やかに警備隊と監視塔が整備され、近隣の植民地との連絡もなされた。「六〇門近い大砲」が「堅固な砲台に備えられた」と、のちにスポッツウッドが報告している[35]。

一七二三年、海賊フランシス・スプリグズ船長は、必ずやムーア船長を見つけ出し、「友人にして兄弟」である「（海賊）ラウザの死［自殺］の引き金を引いた報復として、彼を死刑に処する」ことを心に決めた。また、そのすぐあとには、チャールズ・ハリス率いる海賊船を打ち破った「ソルガード艦長を追い求める」ことも誓っている[36]。一七二四年一月、バミューダのチャールズ・ホープ副総督は通商拓殖院に書簡を送り、海賊たちを裁く証拠の入手が困難である旨を伝えている。というのも、島の住民たちが、「海賊を処刑することで、彼らの船が海賊の手中に落ちた場合には、もっとひどい目に遭うことを恐れている」からだった。第3章で見たように、ウォルター・ケネディは、彼の同志だったハウエル・デイヴィスが西アフリカのプリンス島の総督から奇襲攻撃を受けたあと、かの地の奴隷貿易の要塞に壊滅的な被害を与えている。報復行為に出るとの脅しは、時として有言実行されたのである[37]。

報復されることへの懸念から、スポッツウッド総督は、軍艦以外の船で海を渡ることを恐れていたが、同様の不安に駆られて、完全に海を離れてしまった者さえいた。ニコラス・サイモンズは、一七二五年にシプトン一味の海賊三人を殺害した人物で、マサチューセッツ政府に対して任務からの解放を請うていた。なぜなら彼は、「件の海賊たちへの恐怖から、いまや船員としての勤めを辞する必要に迫られて」いたからだった。彼は「ひどい状況」に置かれたため、「生活のために新たな働き口」を探さねばならなかった。ルーク・ノット船長も、同じようなジレンマに陥っていた。彼は、一七二〇年にヴァージニアで八人の海賊が密告され有罪となり、処刑された事件において決定的な役割を担った。そのため、「もし海賊の手中に落ちることがあれば、死ぬまで拷問してやるとの脅しを受け、商船から身を退くことを余儀なくされ」、やはり政府に解任を請願した。彼は船員としての経歴を捨てることを選んだのである。ロバート・ウォルポールはこの件に直々に介入し、ノットが国家に貢献した報酬として、そして同時に生活の糧を失った代償として、彼に二三〇ポンドを与えており、ほかならぬイギリスの首相が、海賊による脅迫の有効性を認めた形となった[38]。

海賊はまた、彼らの結束を象徴的なやり方で確認することもあった。彼らは、自分たちが独自の、ある意味では排他的な言語共同体に属しているという意識を持っていたことを示唆する証拠がある。一七二二年から二三年に、一六か月にわたって海賊たちと過ごしたフィリップ・アシュトンの記録によると、「海賊のしきたりにしたがって、そして彼ら固有の言葉づかいで、彼らの掟に署名しないかと尋ねられた[39]」。ののしったり、毒づいたり、不敬なことを言ったりするのは、あらゆる船乗りたちの話し言葉に共通する特徴であるが、種々の史料からは、この特徴が海賊にはより明確に当てはまったであろうことがうかがえる。たとえば、シエラレオネ川の近くで、プランケットという名のイギリスの役人が、バーソロミュー・ロバーツ一味に協力するように見せかけ、そのあと攻撃を仕掛けた時のことである。プランケットは捕えられてしまい、ロバーツは、

プランケットを一目見るや、不敵にも俺に刃向かったあつかましいアイルランド人めと、痛烈に彼をののしった。とんでもない連中のもとに来てしまったことを悟った老練なプランケットは、ロバーツと同じか、あるいはもっと早口で、罵詈雑言をまくし立てた。それを見た他の海賊たちは腹の底から大笑いし、プランケットに言い返すこともままならないロバーツに、腰をおろして黙り込んでしまえと囃し立てた。かくして老練なプランケットは、ののしり罵声を浴びせたことにより、その命を拾ったのだった。

ジョージ・ラウザ一味にも、似たような出来事があったようだ。クリスマスを祝っていた時、彼らはダズンズというゲームをやっていて、「誰が最もきついののしり言葉を考えつくかを張り合っていた」。コットン・マザーが、ウィリアム・フライの言葉づかいに衝撃を受けたことは驚くに値しないだろう。しかし、口の悪い水夫連中に囲まれて生涯を過ごしたスネルグレイヴ船長でさえ、コクリン一味の話しぶりに面食らってしまったのは、驚くべきことである。海賊同士の象徴的なつながりは、どうやら言語の領域にまで広がっていたようである。(40)

最もよく知られる海賊行為のシンボルである海賊旗(ジョリー・ロジャー)も、海賊たちの強い共同体意識の証左である。まず重要なのは、海賊旗が実に広く使用されていたことであり、少なくとも二五〇〇人

もの海賊が、そしておそらくはもっと大勢の海賊が、この旗のもとで航海した。これほど普遍的に採用されていたことからも、彼らの強い集団意識を垣間見ることができよう(41)。旗そのものは「黒い旗で、中央には大きな白い骸骨が描かれ、その片手には血のしたたる心臓を突き刺した矢を持ち、もう一方の手には砂時計を握っている」。旗は船によって異なっていたものの、ほとんどすべてのものが、具象的な白い模様の描かれた黒地の旗であった。模様は、分離した頭蓋骨、すなわち「死神の頭」が描かれることもあったが、骸骨の全身、すなわち「アナトミー」の方がより頻繁に描かれた。それ以外にたびたび描かれたのは、武器――短剣《カトラス》、剣、矢――、そして砂時計である。この旗の主たる目的は、海賊の獲物となる人々を恐怖に陥れることだったが、それと同時に、組み合わされた三つのシンボル――死、暴力、限られた時間――は、水夫としての経験における重要な諸点を意味していた。海賊になった水夫たちは、死ぬほど過酷な労働環境から、海賊旗が象徴するもっと自由でもっと希望のある世界へと逃れてきた。彼らは「死の王」のくすんだ旗の下で、権力の旗をなびかす船長、商人、そして役人に反撃したのである(42)。

海賊の支援者

このように海賊たちは、特定の社会集団を敵と見なしていたが、同時に社会のあらゆる階層の人々から手助けや物的支援を受けており、それは何十年も続いてきたことだった。長きにわたり海賊行為は、新世界でのイギリスの対スペイン政策において、非公式な武力として機能してきた。一七世紀のバッカニアによるさらに大規模な掠奪行為のなかには、ジャマイカの植民地政府の援助によって組織されたものもあった。掠奪者たちは経済的にも不可欠な役割を果たし、たとえば正貨不足にあえぐ植民地経済に金や銀をもたらした。一七〇四年、ボストンの絞首台に立った海賊ジョン・クウェルチは、驚きの色を浮かべながら、集まった人々に対して次のように警鐘を鳴らした。ニューイングランドに貨幣を持ち込むな、そんなことをしたら縛り首にされちまうぞ、と。

植民地の役人たちは、長い間、海賊との癒着という問題を黙認してきた。バミューダのジョン・ホープ総督は、一七二三年と二四年にロンドンの役人に送った書簡のなかで、この受け継がれてきた慣習のことを思い起こし、イギリスにおける密貿易のように、自らの植民地でいかに海賊行為が蔓延しているのかを記している。彼が、ある「誠実な男」と、いかにして海賊との癒着にけりをつけるかを論議していた時のことである。ホープは、「閣下、もしもその習慣を正そうとなさるのなら、手に負えないほどの厄介ごとを背負い込むことになると思います。といいますのも、この地から船を出そうとするのではなく、むしろ海賊などと取引しようという者がいるのですから」と言われたという。彼は、あとの書簡で、「かつて海賊はこの地で大歓迎を受け、総督たちは彼らによって財産を得ていたのです」と書き足している。ジャマイカ、ニューヨーク、ノースカロライナ、さらにそれ以外の場所でも、同じことが言えた。ただし、このような役人たちの態度は、一六七〇年代に見られた広範囲にわたる帝国の再編成や、一六九〇年代における海賊の厳重な取り締まりとともに、変化していった(43)。

それでも多くの人々が、海賊との協力関係を維持していたし、そのなかには社会的に裕福な部類に属する者もいた。スポッツウッドはその理由を的確に指摘している。「人々は、海賊が不正に得た富の分け前にあずかれそうな見込みがあると、このような人類の害虫どもにあっさりと味方してしまうのです」。一七一八年に、彼がティーチ一味を打倒すべく遠征隊を組織した時には、「秘密裏に進めること」が必要だったと書き記している。「私はこの地の総督補佐機関にさえほとんど情報を伝えず、他の者に対しても、計画の実行に必要となる面々を除き、情報を伏せたのであります。海賊の肩を持つ者は多く、我々の土地にも少数ながらそのような輩がおりますので、そのなかにはタッチ（ティーチ）に情報を漏らす者も存在しうると考えての措置でありました」。海賊たち自身も一七一八年に、彼らに弾薬や食糧を売るロードアイランド、ニューヨーク、ペンシルヴェニアの商人たちがいなければ、「我々は決してこれほどに脅威を与える存在にはなれなかったし、現状のような勢力に達することもなかった」と述べている。同じく一七一八年のスティード・ボネット一味の裁判では、法務長官のリチャード・アレンが、チャールストンの一部の人々が海賊を支持するような発言をしていたことに言及し、資産ある陪審員たちのなかにはそのような人間がいないことを願うと述べている(44)。

海賊への援助のほとんどは、スポッツウッドらの言う「情報《インテリジェンス》」が、海賊にもたらされるという形で実現していた。とりわけ、商船の往来や軍艦の配備にかんする情報である。セントキッツ島のある役人は、「私が何より驚いたのは」、ロバーツとそのクルーが「この島の情報《インテリジェンス》」を持っていたことだと記している。ホープ総督も、上官への書簡で、同じような出来事があったことをほのめかしている。「まことに遺憾ながら（バミューダの）民衆は、嫌悪の眼差しを向けるべきあの極悪人どもを、そういった目で見てはおりません。それゆえ、我々［バミューダ住民］があのような悪党の手中に落ちたとしても、我々に対する扱いは、他の人々が被るほど手荒いものではないようなのです」。エドワード・ヴァーノン提督は、海賊たちがジャマイカにいる後ろ盾から「日常的に情報《インテリジェンス》」を得ていて、そのせいで海賊を捕まえることができなくなっていると訴えていた。情報は、海賊の盗品を売買する小規模な商人や船長が提供したものだが、もっと重要なのは、それが労働者たる水夫たちによって海賊へと伝えられた点である。情報伝達の際に、海賊に仲間入りする水夫もいれば、海賊に共感を覚える水夫もいたし、それ以外にも、海賊に捕まった場合に少しでもましな扱いを受けられるように、情報を海賊との取引材料として利用する水夫もいた(45)。

港町にいる「貧しい部類の人々」のなかには、独自のやり方で海賊を支援した者もいた。歴史家シャーリー・カーター・ヒューソンによれば、ボネットらの裁判を控えていた一七一八年のある時期、チャールストンの町は動揺に包まれていたという。「夜の闇にまぎれて暴動が発生し、町に火を放つとの脅しや法の番人たちへの脅迫も起こり、同植民地の市民の安全を守るべき政府は、ほとんど無力であった」。海賊と民衆との結束が実を結んだケースもあり、事実ボネットとほか一名が脱獄した。ジャマイカのポートロイヤルやバハマ諸島のプロヴィデンスでも、暴徒は海賊の肩を持ち、法律が罪人を生み出すのではないことを証明した。バーナビー・スラッシュが言うには、海賊は平水夫たちにとって「貴公子」だったのである。一七二一年、海賊に協力した者は死刑に処されることになり、社会の有産階級はすぐに反海賊に転じたものの、それ以後も長きにわたって、海賊は水夫にとって貴公子であり続けた(46)。

海賊の生きざま

海賊たちは、当初は水夫として、次いで無法者として、生きるためにもがきながら作り上げた集団主義的な気質を通じて、彼ら自身を、そして彼らの社会関係を認識していた。彼らの行動には、そうしなければならない理由があったし、明確に、一貫して、大胆に、そして時にはある程度の独善性さえ持って、自分自身を表現していた。彼らの社会的規則、平等主義的な社会組織、復讐と公正の概念をもとに、海賊たちは人々が「平等に扱われる」世界を作り出そうとした。そして、彼らの所業は革命的と評されうるものではあったが、決して「伝統主義的」ではなかった。「涙なしに絞首台へと」歩くことで、そして自らを「まっとうな奴ら」とか「紳士」と呼ぶことで、さらに利己的ながらも自身の「良心」と「名誉」に誇りを持って話すことで、海賊たちは迷いのなさを誇示していたのである。(47)

海賊自身の手になる文書はごくわずかしか残されていないが、バーソロミュー・ロバーツがこのような気高い自意識をはっきりと表現した一通が現存しており、いずれも復讐にまつわる文脈のなかに明記されている。彼は、ウィリアム・マシュー中将との面会を求めていたようで、おそらく、先ごろネヴィスで二人の海賊が絞首刑に処されたこと——「残虐な措置」——について話をしようとしていた。しかし結局、マシューが姿を現さなかったために、ロバーツ一行はセントキッツのバステールへと船を向け、そこで数隻の船に火をつけた。それからマシューの無礼を激しく非難する以下のような書簡を送りつけ、暗に彼の臆病さをも貶《けな》している。「もしも貴殿がご足労くださり、私および船員たちとグラス一杯のワインを飲み交わしていただけたならば、私は貴殿の港の船舶を損なうつもりはありませんでしたので、この段、通達申し上げる次第」。また、ロバーツは明らかにバステール上陸も計画したらしく、「貴殿が放たれた砲弾は、私に恐怖を抱かせることもなければ我々の上陸を妨げてもおらず、上陸は我々の意にそぐわぬ風によって妨げられただけ」ということも伝えたかったようである。ロバーツは、海賊たちが新たな船を入手したことも説明し、こう続けた。「たとえ今後、［バステール港での船舶襲撃の］報復として、我々の手から何かを奪おうとしても、それらはもはやすべて海賊のものであることを肝に銘じていただきたい」。おまけに彼は脅し文句も付け加えている。「貴殿がいまサンディ・ポイントに収監しておられる哀れな男は、まったく事情を知らず、その男の持ち物は私がくれてやったものである。貴殿の良心を見込んで、ただ一度の願いであるが、その男をC（罪人《クリミナル》か）としてではなく、一人のまっとうな人間として扱ってもらいたい。もしも、別な扱いがなされたことが我々の耳に入った場合には、貴殿は島の全土を失うものと思っていただきたい」。書簡には、「敬具」、「バーソロミュー・ロバーツ」と署名されていた。(48)

一七二〇年、支配層が「奴らを鎮圧するのはただ武力のみ」と結論づけた時、多くの海賊が、さらなる犯行を重ねるという反応を見せた。(49) 海賊の生活様式を保持することが、すなわちその本質である自由、快適、そして彼らが信じる道徳的優越感を維持し続けることが、海の掠奪者たちにとって他のどんな誘因よりも重要になり始めた瞬間であった。エドワード・ロウ一味は、一七二四年、「この上なく恐ろしい呪いのことばを使って、万一、俺たちが力で及ばないと悟るようなことがあれば、犬同然に首を吊られるくらいなら、てめえでさっさと船を爆破しようぜ」と誓い合った。この海賊たちは、「海賊旗が降ろされるという不名誉」を潔しとしなかった。屈辱よりも死を選ぶというその態度こそが、彼ら自身が誇示した自意識のもう一つの実例だったのである。(50)

第6章　女海賊ボニーとリード

二人の女海賊

一七二〇年末から二一年初頭、ジャマイカの有力者たちが一連の見せしめ裁判のために、セント・ジャゴ・デ・ラ・ヴェガ〔スパニッシュ・タウン〕の海事裁判所に集まっていた。ニコラス・ローズ総督、行政委員会委員、高等裁判所の首席判事、下級役人や船長たちといった面々が一堂に会すという事態そのものが、ことの重大さを告げていた。ここしばらく、役人や商人たちは「我々の沿岸は、かの極悪非道な海賊どもによって荒らされている」と訴えていた。海賊によって荒らされていたのはジャマイカの沿岸だけではなかった。彼らはイギリス帝国各地、さらにそれを越えた地域にまで商業上の資産に対する掠奪攻勢をしかけ、すべての植民地支配階級の悩みの種となっていたのである。今回、お偉方は、海賊の一味が絞首台で「四方八方から吹く風に揺られる」のを見物しにきたのだった。そして彼らの期待が裏切られることはなかった。

すでにキャリコ・ジャック・ラカム船長の一味のうち、一八人は有罪判決を受け、絞首刑を宣告されていた。さらにラカム本人を含むそのうちの三人には、処刑後も、プラム・ポイント、ブッシュ・キー、ガン・キーにて、鎖を巻いたまま遺体を吊り下げて放置し、腐らせ、近くを通る船乗りに対する道徳的指導の材料とする措置が下された。かつて船の上で肩を寄せ合った面々はみな、絞首台で隣り合った死体となる。こうした措置は「公衆への見せしめとなり、他の者が同じ悪事に手を染めぬよう恐怖を与える」目的を持っていた[1]。

同じ裁判で有罪判決を受けたある二人の海賊は、判事の前に連行された際、次のように尋ねられた。「他の者たちに宣告されたのと同じように死刑宣告が下されて良いか。どちらかそれに対する異議はあるか」。それに対して、この二人の海賊は「私たちは子を身ごもっている」と訴え、処刑が延期されることを嘆願した。そして裁判所は「通常の海賊事件と同じように刑を下したが、事態を調査するための正式な陪審員が任命されるまで、執行の停止を命じた[2]」。陪審員による調査がおこなわれ、実際に二人の海賊は女性であり、その上、妊娠していることがわかった。陪審員も、この二人の異例な「極悪非道な海賊ども」に刑の執行猶予を与えた。彼女らの名前をアン・ボニーとメアリ・リードという。

本章では、二人の女海賊の人生が、実際に彼女らが生きた時代において、さらにそれ以降の時代において、どのような意味を持っていたのかを探求していく。まずボニーとリードが生きた時代背景を探り、どのようにこの女性たちが、圧倒的に男が支配する、船乗りや海賊たちの荒々しい世界に自らの足場を築い

図6-1　アン・ボニーとメアリ・リード
キャプテン・チャールズ・ジョンソン『最も悪名高い海賊の掠奪と殺人の歴史』(1724年，ロンドン刊）より。

ていったのかを論じる。そして、非常に多面的で、かつ後々の時代にまで続く、彼女たちの遺産について考えて締めくくりたい。アン・ボニーとメアリ・リードの人生にかんする歴史叙述は、その主題と同じく、ピカレスク小説のごとくならざるをえない。すなわち相互に連関し、国境を越えた複数の歴史——女性、船乗り、海賊、労働、文学、演劇、美術——を横断する冒険的な叙述である。最後には、男の海賊に妥当する以上に、彼女たちの人生は自由についての一つの物語であることを示すことになろう。彼女たちは、自由の歴史が前に進む手助けをしたのだった。(3)

アン・ボニーとメアリ・リード

この一風変わった女性たちの経歴について現在知られている事実の大部分は、キャプテン・チャールズ・ジョンソンが著し、一七二四年と二八年に出版された二巻本、『最も悪名高い海賊の掠奪と殺人の歴史』に書かれたものであった。キャプテン・ジョンソンは、彼女らの話を耳にした時、それが非常に興味深いものであると考えた。彼は自分の本のなかでボニーとリードに主役級の座を与えており、実際、第一巻のタイトルページには誇らしげに「二人の女海賊アン・ボニーとメアリ・リードの傑出した活躍と冒険」という見出しも付けている。『最も悪名高い海賊の掠奪と殺人の歴史』は大きな成功を収めた書物となった。同書はすぐにオランダ語、フランス語、ドイツ語に翻訳され、ロンドン、ダブリン、アムステルダム、パリ、ユトレヒトなどで版を重ねた。こうして女海賊の話は世界中の読者に伝わった。ただし彼女らの話は、各地を航海する船の船倉で、甲板で、そして船着き場で、また大西洋沿岸各地の港町にある船乗りが通う酒場や売春宿で、海の男たちや女たち——ボニーとリードもこの世界の一部であった——によって、すでに幾度となく語られてきたものであったことは間違いない(4)。

ジョンソンによれば、メアリ・リードはロンドンの郊外で生まれた私生児であった。彼女の父親は、彼女の母親の夫ではなかった。しかし夫の一家から援助を得るべく、メアリの母は、海で死んだ夫との間にもうけ、最近亡くなった息子そっくりに見えるように、メアリに男装をさせていた。メアリ・リードは明らかに男性としての自分を気に入っており、ついには船乗りになる決意を固めた。軍艦に乗船した後、彼女はフランドルで兵士となり、歩兵部隊でも騎兵部隊でも目覚ましい戦いぶりを見せた。そこで仲間の兵士に恋をして、その兵士に秘密を打ち明けた彼女は、すぐにその男と結婚した。だが夫となったその兵士は彼女よりもひ弱であり、まもなく死んだ。リードは再び銃をとり、今度はオランダで軍務についた。戦争が終わると、彼女はあるオランダ船に乗って西インド諸島へと向かった。だが海賊に捕まったことで彼女の運命は一変する。彼女はその海賊の一味に加わり、船を掠奪し、決闘し、そして新しい恋にも出会った。ある日、彼女の新しい恋人が、彼自身よりも頑強な海賊といざこざを起こし、海岸へ降りて、「剣とピストル」という海賊の慣習的な方法で決闘するよう挑戦を受けた。この危機を救ったのはリードだった。彼女は同じ海賊にケンカをふっかけ、恋人との決闘の二時間前に決闘をおこなう約束をし、そして、瞬間に「急所を一突きにして」、その恐ろしい海賊を殺してしまったのである。彼女の戦闘技術には恐るべきものがあった。しかし、それをもってしても、一七二〇年に彼女と仲間たちを捕え、投獄した重装備の軍艦には太刀打ちできなかったのである。

アン・ボニーはアイルランド生まれであるが、リードと同じく私生児として生を受け、さらに男装をして育てられたという共通点も持っている。ボニーの父は、彼女が自分に預けられた親戚の子であると偽っ

図6-2　アン・ボニー
キャプテン・チャールズ・ジョンソン『イギリスの海賊の歴史』（1725年，アムステルダム刊）より。

ていたのである。やがて父は、その元気な少女を連れてサウスカロライナのチャールストンに移住し、商人兼プランターとなって莫大な富と高い社会的地位を獲得した。ボニーは「おてんばで、度胸の据わった」女性へと成長していた。一度、「ある若い男が、むりやりボニーを抱こうとした時、彼女は彼を殴り、それがもとで彼は長期間、体調を崩して寝込むことになってしまった」。いつも反抗的であったボニーは、すぐに父親と富に嫌気がさし、「一グロートの財産もない、海に生きる若い男」と結婚してしまった。彼女は彼とカリブ海に駆け落ちし、そこで「男の扮装をして」、ある海賊の一味に加わった。その一味にはメアリ・リードがおり、さらに重要なことにキャリコ・ジャック・ラカムがいた。ボニーはすぐにラカムに夢中になってしまった。だが、ボニーとラカムのロマンスが終わるのも急転直下であった。一七二〇年のある日、彼女と仲間の一味は、彼女らの逮捕に派遣された船と戦闘に入った。両者が接近した時、「メアリ・リードとアン・ボニーその他一名を除き、（海賊の）誰も甲板には残っていなかった」。残りの海賊は怖気づいて、さっさと船倉へと逃げ去ってしまっていた。リードはその姿にあきれ果て、激怒し、ピストルをぶっぱなして「一人殺し、何人かに傷を負わせた」。後にラカムが首を吊られた時、ボニーは彼が命乞いをする様子に、「私はあんたが縛り首になるのは悲しいよ。けど、あんたがもっと男らしく戦っていたら、

図6－3　メアリ・リード
キャプテン・チャールズ・ジョンソン『イギリスの海賊の歴史』（1725年，アムステルダム刊）より。

犬みたいに吊るされなくてもよかったんだ」と言った。他方、「男らしく」戦ったボニーは、自らの生を延長するために、膨らんだお腹の存在を訴えかけねばならなかった。

確かにアン・ボニーとメアリ・リードという名前で、二人の女海賊が実在したことは疑いのない事実である。というのも『最も悪名高い海賊の掠奪と殺人の歴史』とは別に、さまざまな史料で彼女たちへの言及がなされているからである。彼女たちの名は、一七二〇年九月五日付のバハマ諸島総督ウッズ・ロジャーズの宣言に初めて現れる。そこでロジャーズはジャック・ラカムとその一味を海賊であると宣言し、すべての政府機関に対して、彼らを「イギリス国王の敵」として扱うよう警告した。彼はかかわっている海賊の名前を記し、「二人の女性、その名をアン・フルフォード別名ボニーとメアリ・リード」と書き添えている。次に彼女らに言及しているのは、ジャマイカで一七二一年に出版された、『キャプテン・ジョン・ラカムとその他の海賊の裁判』と題するパンフレットである。ほぼ同時期にニコラス・ローズ総督はジャマイカから通商拓殖委員会に、「プロヴィデンス島の独身の女たちが、男の服を着て、武器を持ち、海賊のなかで中心的な役目を果たしていることがわかりました」と書き送っている。最後に、『アメリカン・ウィークリー・マーキュリー』紙、『ボストン・ガゼット』紙、そして『ボストン・ニューズレター』紙は、ラカムの一味に加わっていた二人の女海賊について言及しているが、その名前までは記していない[5]。『キャプテン・ジョン・ラカムとその他の海賊の裁判』は裁判でおこなわれた証言を提示し、ジョンソンの『最も悪名高い海賊の掠奪と殺人の歴史』の主要部分の真実性を裏づけ、また同書とは別にボニーとリードを、猛々しく勇敢な女性であり、あらゆる意味で真の海賊であるとする像を打ち立てている[6]。ラカムの部下に捕らえられ、捕虜とされていたドロシー・トマスは、ボニーとリードにかんして不利な証言をおこなった証人の一人である。トマスが言うには、ボニーとリードは「男のジャケットを着て、長いズボンをはき、頭にハンカチを巻いていた。二人とも刀剣とピストルを携えていた」。さらにある時、二人は仲間の男たちに「毒づいて、証言者の［当時は捕虜であった］トマスを殺すと誓わせた」こともあった。彼女たちは裁判所でも「私らに不利な証言でもしようもんなら、仲間があの女［トマス］を殺すぞ」と怒鳴り散らしたが、その差し迫った事態は実際に彼女たちの目の前で起こっていたのだった。当時、ボニーとリードは男性の服を着ていたが、トマスをだませてはいなかった。「彼女たちが女性であると知り、そう確信した理由は、その胸が大きかったからです[7]」。

一方、ジョン・ベスニックとピーター・コーネリアスは、同じくラカムとその一味の捕虜だったが、ボニーとリードが「船では非常に活動的で、何でもやろうとしていた」と証言した。戦闘の際、ボニーは弾薬運びの仕事をしていた。彼女は「火薬を男たちに渡していた[8]」。ラカムと乗組員が「船を見つけ、追跡と攻撃を仕掛けた」際には、ボニーとリードは男の服を着用していたが、戦いから離れた時には、女性の服を着用していた。この二人の証言者によれば、この女性たちは「力ずくで保護されている、ないしは抑留されているようには見えず」、むしろ「自らの自由意思と同意によって」海賊に加わっていた。捕まった商船の船長であったトマス・ディロンも、彼女たちは「とても下品で、罵り、悪態をついていた。そして船では何でも率先してやろうとしていた」と付け加えている。[9]

海の世界と女性

全体的にこれらの話は真実味を帯びているにもかかわらず[10]、現代の読者のなかには描写に現実味がないとして、懐疑的な目で見る人も多いに違いない。結局、女は海に行かないし、海の稼業は男の世界であり、男の世界だけがそこに存在すると考えられているからであろう。だが、近年の研究はこうした想定に疑問を投げかけている。リンダ・グラント・デポーは女性がさまざまな立場で海の世界にかかわっていたことを証明した。すなわち、乗客、奉公人、妻、売春婦、洗濯女、コック、そしてしばしば――確かにケースは少ないが――海軍、商船、捕鯨船、私掠船、海賊船などで働く船乗りとしてである。[11]またダイアン・ドゥゴーは次のように書いている。「おそらく、一八世紀の女性兵士と船員にかんする最も驚くべき事実は、彼女たちがフィクションのなかだけでなく、現実の歴史にも頻繁に登場することである」[12]。劇作家で詩人のオリヴァ・ゴールドスミスとおぼしき、ある匿名のイギリス人作家は、一七六二年、イギリス軍には非常にたくさんの女性がおり、個別の大隊を持つに値するほどだと記している。同じことは同時代のアフリカにおいて、ダホメ王国の側で戦っていた女性兵士にも言えるであろう。[13]

ボニーとリードは、男性用の服装を身にまとう大胆な変装をして、いつも粗暴で、しばしば暴力的ですらある海の男の世界へと足を踏み入れた。こうした彼女たちの異性装による冒険的な行動は、以前に信じられていたほど近世の女性の間では珍しいわけではなかった。にもかかわらず、彼女たちの行動は、通常の海の世界の慣習に対する真っ向からの挑戦であった。というのも、海の世界の慣習においては、どのような種類の遠洋船であっても、女性が男性の船乗りとともに船上で働くことは禁じられていたからである。女性排除の理由は明らかではないが、慣習が存在したことははっきりしている。船上の労働現場は、明確にジェンダーで区分されており、男性の労働者に独占的に確保されていた場なのである。船乗りは、その道に入ろうとする者を「男にする」と長らく考えられていた職種の一つであった。(14)

女性が船上の職場に加われなかった理由の一つは、おそらく、近世における遠洋船の労働には、多大な肉体的強靭さとスタミナが要求されたからであろう。この時代の船舶は機械の動力をあまり使うことができず、重要な仕事の多くは肉体労働に依拠していた。積荷の上げ下ろし補助（滑車を使うが）、重い帆布の装着、船の隙間から入ってくる海水をポンプを使って排出する作業（当時の船は浸水しがちであった）などである。確かに女性のなかにも、船舶の仕事をこなし、かつ立派に成し遂げて、同僚の労働者たちから長年に渡る名声を得た者もいた。しかしながら、誰もが――確かに男性すべてにも当てはまらないが――船上労働の要請に答えられたわけではない。端的に船上労働は激しく、肉体的にもきつく、従事した多くの者が足を不自由にしたり、ヘルニアを患ったりした。手足の各所を切断することを余儀なくされた者もいれば、早死にする者すらしばしばいた。(15)

船上における性別分離にかんする二つめの、そしてさらに重要な理由は、かなり普及していた同時代の観念、すなわち女性、さらには性にかかわること全般が、船上の労働と秩序にとって有害だという考え方にある。アーサー・N・ギルバートの説得力のある研究によれば、一八世紀のイギリス海軍においてホモセクシュアルは残酷な処罰を受けたが、それはホモセクシュアルが規律と安定した秩序を転覆すると考えられていたことによるという[16]。牧師ジョン・フラヴェルが論じたのも同じ点であり、彼は、船乗りの「欲望」の死は、商人の貿易に「生」を与える手段であると書いている。彼の考えは、魂の救済と資本の蓄積を、相互に補い合う一つの規律訓練のプロセスとみなすものであった[17]。だが、フラヴェルのような思想がさまざまな形をとりつつ、船舶にかかわる全階層の人々に受け入れられていたことは確実である。多くの船乗りが空想や崇拝の対象として女性を見ていた一方で、不運の原因、さらに悪いことには、非常に危険な不和の種、すなわち船乗りたちを結束させている男同士の絆を壊す潜在的な要素として女性を捉えていたのである。近世の船乗りたちは、船上の仕事をおこなうためには何らかの性的な抑圧が不可欠であると、彼ら自身の間で互いに納得しあっていたようである[18]。

このような女性観念は船乗りの間で非常に強く、海賊たちにとっても多少なりとも賛同する部分があった。これまで見たように、その他の点では、彼らは斬新かつ平等主義的な方法で船を運営していたのだが。一七世紀の初頭、地中海を航海していた海賊は、女性がいると「人心が乱れる」という理由で、女性の乗船を認めなかった[19]。女性の拒絶は一八世紀にも続いた。バーソロミュー・ロバーツと彼の乗組員が作成した掟は、少年や女性が船に乗ることを禁じる規定を設けている。さらに、女性の乗客が捕虜となった場合、「ロバーツたちは、すぐに彼女に見張りをつけ、分裂と諍《いさか》いの種となる、この危険要素から災いが起きるのを防ごうとした」。ジョン・フィリップスの乗組員は、同じようなルールを導き出していた。「分別ある女に出会った場合、彼女の承諾なく手を出す男は、死刑に処すものとする」。ウィリアム・スネルグレイヴ船長も、次のような意見を述べている。「海賊たちのルールでは、港に停泊している際、女性が乗船してくることは認められない。もし海上で拿捕した船に女性が乗っていても、彼女たちの意に反することを強要しようとする者はいない。罰則として処刑が待ち構えているからだ。これは船乗りの間で不和が生じないようにするためには、非常に良い統治のルールであり、厳格に守られている」[20]。

しかしながら、ブラック・バート・ロバーツは、多くの海賊船の船長よりも規律に厳しい人物であり（彼は争いを減らすために、乗組員の間でのギャンブルも禁じた）、彼の掟を典型的な事例と考えるのは早計であろう[21]。またボニーとリードが海賊船に乗っている間、つねに異性装をしていたわけではないという証拠からも、女性排除にかんして、より大きな疑いが生じる。ジョン・ベスニックとピーター・コーネリアスが法廷で証言しているように、彼女たちは追跡時や交戦時には男性の服装をしていた。こうした場面では、「マンパワー」を見せることが、攻撃対象の人々を恐れさせ、すぐに降伏させるのに役立つのである。他の場面、すなわち通常の航海の間は、彼女たちは女性の服を着用していた[22]。

男性の海賊の女性に対する態度を観察するうえで、最もよい指標は、一八世紀の初頭の海賊船に見られる女性の実数である。現存する証拠によれば、ごくごくわずかではあるが、海賊船に女性がいたことがわかっている。この時期、海賊行為で告訴された女性は、ボニーとリード以外に二人いる。両者ともにヴァージニアで告訴されたが、まず一七二六年にヴァージニア植民地裁判所は、メアリ・ハーリー（ないしはハーヴィー）と三人の男を海賊行為の罪で裁いている。同裁判所は、三人の男については絞首刑の判決を下したものの、その女性は釈放した[23]。三年後、同裁判所は再び六人の海賊一味を裁いているが、そのなかにはメアリ・クリケット（ないしはクリチェット）という女性が含まれていた。このケースでは、全員に絞首台行きの判決が下された。クリケットと海賊一味のリーダーであるエドマンド・ウィリアムズは、一七二八年末に同じ船に乗って、重罪犯としてヴァージニアへと移送されてきていたのだった[24]。海賊となるにあたって、ハーリーとクリケットが異性装をしたかどうかは定かではないし、彼女たちがアン・ボニーとメアリ・リードの話に動機づけられていたかどうかも不明である。ともあれ、こうして海賊のなかに実在した女性は全部で四人である。しかしながら、これはあくまで彼女たちの船が捕まったから明るみに出た数字にすぎない。したがって海賊船が、当時の商船や軍艦よりも女性に居場所を与えていた可能性は否定できない。だが、それでもやはり女性の居場所はほんのわずかであった。そして、何よりそれは、女性としては過剰な行動によってしか作り出すことができなかったのである。[25]

戦う女たちの伝統

ボニーとリードにそうした過剰な行動ができた一つの理由は、階級的な経験と個人の資質によって、文化の深層に脈々と流れ、根づいていた女性の異性装の伝統を引き寄せ、継承することができたことにあろう。異性装の伝統は、ヨーロッパ各地に見られるが、とりわけ近世のイギリス、オランダ、ドイツに顕著である。男性への変装は、絶対ではないにしろ、通常、下層労働者階級の女性の行為であった。[26]他の女性変装者と同じように、ボニーとリードは若く、単身で、出自が貧しかった。こうした女性たちが私生児として生まれているのも、決して珍しいことではない。歴史家ルドルフ・M・デッカーとロッテ・C・ファン・ドゥ・ポルは、近世において女性が男装することになる背景をおおよそ二つに特定しているが、その学説にボニーとリードはほぼ完璧な実例を提供している。リードは、おおよそ経済的な必要性からの行動であり、他方、ボニーは、父親の富に背を向け、愛と冒険を求める自らの衝動に従った末の行動であった。[27]ボニーの場合、彼女の母国アイルランドのグレース・オマリーにかんする民間伝承によって海と海賊に引きつけられたという特殊事情もあるかもしれない。オマリーは一六世紀後半に「エメラルドの島［アイルランドの異名］」の西岸を荒らしまわった海賊の女王である。彼女の行動は荒々しく、風貌もそれに似合ったものであった。威風堂々たるこの人物の顔には、若いころに鷹の爪によってつけられた大きな傷跡が残っていた。一五七七年にサー・ヘンリー・シドニーは、オマリーが「アイルランドのすべての沿岸地域で悪名高い女性だ」と書いている。シドニーが沿岸地域として言及した場所には、オマリーが何度もイベリア半島に向かう商船への攻撃をおこなった地であり、またボニーが船乗りの経験を持つ一家に生を受けた地でもあったコークの港も含まれていたであろう[28]。

ともあれ、ボニーとリードは、クリスチャン・デイヴィズのような著名な女性を含む、一つの大きな伝統に加わっていた。デイヴィズは男装をし、軍に連行された夫をダブリンからヨーロッパ大陸まで追跡し、幾多の戦闘、負傷、フランス軍による捕囚を生き抜いた後、イギリスへと帰還し、アン女王から軍功に対する勲章を与えられた人物である[29]。またアン・ミルズという、「一七四〇年ごろに」海に行き、オーストリア継承戦争中は、「メイドストンのフリゲート艦に乗船する平の水兵」として勤務していた人物もいる。彼女は「宿敵フランス人」に対する肉弾戦において傑出した働きを見せ、「敵の首を切って、勝利のトロフィーとしていた[30]」。おそらく一八世紀において最もよく知られている異性装をした船乗りは、ハンナ・スネルであろう。スネルは、妊娠している彼女を置き去りにして海に行った夫を追って、一七四五年に海の世界へと身を投じた。彼女の人生は、『ジェントルマンズ・マガジン』、『スコッツ・マガジン』といった雑誌、さらには短編・長編問わず、イギリスやオランダの多くの本で取り上げられた[31]。

クリスチャン・デイヴィズ、アン・ミルズ、そしてハンナ・スネルのような女性たちは、大西洋沿岸各

図6-4　アン・ミルズ
ジェイムズ・コールフィールド『1688年の革命から国王ジョージ2世治世の終わりまでの特筆すべき者たちの肖像・伝記・世評』(1820年，ロンドン刊）より。

地の民衆バラッドのなかでも讃えられていた。「徒弟、奉公人、雑役婦、農場労働者、労働者《レイバラー》、兵士、水夫」などの「半識字の下層階級」の人々は、定期市で、波止場で、街角で、絞首刑の見物に集まった群衆のなかで、「戦う女たち」の栄光を歌っていた。[32] ボニーとリードは、女性戦士のバラッドが人気のピークを迎えた、まさにその時代に現れたのだった。[33]

ダイアン・ドゥゴーは、女性戦士にかんするバラッドは、「決まり文句が多いが、驚くほど正確に下層階級の（女性の）経験を」詩として歌っていると指摘する。下層階級の女性の経験とは、必然的に、肉体の強さ、忍耐力、自立心、度胸、自らの知恵で生き抜いていく力を育むものであった。何人かの女性が、異性装をして、男が支配する世界に足を踏み入れるなどということができたのも、労働者階級の女性の生を支配する物理的現実の厳しさがあればこそであった。また男性と肩を並べた女性たちが、初期の労働者階級の文化のなかで賞賛されるほど親しまれたのも、彼らと同じ現実を共有していたからであった。ボニーとリードは、民衆的な女性像の典型なのではなく、そのうちの強靭な側面を代表しているのである。[34]

ボニーとリードは、肉体と精神の双方において強靭さを兼ね備えていた。それは、二人の女性が、身体と気質の両面で船舶労働や海賊稼業に非常に向いていたことからもわかる。一〇代を迎えるころには、リードはすでに「ふてぶてしく、かつ強くなって」いた。ボニーは「強壮で」また「荒く、度胸ある気質」であったと描写されている。「行動を起こす時には、(海賊の)なかでも」ボニーとリード以上に「果敢に、あるいは意を決して敵船に斬り込んだり、危険なことをしたりする者はいなかった」。そんなことができたのも、彼女たちが海賊旗の下で航海するようになるまでに、すでにあらゆる危険に耐えていたからであった。リードの母親は「海を手玉に取る男」と結婚したが、彼は海に飲み込まれて人生を終えた。アン・ボニーの母親は「女中」であった。私生児として二人は人生の早い段階から、不安定で、危険な状況に直面し続けてきた。粗暴な下層労働者階級の世界で生き抜く術の一つは、自己防衛の能力であり、ボニーとリードが身につけたのもその能力であった[35]。イギリスの歩兵連隊と騎兵隊での経験によって、リードは海賊のなかでも恐れられる決闘者にのし上がっていた。ボニーが積んだ訓練は正式なものではなかったが、効果は絶大であった。彼女に暴行しようとした男が、すぐに痛い思いをして知ったように[36]。

このようにボニーとリードは、船乗りもしくは海賊の文化的スタイルすら身につける準備が十分できており、むしろ熱心に自らのものにしていった。彼女たちは、たいていの船乗りがやるように悪態をつき、下品な言葉を使った。二人は、まるで戦場で訓練を積んだ者たちのように、ピストルや鉈《なた》を常時携行するなど、武器で身を固めていた。さらに彼女たちには、船乗りと海賊にとって中心的な価値観であり、かつ行動の規範として重視されるものの一つが確実に備わっていた。すなわち、勇気を持つという暗黙の掟である。たとえば、キャリコ・ジャック・ラカムが海賊の世界で急に出世する機会を得たのは、彼の乗る船の船長チャールズ・ヴェインがフランスの軍艦との交戦を拒否した際のことであった。すぐにヴェインは乗組員の間で憶病者との非難にさらされ、民主的な投票によって不信任の決定がなされ、そしてラカムがクォーターマスターから船長へと昇進した。船乗りの間で、とりわけ海賊の間では、勇気は生存にとって最も重要な資質であり、逆に憶病は破滅と、最終的には死へと誘う資質なのであった。[37]

伝統的に勇気は男性が備えるべき徳であると考えられていたが、リードとボニーは女性にも多大な勇気が備わることを証明している。その顕著な例は、二人が海賊へと身を投じていくきっかけとなった反乱、また最後には二人が捕まることになる戦闘に見られよう。後者において彼女たちは震える仲間たちを狙って、ピストルを船倉に発射したのだった。またリードは、彼女の恋人が臆病者と呼ばれるのが耳に入るのをひどく嫌悪した。ボニーは自分の恋人がポートロイヤルの絞首台で首を締められている時、同じような言葉で彼を形容した。さらに、いかに勇気の徳が重視されていたかは、一人の捕虜がリードに、将来、絞首台で「恥ずべき死」を迎えることについてどう思うか尋ねた際の、彼女の階級意識を基にした返答に最もよく示されていよう。彼女は堂々と、「勇気ある男」――彼女のような――は死を恐れないと言い切ったのである。彼女が告発したのは、陸にいて、法を抑圧の道具に使っている臆病な連中であった。そうすることで彼女は、自らが告発しているその瞬間にも、母国イギリスにおいて力ずくで進められている大規模な所有関係の再編を、間接的に批判しているのである。[38]

リードは勇気を、頼るべき資質、すなわち冷酷な労働市場に投げ込まれた貧しい者たちが自らの身を守るために持つ才覚のようなものと捉えていた。同じ考えは海賊船船長のサム・ベラミーが明確に語っている。彼は捕まえた船長に次のように説教した。

お前はそのあたりをうろうろする犬のようなものだ。法の支配に身を委ねようという連中もみな同じだ。

法なんてものは金持ち連中が自分たちの安全のために作り出したにすぎない。かの臆病な犬畜生どもは、自分の悪事で稼いだものを守る勇気すら持ち合わせていないからだ。みなくそったれだ。法なんてもの、あくどいごろつきの一味にくれてやれ。そして、連中に仕えているお前、肝っ玉の小さなぼんくらにも。臆病者たちは俺たちをけなし、悪党も俺たちをけなす。たった一つ違いがあるとすれば、連中は法の名の下に貧しい者から盗むが、俺たちは俺たち自身の勇気を盾にして金持ち連中から盗むことだけだ。

このように勇気は法の対立概念となる。「うろうろする犬」、「肝っ玉の小さなぼんくら」、「あくどいごろつきの一味」、「悪党」の跋扈する世界で生き抜いていくためには、下層労働者階級は、勇気を持たねばならなかったのである。この発言は、イギリス革命の間、法を彼または彼女の手に取り戻そうとした急進派の無律法主義者《アンチ・ノミアン》の言葉を、一八世紀の世俗化された言い回しで語っているのだと言えよう[39]。

無律法主義の立場から国家権力を軽視する姿勢は、ボニーとリードの階級的経験における他のケースにも明確に現れている。彼女たちの結婚そして家族形成のあり方である。二人の女性は、ジョン・ギリスが「下層労働者の慣行である自主的な結婚と離婚」と呼んだ方法を用いていた。リードは夫と幸福な結婚をした。ボニーは、ひとかどの財産と階級的特権のある人生を送る見通しがあったのに、突然、それらに背を向けて、貧しい船乗りと結婚し、「海賊と放蕩者のたまり場兼隠れ処」として知られる場所へ向かった。中産階級や上流階級がおこなうような資産維持を目的とした結婚慣行は、彼女の性に合わなかった。また、明らかに、ボニーはジェイムズ・ボニーとの結婚も無理だとわかった。というのも、すぐに彼女は、新しい恋人のキャリコ・ジャック・ラカムの助けを借りて、古い関係を断ち切り、新しい関係を始めるために

「妻売り」として知られる民衆的な離婚慣習をおこなう準備をしているからである。ラカムは彼女の夫に「いくばくかの金を支払うが、それは夫がラカムに彼女を書面の形で譲渡する対価であった。彼女はその書面への証人になってくれるよう、人に頼んですらいた」。ウッズ・ロジャーズ総督がその民衆的慣習の有効性を承認せず、ボニーをそのような「乱れたふるまい」をしたかどで、むち打ち、投獄すると脅した際、彼女とラカムは「正しい方法では自由に結婚できないと悟り、駆け落ちして、世界が何と言おうとともに暮らすことを誓った」。ボニーとリードはこうして結婚を自らの権利として行使した。多くの人が彼女たちと同じように自由な結婚をおこなったことは、イングランドで一七五三年、合法的な結婚を教会でおこなわれる公式な儀式を経たものに制限することを企図した、ハードウィック結婚法が制定される一因となった[40]。

ボニーとリードは海賊の渡世を選ぶことで、国家権力に対して大いなる戦いを挑んだのであった。海賊たることは固有の階級的な経験であり、かつまた特有の自由にかかわる経験であった。キャプテン・チャールズ・ジョンソンは、海賊を「自由な生」と認識しており、海賊と自由を彼の本の主要なテーマに設定していた。ボニーとリードは、家族、国家、資本といった伝統的な権力の支配を乗り越えるという無謀な実験に参加していたのである。それを担ったのは、労働者の男性、そして、海賊のなかにその存在を確認できる、少数の女性であった。ボニーとリードはまた、男性固有の権利とみなされる行為を借用することで、海賊の秩序転覆的な特質に新たな側面を付け加えた。そうした行為は、彼女たちに、男性の仲間に受け入れられる以上のものをもたらした。というのも、彼女たちは、明らかに船において多大なリーダーシップを発揮していたからである。仲間の海賊たちによって公式に司令官へと任命されたわけではないが、二人は模範的な行為によって指導的な役割を果たしていた。すなわち決闘すること、交戦時に甲板に詰めていること、そして捕らえた船に最初に乗船する面々に名を連ねること、などである。最後の一つは、船乗りのなかでも最も勇敢で、尊敬されたメンバーに許された権利であった。彼女たちは、海賊旗の下では、女性が自由を享受することができることを示したのである(41)。

女海賊と文学

結局のところ、アン・ボニーとメアリ・リードは世界に彼女らの生きた証を知らしめることができたのであろうか。彼女たちの大胆不敵な行動は、世に変化を生み出しただろうか。彼女たちは何らかの遺産を残したのであろうか。たとえば、ダイアン・ドゥゴーによれば、ボニーとリードのような女性戦士にかんする民衆バラッドのジャンルは、新たなブルジョワ的女性観の登場に伴って、一九世紀の初頭にはほとんどが消えていったという。女性戦士が描かれる場合、コミカルであるか、グロテスクであるか、あるいは風変わりな姿で描かれるようになった。というのも、女性戦士は、今や女性の本質とみなされるようになった繊細さ、慎み深さ、はかなさといった性質を持ち合わせていないからである。あくまで現実ではなく文化の上であるが、女性戦士は、凡庸な存在へと貶《おとし》められていった(42)。

だが、不動の事実が残っている。確かにボニーとリードは、ジェンダーにかんする幅広い社会的な議論が起こるような状況を導かなかったかもしれない。また明らかに彼女らは、自らの功績をすべての女性に権利と平等をもたらすための呼び水だと思っていなかったであろう。それでも彼女たちの生は、同時代のジェンダー関係に対する根本的な批判であり、死後も続くその人気は、彼女たちが未来に向かって「因習を打ち破る女性像の象徴」となってきたことを意味している。実際、一八世紀、一九世紀、そして二〇世紀においても、空想的な文学では彼女たちの物語が頻繁に語り直され、女性らしさや家庭的な女性像といったブルジョワ的なイデオロギーにがんじがらめになっていると感じていた多くの少女や若い女性の想像力を、確実に捉えてきた。[43] ジュリー・ウィールライトは、一九世紀のフェミニストが女性兵士や女性船乗りの事例を、「女性固有の肉体的・精神的弱さという一般常識に疑問符を付ける」ために使ったことを明らかにした。他の多くの女性たちと同様に、ボニーとリードは、女性の能力の欠如というかつては支配的であった理論に対する反証として、有り余るほど十分な事例を提供しているのである。[44]

アン・ボニー、メアリ・リード、そして彼女たちのような女性は、同時代の多くの人々の想像力に刺激を与えたが、そこには文学の領域で仕事をした人も含まれていた。ボニーとリードは、デフォーの有名なヒロイン、モル・フランダーズの実在版とでも言うべきであろう。事実、ボニーとリード、そしてフランダーズは、多くの共通点を持っている。みな私生児として生まれ、誕生時、そしてその後もしばらく貧しかった。全員、デフォーの言う「放蕩と悪徳の落とし子」であった。フランダーズとボニーの両者は、彼女たちを身ごもったまま監獄で暮らしていた母から生まれた。三人とも、財産に対して重い罪を犯したかどで追われる身となり、民衆の隠語で絞首台を意味する「階段と縄」に対面することとなった。三人ともホームレスや放浪生活を経験しているが、そこには大西洋をまたぐ旅も含まれていた。みな変装の重要性、すなわち「いくつもの姿」で人前に現れる術を身につけていることが必要であると理解していた。フランダーズもまた異性装をおこなっている。彼女の家庭教師で、また犯罪のパートナーでもあった人物は、「私が遠方に出かける際に、新しい手を打った。それは私に男性の服装を着用させることであった。これは私が新しい手口を身につけるきっかけとなった」[45]。フランダーズはヴァージニアへ向かう航海の途中には、海賊とのいざこざも起こしている。もっとも海賊船で女性と出会ったわけではない。もし彼女が海賊旗の下で航海する人々に加わる決意をしていたら、ボニーとリードの人生が、デフォーの小説を生み出したと読み解くこともできよう。かの小説は、我々のヒロインたちの冒険が終わった翌年に出版されているからである。

クリストファー・ヒルは「初期の小説は、現実に起こった動きからその生命を得ている」と書いている。一七世紀と一八世紀初頭の状況にかんする解説では、彼の結論は次のようなものであった。「小説は、洗練されたブルジョワジーの家庭からだけでは生み出されない。悪漢、放浪者、遍歴者、海賊――上品な家庭生活者たちの安定した世界から逸脱した者たち――をも重要な構成要素としているのである。ブルジョワジーの世界に適応できないし、する意思もない連中である」。ピーター・ラインボーも、近世のピカレスク小説の題材が下層労働者階級に起源を持つことを強調している。特にイギリスではピカレスク小説の形式は、「一七二二年の『モル・フランダーズ』の出版で絶頂期を迎えた」。こうして溢れんばかりの数がいて、しばしば財産すらない根無し草の大衆――アン・ボニーやメアリ・リードのような人々――が文学的想像力の素材となった。両者が密接な関係を持つことに触れているのは、ハンナ・スネルにかんする同時代の伝記作家である。彼はサミュエル・リチャードソンの有名な小説に触れ、自らの主題は「実在するパメラ」であると述べたのだった。こうして労働者階級の男女の、しばしば命知らずの人生の営みは、資本主義経済の黎明期にあって、世界で最も有力で、かつ強い生命力を保ち続けている文学形態の一つである小説が誕生する一助となったのである。実際、彼らから離れて、小説という文学形式がありえるだろうか。[46]

ボニーとリードは、他の文学的営為の主要なジャンルにも影響を与えた。演劇である。よく知られるように、ジョン・ゲイの『乞食オペラ』は、一八世紀のイギリスで最も人気があり、成功した劇の一つであった。だが、一七二八年から二九年にかけて、ゲイが『ポリー――乞食オペラ第二部』を書いたことはあまり知られていない。この続編の知名度が低いのは、政治的圧力のためであった。この劇は誰あろう、時の宰相ロバート・ウォルポールその人に検閲されていたのである。ウォルポールは彼が『乞食オペラ』にボブ・ブーティとして登場したことを不快に思っていた。彼は追剝ぎの一味と政府内の宰相グループを道徳的に等価だとするゲイの書きぶりを嫌い、そして新作は扇動的であった旧作を引き継ぐものだと考えて、『ポリー』を上演禁止にした。だが、皮肉にも、そうすることでウォルポールは『ポリー』の人気をさらに上げてしまったと言えるかもしれない。新作への需要はすさまじかった。何千件という予約申し込みにより、ゲイは大金を手にした。もっともその額は、本来彼が手にしたはずの金額には及ばなかった。二〇を超える出版社や本屋が独自の海賊版を作っていたからである。『ポリー』は一七七七年に最初の上演がおこなわれるずっと前から、公衆の前にその姿を現していた。[47]

劇の名前であるポリーは、ピーチャムと呼ばれるジョナサン・ワイルド型の登場人物の娘である。ポリーは、彼女の恋人マクヒースを追って、新世界、特に西インドへと渡航する。マクヒースは『乞食オペラ』に出てくる追剝ぎで、その犯罪への刑罰として西インドへと流されていた。ポリーは、マクヒースが海賊に転身し、「黒人の悪党」として、かつ掠奪団の船長たるモラノとして偽装していることを知った。[48]アメリカに行く途中、ポリーはお金を盗まれ、自らの身を年季奉公に出さざるをえなくなった。彼女は売春宿を経営するトレイプス夫人に身請けされ、その後、その「マダム」から富裕な砂糖プランター、ダカット氏に売られた。ポリーは「男に」仮装してその状況から逃げ、マクヒースを探すために海賊となって海へと向かった。ポリーはこう説明する。彼女がそうしたのは「女性であるために晒される暴力と辱めから自らの身を守るため」である、と。(49)

アン・ボニーとメアリ・リードが裁判を受けてからわずか数年後に、ゲイが女海賊を取り上げる劇を書いたという事実は、彼が現実の女海賊の冒険譚について知っており、またそれに依拠していたことを示唆している。しかも、劇中の出来事と、一七二〇年代の前半にカリブ海で起こっていた海賊行為の現実の間に明確な類似点があることを考えると、よりいっそうその可能性は高まってこよう。『乞食オペラ』に登場する売春婦で、新作では、海賊船の上でマクヒース（モラノ）の「情婦」となっているジェニー・ダイヴァーは、おそらくアン・ボニーがモデルとなっている。ボニーと同じように、ジェニーは海賊船の船長の恋人で、また他の海賊にも恋をする。だがその海賊は変装した女性であることが発覚する。劇中ではそれがメアリ・リードではなく、変装したポリーなのだ。ポリーはポリーで、性にかんして、その慎み深く「貞淑」ですらある態度においてメアリ・リードに似ている。(50)

図像のなかの女海賊

さらにボニーとリードは、もう一つ、間接的な方法で後世に影響を残している。その媒介となったのは、チャールズ・ジョンソンの『最も悪名高い海賊の掠奪と殺人の歴史』のオランダ語訳『イギリスの海賊の歴史』と呼ばれる書物の口絵に登場する、無名の画家によって描かれたイラストである。その絵は、国籍

図 6-5　海賊のアレゴリー（1725 年）
キャプテン・チャールズ・ジョンソン『イギリスの海賊の歴史』（1725 年，アムステルダム刊）より。

を問わず使われた海賊旗（ジョリー・ロジャー）の下で、剣とたいまつを持ち、力強く前方に迫りくる、胸がはだけた女性戦士を登場させている。その背後の左側では、処刑された海賊が一〇人、絞首台にぶら下がり、また右側では、一隻の船が炎に包まれている。彼女の足に踏みつけられているのは以下のものである。正体のわからない文書（おそらく地図か法令であろう）。大檣《メーンマスト》が折れ、転覆している船。司法の天秤を握りしめている一人の女性。兵士と思われる一人の男性（彼は背中で手を縛られているように見える）。彼女の右側に浮かんでいるのは神話的な姿の人物、おそらくギリシアの風神アイオロスであろう。この嵐の場面で、彼はその果たすべき役目を演じている[51]。この混乱した場面の背後にせり上がってきたのは小さな海の怪物で、これは、近世の地図作者が地球の海洋部分を装飾する際によく描いた形象であった。

絵は海賊のアレゴリーとなっている。その中心的な図柄は女性で、武器を持ち、乱暴で、反抗的で、犯罪者で、財産を破壊するというイメージである。端的に言えば、まさにこれは秩序の転覆を絵に表現したものなのである[52]。

このような海賊のアレゴリーの特徴は、同じくアン・ボニーとメアリ・リードの生き方の特徴でもある。

驚くにはあたらないが、彼女たちは『イギリスの海賊の歴史』のなかで、非常に目立つ形で取り上げられている。本来彼女たちについて叙述するページだけでなく、別にイラストがつき、表紙にすら登場する。先の口絵のちょうど反対側では、この本自体が彼女らの人生の物語を誇らしげに広告している。この二人の実在した女海賊は、表紙を描いた画家が迫りくる海賊を描こうとする際、インスピレーションを与えたこともほぼ間違いない。事実、彼女たちにかんする叙述は、二人が「炎と剣」で生きていたと語っているが、表紙の女海賊もまた片手に炎を、またもう一つの手に剣を持っているのである。

図6-6　ウジェーヌ・ドラクロワ『民衆を導く自由の女神』(1830年)
パリ，ルーヴル美術館蔵。

この作品を、かの有名なウジェーヌ・ドラクロワの『民衆を導く自由の女神』と比べてみるのも有益であろう。というのも、両者には類似性が顕著に見られるからである[53]。画面構成の上でも、二つの作品はよく似ている。中心には、武器を持ち、胸がはだけ、ローマ風のチュニカを身につけた女性が配置され、彼女は後ろを振り向きつつ、下に散らばった多くの肉体の前に、また上に出て、それらを乗り越えて頂に立っている。双方の女性が下層労働者であることは、彼女らが、大きく、筋肉質で、強靭そのものの肉体を持つことが示している。一八三一年、パリの批評家たちは、ドラクロワのこの「汚い」女神に憤慨し、彼女を、売春婦、魚売り女、「愚民ども」の一人などと非難した[54]。さらに旗と火災が、両作品の枠組みの構成において重要な役割を果たしている点も共通している。海賊旗と、右側で燃えさかる船は、ほぼ同じ配置でフランスの三色旗と燃えさかる建物に変貌しているのである。一人の武器を持った若者、すなわち路上の不良少年が、風神の代わりを務めている。[55]絞首台にかけられた海賊たちの腐食した身体は、今や「人民」の集合体になる。前方に横たわるのは、はっきり死亡したとわかる二人の兵士である。

両者には違いもある。自由の女神が手にするのは剣とたいまつではなく、銃剣のついたマスケット銃となった。彼女は人々の先頭に立っているが、新たに彼女を奮い立たせるのは、死者ではなく、生きている人々である。武器を手にした「人民」が、オランダ製のイラストのなかで絞首刑にされている「人民」——一八世紀には船の乗組員は一般的にこう呼ばれていた——に取って代わったのであった。[56]

さらに重要なことは、ドラクロワが女性の身体と顔つきの双方を穏健化し、また理想的なものへと作り変えたことである。怒りと苦悩は、決然としつつも落ち着いた厳粛さへと置き換えられた。批判があったにもかかわらず、彼は、肌の一部を露出する女性を一部を露出するヌードの女性に変えるなど、女性の身体に対して美学的な観点から調節を加えた。また並行して、この絵では、民衆バラッドに歌われた女性戦士がおとなしくなっている。このように自由の女神は矛盾を抱えている。彼女は運動から生まれた「汚い」革命の象徴であると同時に、古典古代の芸術的遺産と一九世紀の女性性の定義を合わせたような、空想的で理想化された女性という主題も表現しているのである。[57]

ドラクロワが『イギリスの海賊の歴史』の絵を見て、モデルとして使ったかどうか明確に立証することは困難である。画家ドラクロワは、影響などについて触れた可能性のある日記を一八二四年に中断しており、再開はようやく四七年になってからであった。いずれにせよ、おそらく、これらオランダとフランスの画家はともに、自らの主題について構想した際、双方ともアテナ、アルテミス、ニケといった古典古代の女神の描写に依拠していたであろう(58)。とはいえ、海賊のアレゴリーがドラクロワの偉大な作品に影響を与えていた状況証拠は存在する。

第一に、よく知られるように、ドラクロワは『民衆を導く自由の女神』を表現する上で、現実の人々の経験に依拠していた。そこには、七月の暑い日、殺されたばかりの市民のマスケット銃を取り上げて、スイス人衛兵に発砲したマリー・デシャンのような人物も含まれている。この画家にとってなじみ深いもう一人の人物は、「アンヌ゠シャルロット・D」としてのみ知られる「貧しい洗濯少女」である。彼女は自らの兄弟の復讐のために、九人のスイス人兵士を殺害したと言われている(59)。これらの実在した女性たちは、アン・ボニーとメアリ・リードのように、ドラクロワのロマンティックな想像力に訴えかけていたに違いない(60)。

第二に、ドラクロワ自身、絵の構想を練っている際に構成の問題が出てくると、それを解決するために、しばしば彫刻、木版画、また大衆的出版物の勉強をしたことを日記に書いている。ドラクロワが一八三〇年末に、かの有名な絵を創作するまでに、『最も悪名高い海賊の掠奪と殺人の歴史』は少なくとも二〇の版が出版され、そのうち六以上のフランス語版と数多くの版にオランダ語版の挿絵が含まれていた。その大多数の版は、タイトルページでボニーとリードの物語を広告しており、パリに住んでいたかの画家が入手することも可能だったであろう(61)。

第三に――これが最も重要なのであるが――ドラクロワが『自由の女神』を描いていた、まさにその時、彼の心の片隅に海賊がいたことを証明できることである。美術史家ジョージ・ハード・ハミルトンによれば、イギリスのロマン主義詩人バイロン卿はドラクロワにとって「無尽蔵の着想の源」であった。一八二〇年代にドラクロワは集中的にバイロンの仕事に時間を割き、一八二七年にバイロンの詩の主題に基づいた三つの重要な作品を公開したのみならず、バイロンが最後に命を落としたギリシア独立戦争にかんしてもいくつもの作品を手がけた。より重要なことは、ドラクロワが『自由の女神』を描いている際、バイロンの詩「コルセア」――海賊についての詩――を読んでいたことである。一八三一年、ドラクロワがかの偉大な絵画を展示した、まさに同じサロンに、ドラクロワはそのバイロンの詩に基づいた一枚の水彩画を飾っているのである(62)。

女海賊の図像(一七二五年)は、自由の女神の図像(一八三〇年)に一世紀以上も先行している。だが、まるでアン・ボニーとメアリ・リードが摑み取った自由――海賊旗の下で彼女たちがもどかしい思いをしながら、ほんの一瞬だけ見出した自由――が、カリブ海に浮かぶ横揺れの激しい、みすぼらしい船の甲板から、曲がりくねった針路をたどって、パリの芸術サロンの、上品で、盤石な部屋へとたどり着いたように見える。これは行動によって摑み取られた自由の実例であり、庶民の文化が高尚な文化に影響を及ぼした実例であり、さらに、かつてはヨーロッパの芸術と文化の真髄、そして独自性を体現すると思われていたものが、新世界における人々の苦闘に由来し、また魂を吹き込まれていたことを示す実例なのである。もしボニーとリードという海賊旗の下で自由を摑み取った二人の女性が、その後、近代世界が手にした最も著名な自由にかんする絵画の一つに着想を与えていたのだとしたら、それは彼女たちにまことにふさわしい賛辞であろう。

第7章　「奴らを世界から一掃せよ」

人類共通の敵

一七一七年一一月、コットン・マザーは、ボストンの絞首台にのぼった海賊たちに、おごそかな調子で、「万国民はお前たちのような輩を人類共通の敵として扱い、この世界から一掃すべきだという点で意見が一致している」と説いた。マザーは、ここで三つの論点からなる一つの真実を語っていた。第一に、「万国民」の代表を自任するこの時代の支配階級は、海賊について意見が一致していた。次に、彼らは海賊をホステス・フマニ・ゲネリス（人類共通の敵）と見なしていた。そして最後に、彼らは海賊根絶のための作戦行動を組織・展開していく、ということである。要するに支配階級は、海賊に対する戦争の一環として、はなはだしく誇張された過激なプロパガンダを生み出すことになる。彼らは、海賊を、国境をこえた悪漢に仕立て上げようとした。なぜなら、一七一七年のボストンがまさにそうだったように、処刑劇の見物人の大半は、マザーとはまったく異なる見方をしていたからである(1)。

これまでの議論を通じて、我々は、海賊とは何者か（貧しい労働船員であった）、彼らはどのように自らを組織したのか（平等主義・民主主義的に組織した）、さらに自らをどのように表象したのか（一般船員のための正義を追求する「まっとうな男たち」と表象した）を理解してきた。そこで次に、これらの問題を別の側面から探ることにしよう。つまり、海賊を彼ら自身の立場から理解するのではなく、彼らを一掃しようと望んだ人々の側からながめてみるのである。「世界の海を浄化する」ための作戦行動は、国王の役人、法律家、商人、新聞発行人、聖職者、さらに文筆家によって着手され、支持された。この人々は、布告、訴訟事件適要書、請願書、小冊子、説教、新聞記事を通じて、その根絶を正当化できるような海賊のイメージを作り上げていった。レトリック戦術・軍事力・司法を動員した海賊撲滅の作戦行動は、最終的に成功を収めた。海賊行為は、一七二六年までに終わりを迎えることになる。

敵対陣営によって描きだされた海賊のイメージを論ずる前に、まずは海賊の根絶を追求した利害関係者たちについて、また彼らは一体誰の名においてそのような主張をおこなったのかについて探ることにしよう。何よりもまず第一に、海賊行為は財産に対する犯罪だった。より具体的にいえば、ほぼすべてのケースにおいて、全国規模、帝国規模で、さらには国境を越えて遠隔地貿易に従事する商人の財産を標的とした犯罪だった。サウスカロライナ植民地海事法廷のニコラス・トロット判事は、「諸国の法が（海賊に）財産権を変更する権限を認めたことなど一度もない」と簡潔に論じた。彼は正鵠を射ていた。現金や積荷を掠奪して財産を盗んだ時、また所有物を荒っぽく海に投棄し、船に火を放って沈没させることで財産を破壊した時、海賊は法を犯していた。彼らは、財産所有の安全そのものと真っ向から対立していた。マサチューセッツの法務官によれば、こうした行為は、「我らの領土の大半に破壊」をもたらした。(2)海賊は、植民地間の貿易を——ニューイングランド、中部大西洋地域、チェサピーク湾地域、低南部、西インド諸島で——攻撃したうえに、西アフリカやスペイン領アメリカといった戦略的に重要な交易地域を襲撃することで、イギリスの貿易商だけでなく、「諸国家間の貿易・通商」の利益に損害を与えた。(3) ジョン・ヴァレンタインが、一七二三年にロードアイランドで三六人の海賊を起訴した時、「こうした類の犯罪者たちは、あらゆる個人に対して永続的な戦争を仕掛けている」と述べたように、海賊は法を守るあらゆる人々の敵と見なされた。国王の臣民すべてにとっての敵とされた海賊は、「信用、約束、あるいは誓約をかわすことのできない」相手、「誰もが合法的に討伐することを許される」存在であった。聖職者たちは、このような無秩序な生涯から子どもたちを保護すべきことを説いた。子どもたちが船乗りにならないようにすべし、というのだ。(4)

海賊は政府の敵だった。なぜなら、一七一七年に法廷で国王役人の一人が説明したように、「海運が改善されることは国の利益となる」からである。この論理に従えば、一七世紀のイングランド法の法典化においてエドワード・クック卿が認めたように、貿易への攻撃は「当然のことながら大逆罪と見なされうる」。そしてむろん、「国を愛する賢明あるいは正直な者なら」、海賊になったりはしないだろう。海洋交易は、つねに「イギリス国民の富、力、評判、栄光」を生み出すものだからである。一七一九年に帝国中に布告が発せられたが、それは、海賊を捕縛ないし殺害して国王と国に奉仕しようとする者に、報酬を申し出るものだった。海賊はイギリス王権の敵と宣告されたわけだが、それは、海賊による秩序破壊が「国王陛下の健全なる良き法を侮辱し、これに挑戦」したためだった。一七二二年に国王は、海賊との何らかの戦闘で負傷した者には、「実際に国王の軍隊で奉仕したのと同等の扶養がなされるべし」と通知することによって、海賊の反愛国的な性格を明確にした。(5)

しかし、海賊はイギリスの商人と政府の敵というだけに留まらなかった。「あらゆる社会」、「キリスト教国であれ異教徒の国であれすべての国家」の敵だった。海賊は、「諸国民の権利を公然と侵害」することで「統治」全般を「破壊する」存在だった。あらゆる国がそうした「放蕩かつ自暴自棄の卑劣漢どもによる結託、共謀、徒党の脅威に」さらされるので、海賊はどの国の利益にもなりえないとされた。一七一七年にボストンで八名の海賊を訴追した検察官は、法廷において、海賊《パイレート》という言葉の歴史を次のように説明した。「大昔の野蛮な時代には」、この言葉は積極的な意味を持っていたが、諸国民が正式な政府を持つようになると、海賊はじきにホステス・フマニ・ゲネリス、つまり人類共通の敵となった。海賊は「人類の自然権と市民権を覆して消滅させる」存在である以上、「人類の利益のために」一掃されなければならなかった。こうして海賊は、財産、個人、社会、植民地、帝国、王権、国家、万国、ひいては人類全体にとっての脅威となった。その極悪ぶりは完璧だった(6)。

海賊をめぐる言説

一七一八年にチャールストンで開かれたスティード・ボネットとその一味の裁判の冒頭で、サウスカロライナ植民地の法務長官リチャード・アレンは、次のように説明した。海賊行為は「どのような事情のもとでもこの上なく忌まわしく、かつ恐るべき所行であるため、この問題を扱ってきた専門家ですら、その極悪ぶりを十分に表現できる言葉や用語を見出せない程である」、と。彼は、自分と同じような立場の者が、このあとの数年のあいだに取り組むことになる任務の概要を述べていた。だとすれば、海賊を卑劣きわまる、絞首刑に処すべき存在に仕立てるために、どのような「言葉や用語」が用いられることになったのだろう。邪悪な存在に貶《おとし》める過程は、どのように進展していったのだろう(7)。

海賊に言及する書き手の多くは、「海賊は人間の名に値しない」という点で意見が一致していた。彼らは、この無法者たちを人外の存在――怪物、悪魔、野獣――に創り変えた。マザーは、海賊を、「海に出没し、彼ら自身の恐怖の的となってきた海獣と同化した輩」と呼んだ。血に飢えた怪物、残忍な化け物、恐るべき海の怪獣、海の狼、地獄の悪鬼などと呼ぶ者もいた。海賊は凶暴な肉食獣であり、「悪意、狂気、殺人衝動に満ちた」存在だった。クーガーと同じように残忍な野獣であり、公共の利益のために根絶されるべきだとされた。たとえば、軍艦ウィンチェルシー号によって一隻の海賊船が捕らえられ、その乗組員数名が一七二三年にキュラソーで絞首刑になった後がまさにそうだったように、当局が海賊に対する勝利を確信した時、彼らは海から一掃されるべき「害獣」にすぎなかった。悪魔へと貶めるための言語は、海上での戦闘と絞首刑という暴力の予告となった(8)。

この悪魔たちは、独自の生活様式のなかで、また他者に対する掠奪行為を通じて、大変な無秩序を生み出した。一七二三年、その直後に複数の海賊の絞首刑を目撃することになる群衆を前にして、マザーは「おお、何という愚劣さ、邪悪な輩の狂乱ぶりか」と嘆いた。愚者・狂人としての海賊は、精神の異常さをさらけ出した。一七二二年に「狂気に憑かれ咆哮する邪悪な海賊船員たち」の虜囚となったフィリップ・アシュトンは、海賊と一緒にいるあいだ、「絶え間のない狂気の喧噪」、はなはだしい激情と狂乱を堪え忍ばねばならなかった。実際、アシュトンは、自分は「愚者の船」に乗せられていると思った。海賊とは「狂った連中」、狂気を本質とし、狂人と同じように罵る者たちであり、その誰もが「愚者が死ぬのと同じように」頓死するのだ、と主張する向きもあった(9)。

海賊は、感情と精神のいずれも病んでおり、激情と憤怒が彼らの自然な気質とされた。アシュトンは、神の摂理によりエドワード・ロウの海賊一味から救われるという物語の結びで、「私を海賊たちの激情から救い下さった」神に感謝を捧げている。往々にして海賊の錯乱の背後には、「あまりに野心的な気性」があった。実際、海賊の野蛮、邪悪、獰猛かつ堕落した気質は、「しばしば軽度の狂気と取り違えられた」。一七二〇年に『ボストン・ニューズレター』は、海賊たちが、ある船の積荷を情け容赦なく破棄した時の顚末を掲載した。この海賊一味は、短剣、斧、さらに手元にある他の道具を使って、「トランク、箱、かばん、梱を切りつけ、引き裂き、中身をぶちまけた」[10]。そのような狂気じみた破壊ぶりは、およそ理性とは相容れないものだった。海賊は、「公平と理性の支配に背いて生きることをはっきりと宣言した」。彼らは「道理にかなった展望」を持ちあわせておらず、「理性をもたない輩」とされた。トロット判事が説明したように、彼らの犯罪の邪悪さは、「万人の理性に照らして明白」だった[11]。

このような精神と感情の異常さが、必然的に倒錯した生活様式をもたらしたという。海賊仲間による「放縦、乱痴気騒ぎ、放蕩三昧」は、しごく当然のことだとされた。実際、一七二四年にキャプテン・チャールズ・ジョンソンが指摘したように、「放縦な生活様式が……海賊の慣習となっている」。「ほとんどつねに乱痴気騒ぎ」があり、それを減じることができるのは眠り――酔いつぶれての眠り――だけだった。というのも、こうした放縦な生活様式は、蒸留酒の常用を中心になり立っていたからである。海賊のあいだで、泥酔はあまりに日常的なことだったので、「しらふでいる者」は、仲間に対して「陰謀を企んでいるのではないかという疑惑」を招いた。「泥酔しない者は悪党だと見なされた」。ある聖職者によれば、飲酒は「人間を怪物に」するのであり、泥酔は人を野獣以下に転落させる「汚らわしい罪、自発的な狂気の沙汰」だった。海賊は、「ほとんどつねに狂っているか、あるいは酔っぱらっているので、その行動は底なしの無秩序を生み出した」。アルコールが騒擾や治安の紊乱《ぶんらん》を導くと述べる向きもあった。さらに、海賊の精神面での異常と身体面で対をなしていたのが、「燃えさかる抑えがたい欲望」であった。「燃えさかる欲望」が、この犯罪者たちを支配し、彼らのなかに「自らの邪悪な性向の赴くままに生きようとする欲求」を生み出した。海賊たちは、「自らの欲望の永続的な虜囚となり、その激情のために永遠の無秩序に陥り」、悪魔の奴隷と化したとされたのである(12)。

海賊が犯した最大の秩序破壊は、暴力によるものだった。文筆家たちは、「未曾有の蛮行の数々」――海賊たちは捕虜の鼻を切り裂き、耳を削ぎ落とし、被害者に対してむち、ナイフ、銃を使った――を語った。これまで見てきたように、そうした行為は確かになされたのだが、それには、海賊への敵対者たちが無視する因果的な論理が伴っていた。自然状態のなかで放縦な生活、欲望、さらに激情に身を任せ、政府をもたずに生きる人々にとって、暴力はごく自然なものだった。一七二六年にベンジャミン・コールマンは、これから処刑される海賊たちへの説教のなかで、次のように説いた。「その罪のありようの何と恐るべきこと、天罰を受けるべき自然状態であることか」、と。海賊の敵対者たちが倦むことなく唱えたのは、海賊とは残忍、野蛮、かつ血に飢えた存在であるということだった。この「暴力の息子たち」は、肉体を蹂躙した。文筆家たちは暴力を強調し、それをまがまがしく詳細に述べることで、海賊を一大脅威として一般化し、貿易商・投資家と広範な公衆との利害共同体を創り出した。しかし、そのように記された野蛮行為の一部が「未曾有」となったのは、捏造された話だからだった。一七二三年四月に『ボストン・ニューズレター』は、近頃ジャマイカで処刑された黒人海賊たちが、一一名の白人男性の心臓を食べたことを絞首台上で「告白」したと報じている(13)。

海賊は、キリスト教的な生き方のアンチテーゼと見なされた。海賊は、悪魔に取り憑かれていて、「その意のままに動く虜囚」だった。海賊は、神を前にしても畏怖を抱くことはなく、悪魔の扇動に従っていた。彼らは「悪魔の子どもたち」だとされた。ジョン・バーナード師が信徒会衆、とりわけ海賊の魔の手から逃れてきたフィリップ・アシュトンに向けて説いたように、「神があなたを何からお救い下さったのかに思いを致すのです……それは悪しき獣の群れからです。その者たちのなかに見られる……主に対する途方もない挑戦と、自ら天罰を引き寄せる傲岸さは……あなたに最も鮮明な地獄絵を示し、またあなたの信徒仲間には、悪の具現そのものを提示するのです」。どれだけ神から遠ざかり、「神についてのあらゆる想いを心から拭い去ろうとも」、神の摂理のおかげで海賊は捕縛された。また、権力側と海賊が真っ向から衝突した時、両者ともその機会を捉えて、人がどのようにして「邪悪な者どもの生き方」を歩むに至ったのかを説明した。海賊による罪の告解は公表された。それらの多くは、様式や内容の面であまりに画一的なので、全面的に信頼するわけにはいかないが、それでも、いわゆる海賊たちの悔悟のパターンは、海賊の存在そのものや、彼らの生きざまがどのように表象されたのかを明らかにしてくれる(14)。

海賊は、敬虔な説教、安息日、容認されうる性的規範、そして正統な権威を侵害したことを悔いていると言われた。海賊たちは、激しい憎悪をもって悪罵を浴びせ、呪詛や冒瀆の言葉を吐いてきたことを悔いた。コットン・マザーが主張したように、海賊は、「恐ろしい悪罵や悪魔に属する言葉」を使っていた。彼らは、暴力的な表現を用い、「恐るべき悪罵・呪詛」の言葉を口にした。彼らは、「地獄の業火の言葉」をまき散らした。公然と神に背き、狂人のごとく冒瀆の言葉を発し、「猥褻かつ淫らな歌」を歌って、まわりの空気を汚した。海賊は、主日を冒瀆し、「公的礼拝を蔑《ないがし》ろにして」安息日を侵害した。彼らを取りまく環境は役に立たなかった。なぜなら、「（航海の途上では）その日が安息日であることをほとんど知らない者もいたからである」[15]。

海賊は、不貞や性的穢《けが》れ――売春宿に通い、「淫らな女たちを追い回した」こと、同性愛的な行為、常軌を逸した放蕩――による「罪の苦痛」を悔い改める必要があった。これらの罪の数々のため、彼らは「人ではなく獣」のようだと見なされた。「然《しか》り、聖書は、彼らを最も野蛮な獣、犬畜生にすらなぞらえている」[16]。海賊は、親や権威ある人々に対する不服従についても悔いた。マザーは、「父母を苦しめ、放置し、拒絶してきたために、神の恐るべき報いを自らの身に引き寄せてしまったという海賊たちの告解を、いかに頻繁に耳にしてきたことか」と驚いてみせた。また海賊は、「自分より目上の人々に対して途轍もなく不従順であり、「恥知らずなまでに不遜な態度で聖職者や神の使者を嘲った」と言われた[17]。

数あるなかで最後に取り上げられるべき二つの罪は、貪欲さと勤労の放棄であった。海賊は、「底なしの欲望と、法外な利益に対する飽くことのない渇き」に突き動かされて掠奪行為に走ったとされた。彼らは、「現世の財産に対する極端で法外かつ尋常でない欲望」を露わにしていた。一七二六年にマザーは、リチャード・ブラックモア卿が書いた詩を引用して、この点を説明した。

この悪しき輩に海賊を加えるのはもっともなこと
海上にて商人を襲い
その商取引の利益を刈り取る者なり
この者はどこかの岩場に隠れ、あるいは素早く

小川から小川へと移って、富を積んだ船を奇襲する
神をも恐れぬやり口で、この強盗は利益を貪り
じつに大きな富を蓄えるので
葡萄を植え、土を耕す者たちの
哀れで儲けのない苦役をさげすむ

一七一七年に法務官は、海賊の餌食になるのは貿易商だと説明した。つまり、「世のなかにとって最も有用かつ利益をもたらす人々、海賊の魔手にかかることをはじめとする無数の危険にさらされながらも、疲れを知らぬ勤勉によって国家身体の血液を循環させ、国民すべてを養っている貿易商」を餌食にしているのだ、と。搾取されていた数多くの船乗りは、こうした説明に対して、開いた口が塞がらなかったことだろう。しかし、これが支配的な理屈の一部であった[18]。

海賊のイメージは、海賊が占める空間——はるか彼方の危険に満ちた空間、しばしば災厄が見舞う場所、イギリスや植民地に侵攻するための潜在的な経路にして、不可能ではないにせよ制御の難しい自然空間としての海——と密接に関連づけられた。一七一七年五月にマサチューセッツ総督サミュエル・シュートは、同植民地の第一義的な利害は、「海を通じて生じる危険や暴力から、我らの沿岸と交易場所の安全を守るために……何らかのしっかりとした防衛体制」を構築することにあると論じた。その六年後にマザーは、「海に出没する海賊への恐怖が、最近きわめて大きくなっている」と述べた。両者とも、ある程度海賊に言及してはいるが、海それ自体が畏怖の念を起こさせていた。海は「狂暴な被造物」であり、キリスト教の

観点から「絶望の深淵」になぞらえられた。一七二六年にジョン・フラヴェルが著した『霊化された航海――船乗りのための新たな羅針盤』は、海がもたらす主要な危険のうちの一つを強調し、それが目新しいものではないことを明確にした。フラヴェルが書くところによれば、プラトンは「万人に海を避けるよう熱心に説いた。というのも、海はあらゆる悪徳と不誠実の教師であるから（と彼は言った）」。海は、不可思議な被造物がたくさんある空間、罪が増殖し、死が遍在する場所であった。フラヴェルによれば、船乗りは「生者にも死者にも属さない者たちである。彼らの生活は、両者を前にして絶えず宙づり状態にある」。船乗りは、危険に満ちた空間を行き来する境界域の存在であった。[19]

海賊が権力の中枢から遠く離れた危険な空間を占めていたことは、海賊のイメージ形成において非常に重要な要素となった。一七一七年のある裁判で法務官が主張したように、海賊行為はきわめて凶悪な犯罪だった。「なぜなら、それは人気のない遠く離れた場所で犯されるからである。そこでは、弱くて無防備な人々は、支援あるいは救援を期待することはできない。そのため、獲物に飢えた野獣どもは、何の罰も受けず、また司法による監視や追及を逃れることができると見越して、自らの邪悪な本能のおもむくままに易々と掠奪を働くかもしれない」。さらに法務官は、「こうした犯罪は、予防することがきわめて困難なので、最大限に厳しく罰しなければならない」と続けている。一七二〇年に別の法務官も同じような説明をおこなっている。「海賊行為という犯罪は、……あらゆる強盗犯罪のなかでも最も重大かつ非人道的である。というのも、それは……ほとんど人気のない遠く離れた場所で、無慈悲に暴力を振るって、盗みに残酷さを付け加えるからである」。権力の中枢からの隔たりが海賊に力を与えたとするこの指摘は、きわめて重要な論点を明らかにしている。[20]

しかし、海によってもたらされる権力からの隔たりは、地理的なものに留まらなかった。なぜなら海は、近世の生活を組織する主要な諸制度、すなわち教会、家族、そして労働に適した領域ではなかったからである。一七二五年に、かの有名な文筆家バーナード・マンデヴィルは、「我々の船乗りたちのあいだでは、信心深い習慣は非常にまれである」と認めた。さらに彼は、「自らの宗教の原理原則に通じていない者がじつに多い」と続けている。船乗りの地理的流動性、船上での長期にわたる過酷な労働、加えて男性のみという労働コミュニティのありようは、家族がもつ規制的な力を削ぎ、それとは異なる社会的紐帯の形成を助長することになった。さらに、船乗りには反乱を起こして海賊に転じる傾向があったので、労働というのも決して信頼できる機構ではなかった。社会秩序の根底にある規律化のネットワークは、海の上ではあまり影響力を持たなかったのである。(21)

交易の改善のためには「海洋の規律」が必要だと述べる多くの文筆家たちは、船乗り（潜在的な海賊）に次のように説くことで、その埋め合わせを試みた。「大海原の最果ての地まで行こうとも」神が汝らを見ておいでだ、宗教的良心の「目が常に汝らに注がれる」、「汝らの行動とやり取りはすべて白日のもとに曝される」、と。一七二三年にコットン・マザーは、「海に乗りだす者は、我らが救い主から航海命令を受け取っている」と説き、祈りのなかで「主のまなざしはつねにあなた方に注がれている」ことを肝に銘じるよう船乗りたちに指示した。これらの警告は、確固たる権威が及ぶ範囲は、距離の隔たりによって減じるものではないことを明らかにしようとしていた。ところが、大多数の船乗りは、そうではないと承知していた。(22)

海賊行為についての言説は、海では権威と実生活とのあいだに重大な断絶があることを明らかにしたうえで、それを是正しようとするものであった。海は、船乗りのような「自暴自棄の堕落した輩」が千載一遇の機会を摑めるようにしたのであり、彼らは、危険と向き合い、生命を賭け、いくつかの本質的な社会規則を捨て去る覚悟があれば、海賊に転じることによって伝統的な権威から逃れ、独自の権力を創り出して大きな富を蓄えることができた。彼らは、自らの目的のために制御しがたい海を利用したわけだが、公論においては、こうした目的は間接的にしか取り上げられなかった。実際、彼らを悪の権化と位置づける過激な言葉が示すのは、海賊が支配的な権力関係に突きつけたオルタナティヴな考え方や異議申し立ては、船乗りの世界だけでなく、階級に基づく一般社会でも断固粉砕されるべしという主張だった[23]。

海賊の根絶と奴隷貿易

海賊のイメージは、海上での強盗行為を根絶しようとする実践的な一連の政策とともに生成されたが、そうした政策に影響を与えてもいた。一七一七年九月五日に本国政府は、「海賊撲滅のための布告」を発し、海賊行為を犯した経験を持つ投降者には一般恩赦を、生死を問わず海賊を捕らえて政府に引き渡した者には褒賞を与えることを表明した。何百人という海賊がこの恩赦を受けいれたが、このうちの多くは、すぐに「かつての海賊稼業へ」舞い戻った。その年の一二月五日にも、また別の恩赦（当時の呼び名は恩恵法）が発せられたが、似たような結果に終わった。その間にも、バハマ諸島の海賊集結地にかんする苦情をうけて対策に乗り出した政府は、その集結地を破壊して現地にイギリスの正式な行政権力を確立するために、ウッズ・ロジャーズを派遣した。すでに述べたとおり、彼は一七一八年七月二〇日に到着、これをうけて大半の海賊は蜘蛛の子を散らすように逃げ去った。一七一八年一二月二一日に最後の恩赦が発せられたが、この措置は、出頭して恩赦を受けた海賊が、スペインとの短期的な四カ国同盟戦争で私掠船に加わってくれることを期待して、一七一九年のはじめの数か月間延長された。一部の海賊はそれを受けいれたが、彼らの多くはスペイン側に味方したと思われる。幾人かの海賊は、恩赦を受けいれながらも最後まで態度を改めることを拒んだ。他の者たちは、「恩赦を侮辱したようだ」。そして、最も挑戦的な海賊の場合には、「はなはだしい侮蔑をもって国王布告を扱い、それをずたずたに破り裂いた」(24)。

通商に対する攻撃は続き、その被害に苦しむ大西洋世界の商人たちは、効果の薄い恩赦に代わる政策を政府に請願し始めた。一七二〇年までに、支配階級は暴力の行使を決意していた。それは、海軍による哨戒活動の強化と、見せしめの処刑劇の大幅な増加という二つの形をとった。多くの貿易商が海賊の根絶に明確な利害をもっていたが、彼らに対する最終的な攻撃は、西アフリカ出身の奴隷を売買して影響力を増してきた貿易商たちからの要求に応じて着手された、という色合いが濃かった(25)。

一七一六年から二六年にかけて相次いで発生した船員の反乱が、奴隷貿易を動揺させた。これらの反乱は、この時期にイギリスやアメリカから西アフリカへ向かった奴隷船での、食料、規律、そして全般的な労働生活条件に対する慢性的な不満が招いた必然的な結果だった。裁判において船乗りたちは、奴隷船ウォンステッド号のセオドア・バウチャー船長が、「十分な食料や酒類を支給せず、食事の面で自分たちを非常に野蛮かつ非人道的に扱った」と主張した。他の船員たちは、専制的な規律への不満を訴えた。勇敢にも船上での労働条件に反抗した船員によれば、「奴隷のように鎖で二人一組につながれ、通常奴隷に与えられるのと同じヤムイモと水だけの食事を出される」ことがあった。西アフリカ警備区域の司令官に任命された海軍大佐のフランシス・ウィリスは、一七二〇年に海軍本部に対して、奴隷船の船員たちが「海賊の温床になっている」と報告した。彼は慎重にも、「それが船長による虐待によるのか、それとも彼ら自身の生まれついての性向によるのかについては、閣下方の判断にお任せせねばなりません」と付言している。[26]

しかし、反乱を起こした一部の船員たちは、乗り組んだ船を制圧し、海賊旗を掲げることで、鎖につながれるという運命を逃れた。ジョージ・ラウザとその仲間たちは、王立アフリカ会社の奴隷船ガンビア・カースル号上で反乱を起こした時、「船室を取り壊し、船首から船尾まで全体にわたって平甲板にして、海賊旗を用意し、船名をデリヴァリー号に改めて」意気揚々と航海に乗り出した。ラウザとその仲間にインスピレーションを与えたのは、一七一八年にバハマ諸島で国王行政権が再び確立されたためアフリカ沿岸部へと向かい、防備の貧弱な船を襲撃し積荷を奪って仲間を募った何百人もの海賊たちだったのかもしれない。エドワード・イングランドやその他の海賊船長たちは、奴隷船が優れた人材供給源であることに気づいていた。ある奴隷商人は、自分の船が捕らえられた時、海賊は女奴隷との「気晴らしに興じた」が、同時に「私が積んでいた（二五〇人の）黒人全員を鉄の枷から解放した」と証言している。しかもさらに悪いことに、彼らはナイフを「黒人たちに与えて」いったため、再びその船の指揮権を取り戻すことを許された船長は、致命的な反抗が生じるのではないかという恐怖にさいなまれることになった。[27]

海賊たちのこの地域への関心は、奴隷を満載した船の拿捕ではなく――いずれにせよ南北アメリカで海賊と商いをしようとする大商人はほとんどいなかっただろう――、奴隷の取引に従事する船舶そのものにあった。多くの商人が指摘したことだが、海賊が本当に欲していたのは、「弾薬、食糧、さらに長期の航海に適したあらゆる蓄えを満載した高性能の帆船」だった。[28] 多くの船乗りは、奴隷船――大型で頑丈、かつ長い航海に適していて、たいてい多様な大砲を装備している――は最も優れた海賊船になると考えていた。あるいは、反乱を起こそうとしたロバート・スパークスの場合は、一七一九年にアビンドン号の船員仲間たちに、慎重で回りくどい説明をするなかで、こうした点を示唆した。「彼は、自分ならその船を今よりもずっと優れたものに仕立てられると確信していた」。ジョン・ウィトコムは、どのようにしてかと尋ねた。するとスパークスは、「上甲板をはぎ取ることで、この船は仕事に打ってつけになるだろう」と答えた。航海士ジョン・ビックナーが「仕事とはどういう意味だ」と質《ただ》すと、スパークスは、「優れた海賊船になるということだ。俺の考えでは、これはもっと頑丈で航行に優れた船になる」と返答した。反乱を起こした他の船乗りたちも、明らかに同じ考えだった。というのも、いくつもの奴隷船が拿捕後に海賊船に転用されたからである。そうした船のなかには、ブラック・サム・ベラミーを船長とし、ベニンの奴隷貿易港にちなんでウィダー号と命名された海賊船も含まれており、難破したウィダー号は近年の海底調査で発見されている(29)。

さらに悪いことには、第3章でウォルター・ケネディの生涯を扱った際に見たように、海賊が西アフリカ沿岸部で襲撃したのは船舶だけではなかった。彼らは、人身売買と積出しの主要拠点である奴隷貿易の城塞をも掠奪したのである。たとえば、一七二〇年に海軍本部への請願書のなかで、ある商人の集団が説明したように、海賊は「時に主要な商館のある場所に上陸して、適当と思われるものを掠奪した」。ハウエル・デイヴィスとその一味は、一七一九年にまずガンビア城塞、その直後にシエラレオネの城塞、そして最後にプリンス島のポルトガルの城塞を襲って掠奪と破壊を繰り広げた。すでに見たように、深刻にしてとてつもなく破壊的なこれらの襲撃は、復讐心に突き動かされていたが、同時に、ポルトガル人がしばしば奴隷や商品の対価を金で支払っているという知識に基づくものでもあった(30)。

デイヴィスとその後継者バーソロミュー・ロバーツは、数百人規模の海賊船員を擁しており、アフリカの貿易商とその財産にとって最悪の禍であった。一七一九年から二二年にかけて彼らは、アフリカ沿岸部を行き来し、「その途上で出くわした財貨や船舶を海の底に沈め、焼き払い、破壊した」。この海賊たちは、一七二〇年代にイギリスの貿易商にとって最も重要な地域であったセネガンビアとゴールドコーストを船で行き来して、「商人たちを恐慌状態に陥れた」と、この沿岸部で数か月を過ごした海軍医ジョン・アト

図7-1　海賊バーソロミュー・ロバーツ船長と西アフリカ沿岸の沖合で捕獲された11隻の商船
キャプテン・チャールズ・ジョンソン『最も悪名高い海賊の掠奪と殺人の歴史』（1724年，ロンドン刊）より。

図7-2　オールド・カラバル川の川辺で飲み騒ぐロバーツの部下たち
『海賊自身の書』より。

キンズは述べている。別の書き手は、海賊たちがすでにアフリカの沿岸部で一〇万ポンド以上の損害を生じさせたと一七二〇年に見積もっているが、この地域で最大の掠奪が起こるのは、この後の二年間のことである。一七二四年に通商拓殖院に書簡を送った匿名の人物の説明によれば、海賊たちは、アフリカ奴隷貿易で「この二年間のうちに一〇〇隻近い船舶」を拿捕していた。貿易商にとって事態はさらに深刻となり、一七二〇年に王立アフリカ会社は、海賊に攻撃された船を守るために負傷した高級船員および一般船員に賜金を支給し、死亡した場合にはその家族により多くの支給をおこなうと通知せざるをえなかった。[31]

海賊がアフリカ貿易に与えた損害の大きさと、それに携わる貿易商たちが海賊撲滅で果たした役割については、この時期の主要な奴隷貿易商の一人、ロンドンのハンフリー・モリスの現存する文書のなかにうかがうことができる。モリスは、やがて庶民院議員に、そしてまた一七二七〜二九年にはイングランド銀行の総裁となる（彼は同行から二万九〇〇〇ポンドを詐取することになる）。一七一六年から（亡くなる）三二年までにモリスは、自分自身で、およそ二万人のアフリカ人を積荷として南北アメリカに送り込んだ。彼の小規模な奴隷貿易船団は、この期間中に六二回の航海をおこなった。モリスは、（第5章で登場した）ウィリアム・スネルグレイヴのような船長たち、ケープコースト城塞の主任取引員ジェイムズ・フィップスのような奴隷貿易に携わる役人たち、そして氏名不詳のある海軍将校から送られてきた書簡を頼りにしながら、海賊たちを注意深く監視していた。一七一八年に彼は、ジャマイカ周辺に群がる海賊を避けるために、船団のうちの一隻の行き先をメリーランドに変更させたが、海賊たちは彼の船三隻、つまりスネルグレイヴ率いるバード・ギャレー号、リチャード・ブリンコー指揮下のヒロイン号（いずれも一七一九年）、トマス・ウィックステッドを船長とするプリンセス号（一七二一年）を捕らえた。[32]

モリスは、海賊からうけた損害を注意深く記録に残していたが、そのおかげでイギリス政府に、海軍による軍事行動を要求することができた。彼は、惨憺《さんたん》たる実状を要約するために、一七一九年の四月から八月までの五か月間の報告書を作成し、三つのリストにまとめ上げた。一つは、一七一九年四月三〇日付のスネルグレイヴ船長からの書簡で伝えられた情報に基づく、「一七一九年四月にアフリカ沿岸のシエラレオネで海賊に拿捕された船舶の記録」。二つ目のリストは、「ゴールドコーストのウィダーおよびカラバルで前記海賊により拿捕された」とのみ題されたもの。最後のリストは、「ガンバ［ガンビア］で拿捕された船舶一覧表」である。モリスにとってまことに残念なことに、五〇〇人以上の海賊が、ハウエル・デイヴィス、オリヴェール・ラブーシュ、トマス・コクリン、エドワード・イングランド、ロバート・サンプル、そしてレインとしてのみ知られる人物を船長とする「小艦隊」を組んで航海し、この短い期間のうちに三四隻を拿捕、そのうちの何隻かはロバート・アンド・ジェイムズ号のように焼かれてしまった。彼はジョン・ダグズ船長からも情報を集めていたが、一七二〇年二月のモリス宛て書簡のなかで、ダグズは、「海賊たちがギニア沿岸で三八隻の船を拿捕した、との情報をバルバドスで入手しました」と書いている。別の船長ジェイビズ・ビグロウは、（おそらく真実だが）エドワード・イングランドの一味が（一七一九年四月までに）五〇隻捕獲したと豪語していることを伝えてきた。モリスは、リストを作成するにあたって、拿捕された各船舶と船長の名前、海賊船長と海賊船の名前、さらには各海賊船が搭載する火砲と乗組員数についても把握しようとつとめた(33)。

こうした情報に依拠することで、モリスは、一七二〇年初めの数か月のうちに二つの請願書を作成することになる。一つは、「西インド諸島に利害をもつプランター、大商人、および貿易業者」を代表しての国王宛て請願（日付なし）、もう一つは「アフリカ貿易に従事するロンドンの商人一同により、イギリス海軍本部委員会の閣下方に恭しく提出される請願書」だった。前者においてモリスは、海賊は「数的に著しく増えているため、西インド諸島の航海にとって有害であると同時に、陛下の植民地にとっても危険であります」と警告した。後者では、一七二〇年にも、彼自身二隻の船を失った「昨年と同じような海賊被害を受ける」危惧を表明した。彼は、いずれの請願でも海軍力の投入を求める議論を展開したが、実際にはただ論じるだけではなかった。彼は「海賊の恐怖」から奴隷貿易を守るため、アフリカ沿岸部に軍艦を派遣するよう促すべく、政治的コネクション（たとえば庶民院議員ジョン・ジェニングズとの）を活用した。軍艦による新たな遠征は一七一九年に始まり、その後の数年間続いた。(34)

活力を取り戻しつつあった王立アフリカ会社（依然として衰退傾向にあったが）の商人を含む、ブリストル、リヴァプール、ロンドンやその他の英領大西洋諸港の商人たちは、モリスを中心に一致した要求を掲げ、被害についての苦情を述べ、貿易活動、植民地制度、さらには帝国全体を守るための措置を講ずるよう議会に要求した。彼らの叫びは、共感をもって迎えられた。ロバーツ一味による掠奪が絶頂にあった一七二一年二月に、二つの商人の集団から議会請願がなされた時、庶民院は海賊撲滅のための新たな法案を至急作成するよう命じた。この法案は、首相ロバート・ウォルポールの支援もあって、直ちに成立した。(35)

同じ月に、チャロナ・オウグル艦長率いる小艦隊がアフリカ沿岸に向けて出帆した（艦隊に属する軍艦ウェイマス号の乗組員のなかに、孤島に置き去りにされた経験を持ち、ロビンソン・クルーソーのモデルとなったアレグザンダー・セルカークがいたが、彼はこの航海中に亡くなる）。スワロー号に率いられた船団は、四月にシエラレオネ、六月にはケープコースト城塞に到着し、その沿岸部の哨戒活動を開始した。一七二二年一月までにウェイマス号は疫病の発生のため活動不能となったが、スワロー号はついにロバーツ一味の海賊船を発見して二度にわたり交戦した。最初の戦闘は二月五日、二度目のより大きな戦闘は二月一〇日に生じた。海賊の多くが酔っ払っていたし、またいずれにせよ海軍の砲火には太刀打ちできなかった。ぶどう弾がロバーツの生命を奪い、一発の砲弾が彼の船のメーンマストを吹き飛ばしたことで、同船は攻守いずれの戦闘も不可能となり、戦いは終わった。

海賊たちは、多大なる犠牲を出した。わずかばかりの者がジャングルへ逃走した一方、選び出された若干名はウェイマス号上で（見せしめのために）絞首刑にされた。また、大多数の海賊（二五〇人以上）が捕らえられ、裁判を待つよう命じられた。もっとも、ケープコースト城塞での司法手続きを、裁判と呼んでよいとすればの話だが。ともあれ、裁判を待つ海賊たちは地下牢に勾留された。そこは通常、奴隷にされ、鎖で拘束されたうえに焼きごてで烙印を押されたアフリカ人たちが、奴隷船が到着するまで食事を与えられ、留め置かれる場所だった。海賊たちは、一四フィートの厚さの煉瓦作りの壁と、いつでも発射可能な七四門の大砲によって守られた、ケープコースト城塞のなかで裁かれた。彼らのうちの五二名が処刑された。この処刑劇の恐怖を最大限活用するために、鎖巻きにして吊された彼らの遺体が沿岸部一帯に配られた。ケープコーストに九体、ウィンドワード・コーストに四体、アセラ、カラバル、ウィダーにそれぞれ二体、ウィネバには一体配置された。別の四〇名は、王立アフリカ会社のために、船舶ないしは金鉱で働く奴隷となるよう宣告された。およそ数か月のうちに、この全員が死んだらしい。意気揚々とロンドンに凱旋したチャロナ・オウグルは、一七二三年五月に一等海佐へ昇進したうえで、海賊討伐の功績でナイト爵を授けられた。彼は、かつてロバーツとその一味が洒落をきかせて「蕪《かぶ》植え野郎」と嘲笑した国王ジョージ一世その人から、栄誉を授けられたわけである(36)。

ロバーツの敗北、さらにはアフリカ沿岸部での海賊行為の根絶は、奴隷貿易の歴史、ひいては資本主義の歴史における一大転換点となった。それまでの数世紀のあいだ、海賊行為と奴隷貿易は関連づけられていた。特に地中海では、海賊が労働の主要な供給源であった。ところが、いまでは海賊が奴隷貿易を妨げていただけでなく、一つの決定的な局面が到来していた。スペイン継承戦争の終結は、イギリスの商人に豊かで輝かしい戦利品をもたらした。アシエント獲得のおかげで、商人たちは、南海会社を通じて年間四八〇〇人の奴隷をスペイン領アメリカへ輸送する法的権利を与えられ、さらに違法にではあるが、もっと多くの奴隷を輸送することもできた。アフリカ奴隷貿易への規制は一七一二年に最終的に撤廃されるが、その時点ですでに、王立アフリカ会社は、奴隷の大部分をアメリカ植民地へ供給し始めていた自由商人との競争に敗れていた。こうした状況ともあいまって、アシエントが与える刺激は、イギリスの貿易商および国家にとって、奴隷貿易の重要性が劇的に増すことを意味した(37)。

この新しい貿易が栄えていくために、いまや海賊の根絶が不可欠となった。これは、「ギニア海岸と貿易をおこなうロンドンの商人各位」に捧げる著作、『ギニア諸地域と奴隷貿易にかんする新たな報告』を上梓した際に、ウィリアム・スネルグレイヴが指摘した論点であった。彼は、同書を三つの部分に分け、「最近起こったダホメ王によるウィダー王国征服の歴史」、奴隷貿易の取引慣行と統計の報告、さらに「著者が海賊の捕虜となった時の体験」とその際の危難にかんする説明を読者に提供した。ところが、一七三四年にスネルグレイヴが自著を刊行した頃には、海賊は、絞首刑と海軍による哨戒活動強化の前に敗北し、死滅しつつあった。もっとも、時にそこかしこで反乱や海賊行為が散発しては、痙攣する遺体がさらしものにされるのではあるが。イギリスは、海賊撲滅の直後にアフリカ西海岸に対する支配を強化した。ジェイムズ・A・ローリが書いているように、「一七三〇年代のあいだにイギリスは、大西洋世界における最も主要な奴隷貿易国となり、その地位は一八〇七年まで変わることはなかった」。奴隷貿易で積み出された奴隷の数は、海賊の活動が最も盛んだった一七二〇、二一、二二年に最低の水準まで落ち込んだが、海賊撲滅直後には、一七二〇年の二万四七八〇人から二五年に四万七〇三〇人へと増え、二九年には四万九一三〇人でピークに達した。かりにカリブ海のプランテーション資本が、本国の商人資本と結んで第一世代の海賊——一六七〇年代のバッカニア——を打ち倒し、また、その船舶が反乱や謀反の温床となっていた東インド会社が一六九〇年代の海賊を討伐したのだとすれば、一八世紀初期の海賊を滅ぼしたのはアフリカ奴隷貿易資本であった。海賊は中間航路を荒らし回ってきたが、こうした所業がいつまでも許されるわけがなかった。一七二六年までに、海洋国家イギリスは、成長を続ける自らの大西洋システムから、資本蓄積にとっての大きな障害を取り除いたのである(38)。

絞首台の恐怖

ロバーツ一味や他の何百人という海賊の生命を奪った法廷および絞首台では、海賊のイメージと、軍事と司法による海賊撲滅作戦とが交差していた。第1章で見たように、また本書全体を通じても分かるように、海賊の処刑は重大な行事であり、最も大きな成功を収めたと鮮烈に記憶される海賊一味「ロバーツの一味」の処刑は、この上なく重要な出来事だった。他の場合とおなじく、海賊の絞首刑劇でも大勢の観客が集まり、公式の演説、しばしば熱のこもった説教、さらには死刑囚の辞世の言葉に耳を傾け、悪漢が絶命する瞬間や「ねじれた首」、「失禁して濡れたズボン」を目撃しようとした[39]。処刑される海賊は恐れ畏《かしこ》まるべきだとされており、ある聖職者は「恐怖と戦慄が彼を圧倒し、死神が近づいてくる恐ろしい足音が耳に入り、悲痛な苦悩のために押しつぶされる」はずだと説明している。死刑囚は、沈黙し、節度と哀れさを保ち、厳粛かつ真摯な姿勢をとりながら、悲しみと悔悟の念に圧倒されなければならなかった。処刑の舞台は、海賊が従順さを取り戻して、教会、家族、労働という規律化の諸制度を侵害したことを悔悟し、神、聖職者、家族、国、王権といったあらゆる権威の前にひれ伏す最後の機会を与えた。一部の海賊は帰順して、それまで自らの野蛮な犯罪行為によって傷つけてきた当の社会秩序に従った[40]。

しかしすでに見たように、多くの海賊は、こうした規則に屈服するのを拒んだ。一七二〇年に自らの処刑の舞台で総督を愚弄したヴァージニアの海賊たち、そして、一七二六年に船長たちに対する激しい怒りを表明したウィリアム・フライのような海賊たちを想起されたい。ポール・ロレイン師の記述によれば、一七一五年にロンドンで処刑に臨んだある海賊は、あらゆる説諭を拒絶して、この牧師を処刑台の「階段から蹴り落とそう」とした。この人物は、どうやら「悪魔の影響を払いのけることができるような分別、あるいは信仰心をまったく欠いていた。死が迫るにつれて彼も、もっと理性的かつ思慮深くなったのではと考える向きもあろう。ところが彼は、なおもその頑迷な性向と不信心で邪悪な気質を留めた。神の御言葉に耳を貸さず、また犯した罪についても告解をせず、悔悟の念を微塵も感じていなかった」。こうした海賊たちは、さまざまな権威に敵対して、社会秩序を攻撃し続けた[41]。改悛の情のない悪名高き者たちは、多くの場合鎖巻きにして吊されたが、それは、「将来同じような難破と破滅に陥らないよう」他の人々に警告を発する「標識、あるいは死をもたらす岩礁や砂州として役立てる」ためだった。欲望による支配や獰猛な気質の激発を許してきた無秩序な身体は、獣の死骸と同じように人目にさらされた。それは、象徴としての力を注入され、「海の満ち干のなかに」注意深く配置された[42]。

一七二六年にコットン・マザーは、こうした事情を以下のように要約してみせた。彼によれば、海賊は「ありとあらゆる罪で有罪」だった。彼らの忌むべき生きざまは、「あらゆる社会的な徳を追い払っていた」。教会、家族、労働が持つ規律化の作用を逃れた海賊たちは、知恵と理性を欠き、狂気、憤激、怒気、泥酔や淫欲に取り憑かれ、野獣のごとく振る舞う輩として、また戦略上重要な遠洋の海域、とりわけアフリカ西部沿岸に多くの無秩序の種をまき散らす者として非難された。あらゆる人間的な特質をはぎ取られた海賊は、いまや死をもってしか飼い慣らすことのできない、野蛮な自然の一部であった。法務官によれば、海賊は、「君主による庇護、国民としての特権および法の恩恵を求めることはできない。彼らは、共通の人間性や自然権を一切享受できない」のである。別の人物は、海賊は「国をもたず、自らの罪のせいで追放の身となり、法に基づいたあらゆる社会の恩恵を拒絶した」と付け加えた。海賊の敵対者たちは、ゆっくりと、しかし徹底的に海賊を社会秩序から切り離し、あらゆる個人、財産所有者、植民地、帝国、国王、イギリス国民、万国民、さらには人類全体にとっての敵であることを示した。かくして、海賊は「犬畜生のように吊され」、その遺体は、誰もが財産と秩序にかんする教訓を学べるよう、衆目にさらされたのであった[43]。

はたして絞首刑は有効に作用したのだろうか。確実な判断を下すことはできないが、西インド諸島に駐在したエドワード・ヴァーノン提督は、間違いなくそれは有効だと考えた。一七二〇年に彼は、「絞首台の恐怖は、そのような無頼の徒のあいだに、主への畏怖をもってしてもなしえない効果を発揮するであろう」と書いた。五か月後、彼は、ジャマイカにおける三名の海賊の絞首刑が「すでに船乗りたちの行状に大きな変化を生んでいて、彼らは非常に礼儀正しくなっている。それ以降彼らのあいだでは、かつて日常茶飯事だった騒擾が一件も発生していない」と付言した。さらに一か月後には、「こうした刑罰は、この地に目覚ましい改善をもたらしている」と主張した。しかしその一方で、こうした刑罰はさらなる暴力を呼び起こし、恐怖をめぐる弁証法を強めることにもなった。海賊が次々と絞首刑にされ、「勘定」に出る者が死にさらされる確率が増えるにつれて、海賊たちは互いの、つまりは「仲間全員」の結束を強化することでこれに対抗した。しかも、彼らは笑いながら、そうしたのである(44)。

第8章　「死をものともせず」

捕虜が語る物語

本書の終盤たる本章は、大破壊《アポカリプス》の物語、より詳しくいえば海賊の捕虜となった者たちが語る二つの物語から始めることにしよう。一つ目の物語は、ロンドンを出港したサミュエル号という名の「富の運搬船」を指揮し、またおそらくその所有者でもあったサミュエル・ケアリが、『ボストン・ニューズレター』紙の編集者に、当事者としての体験談を提供した。彼の船は八〇〇〇～九〇〇〇ポンド相当の価値を持つ積荷を運んでいたのだが、一七二〇年七月一三日にニューファンドランドの沖合で、ブラック・バート・ロバーツの一味によって拿捕されたというものである。二つ目の物語は、リチャード・ホーキンズ船長が語る「アメリカの海賊についての報告」であり、『グレートブリテン政治事情』という雑誌に掲載された。一七二四年三月二二日に、カリブ海のリーワード諸島でフランシス・スプリグズの海賊一味によって拿捕された時の体験を詳細に語る内容だった。ホーキンズの積荷（中央アメリカ産のログウッド）はケアリの積荷ほどの価値はなかったが、物語の方はケアリのそれと同じくらい劇的であった。

ケアリは、海賊たちがまるで「復讐の女神たち」のごとく積荷を次々と切り裂き、欲しいものを奪い、

図8-1　死体をさらすためのジベット
処刑された海賊の死体は，しばしば金属製のケージ（ジベット）に入れて吊るされ，さらしものにされた（バルセロナ海事博物館）。

余り物は海に投棄していくのを、意気消沈しながら眺めるしかなかった。海賊たちは、その間もたえず脅迫、痛罵《つうば》、呪詛《じゅそ》、冒瀆の言葉を叫び続けていた。彼らは「狂気と憤激」に支配されていた。ケアリは、さらにのちほど、彼らが次のように呼号するのを耳にした。「キッドやブラディッシュの海賊一味のように、絞首台で処刑され、日干しにされるために、テムズ川の希望の岬《ホープ・ポイント》に向かうなんてまっぴらご免だぜ。俺たちじゃあ歯が立たない優勢な権力や武力によって攻撃されたなら、すぐにでも船の火薬に銃をぶっ放して、一蓮托生で陽気に地獄へ行くだけのことさ」。ここで彼らが示しているのはユーモアの精神、過去の歴史についての知識、そして大破壊への衝動だった。「希望の岬」というのは、テムズ河岸のワッピングにあった海賊処刑場を意味する、彼ら独自の言葉遊びだった。過去数世紀のあいだその場所で、海賊たちが絞首刑にされ、あるいは溺死させられてきた。海賊ウィリアム・キッドとジョゼフ・ブラディッシュは、一七〇一年にその場所で絞首刑となり、彼らの遺体は金属製のケージに入れられ、他の者たちへの見せしめとしてさらされた。このため、ロバーツとその一味は、むざむざと処刑劇――そしてテロリズム的な宣伝効果――を許すことでイギリス国家を喜ばせるくらいなら、自らを木っ端微塵に吹き飛ばすと誓い合ったのである[1]。

ホーキンズは、スプリグズとその仲間の捕虜となっていたあいだ、そしてまたその後も、「精神の極度の混乱と不安」を味わった。海賊たちは、彼の船に乗り移ると、欲しいものは何でも掠奪した。「彼らは、気に入らないすべてのものを船の外へ投げ捨てた」。それから海賊たちは、食べ、酒を飲み、乱痴気騒ぎをし、さらに「悪さこそが彼らの唯一の悦び」だったので、余興として深夜の火炎ショーを満喫することにした。彼らがホーキンズの船に火を放つと、「四〇～五〇分もしないうちに船全体が炎に包まれて海に沈んでいった」。さらにホーキンズが言うには、「彼らは捕縛されることなど一切考えていなかった。そのかわりに、きわめて不吉な冒瀆の言葉を吐きながら、もしも武力で圧倒された場合には、不名誉にも海賊旗を引きずり下ろされ、あるいは犬畜生のように絞首刑にされるくらいなら、ただちに自分たちの船を木っ端微塵に吹っ飛ばしてやると誓っていた」。ロバーツの海賊一味と同じように、彼らは、たとえそれが死を意味するとしても、自らの運命は自分たちで決めると誓っていた。(2)

図8-2　絞首刑に処されたキャプテン・キッド
『海賊自身の書』より。

大破壊への衝動

こうした言明は、一七一六～二六年の海賊のあいだでは、必ずしも異例なことではなかった。実際、多くの海賊船員は、「捕らえられるくらいなら木っ端微塵に吹っ飛ばしてやる」と、互いに誓い合った。海賊は二人一組となって、友誼と親愛を表す私的な儀礼として、このような誓いを交わしたのである。彼らは、「拳銃をつかみ、それを傍らにおくと、互いに厳粛な誓いをおこなった。なみなみと注がれた酒を酌みかわしながら、もしも最終的に脱出の見込みがなくなって捕縛されるのが確実となったなら、裁判と絞首台を避けるために、向きあって相手を射殺することを誓った」。ジョン・ガウとその海賊仲間たちも、木っ端微塵となることを誓い合った――「ともに生きてきたのと同じように、一緒に死のう」。チャールズ・ハリス船長とその仲間は、「捕まる前に自分たちのスループ船を木っ端微塵に吹っ飛ばすために、樽一杯の火薬を常備していた」。ブラック・バート・ロバーツは、いつも乾杯を捧げ痛飲する海賊仲間の中心にいたが「ロバーツ自身は、酒よりも紅茶を好んだ」、彼お気に入りの乾杯の言葉は「生きて絞首台で吊されるような輩には呪いあれ」だった。いたるところに死が待ちかまえる船乗りの文化の出自であり、かつ財産保護をさだめる海事法を侵害しようとした咎で絞首台の脅威とも向かいあう海賊たちは、自己破壊的な衝動を抱えていたのである(3)。

こうした言葉は、虚勢などではなかった。ロバーツの海賊仲間の何人かは、サミュエル・ケアリに語ったことを実際に意図しており、じきにそれを証明することになる。前章で記したとおり、彼らは、軍艦スワロー号と遭遇すると、熾烈な戦闘に突入した。日頃の乾杯の言葉に違わず、ロバーツは絞首刑になるために生き延びることはなかった。交戦中も仲間とともに主甲板に踏みとどまった彼は、ぶどう弾が「喉を直撃した」時、死亡した。海賊仲間たちは、彼がずっと求めていたことを直ちに実行した。彼らは、まだ武器を持ったままのロバーツの死体を、海に向かって投げ落としたのである。こうして指揮官を失い、船も重大な被害をうけて「あらゆる望みが消え失せ」、敗北が確実になった時、六名ほどの海賊が、「拳銃を発砲して火薬に火を付け、皆で一緒に笑って地獄に行こう」という仲間同士の約束を果たそうとした。彼らは、船尾にある弾薬庫内の火薬のまわりに集まり、ジョン・モリスが着火のためにそれに向けて発砲した。あいにく長い交戦のため火薬が枯渇しており、「その量があまりに少なかったので、結果として、弾薬庫を恐ろしい勢いで焼くにとどまった」。期待されたようにすべてを木っ端微塵に吹き飛ばすことはできなかったが、それでもモリスは仲間二名と心中することはできた。ロバーツの僚船レンジャー号でも、同じようなドラマが進行していた。ジェイムズ・フィリップスは、「皆もろとも地獄に行くのだ、と非常に冒瀆的な叫びをあげ」ながら、「火を灯したマッチ」とともに弾薬庫の方へ歩いていった（酒のためにいくらか千鳥足だったという）。彼および団結の誓いを履行しようとする何名かは、かつての誓いに急に魅力を感じなくなった他の仲間たちと小競り合いとなり、火薬への点火を妨げられた(4)。

この世代に属する他の多くの海賊一味も自らを吹き飛ばそうと試みており、少なくともこのうちの一つの海賊一味がそれに成功した。一七一八年一一月末、黒ひげとその海賊仲間たちが、ノースカロライナ沖合でロバート・メイナード大尉率いる海軍部隊と流血の白兵戦を繰り広げ、敗色濃厚となった時、シーザーという名の「大胆不敵な」黒人海賊が自分たちの船を爆破しようと試みたけれども、「この時そのスループ船で囚われの身だった二名の捕虜によって」阻止された。一七二三年の末頃に、チャールズ・ハリスによって指揮された海賊船が、フィリップ・ソルガード艦長指揮下の軍艦グレイハウンド号によって拿捕された時には、一人の海賊が、長らく仲間内での約束事だった大爆発を起こそうと、小さな火薬樽の方へ向かった。ソルガード艦長の報告によれば、「それを阻止された彼は、船首の方へと向かい、自らの銃で自分の頭を撃ち抜いた」。ジョゼフ・クーパーを船長とする別の海賊一味は、ある海軍軍艦との戦闘に敗れた。

勝利した軍艦の士官らが乗り移ろうと試みた時、クーパーと仲間たちは自らの船を爆破して自害した[5]。

一七一九年四月にトマス・コクリンの船、ライジング・サン号上で捕虜となっていた時、ウィリアム・スネルグレイヴ船長が慄然としながら気づいたように、海賊がこのように死を望むのは、捕獲されそうな瞬間に限った話ではなかった。スネルグレイヴによれば、ある日、氏名不詳の海賊が彼に、「お前は大いなる一発によって地獄行きになるのが怖いか」と尋ねた。スネルグレイヴは、何と言うべきかほとんど見当もつかなかった。この海賊が自らの願望――「いつか近いうちに、俺は一発の砲弾によって地獄行きとなるのだ」――を表明した時、彼はただそれに耳を傾けるしかなかった。スネルグレイヴは弱々しく、「それが私の運命でないことを望む」と答えた。しかし、それから遠からずして、その海賊船上で火の手があがった時には、自分の命運も尽きたと思われた。船にいた皆と同じように、彼も、その船の弾薬庫に数千ポンド分の火薬があることを知っていたからだ。彼は、すぐに「主甲板上で大きな叫び声があがる」のを耳にした。乗組員のなかの「古株で筋金入りのごろつきども」が火の近くに集まって、「地獄行きの雄々しき爆発よきたれ」という喝采の声をあげ始めたのだ。彼らのうちの何人かは酔っ払っていた。スネルグレイヴはもちろん、死に物狂いでその火を消そうとした「新入り海賊たち」にとっても大変恐ろしいことに、彼らはこのシュプレヒコールを「何度も繰り返した」。この海賊たちは、自らの相互破壊をもとめる喝采を、陽気に繰り返していたのである[6]。

それは、海賊たちを、ある特別な目的地へ導くように意図された大破壊だった。海賊たちは、自分たちは地獄への途上にあるのだと明言することで、品位を重んじる敬虔な人々が彼らについて倦むことなく主張した論点――彼らはみな地獄へと向かう悪魔なのだということ――を肯定したのだ。たとえば、捕虜となったフィリップ・アシュトンは、ネッド・ロウの海賊一味を、「最も鮮明な地獄絵を示す」「肉体をもった悪魔ども」と呼んだ。裁判官と聖職者は、決まり切ったように、海賊は「悪魔にそそのかされて」いると主張した。こうした主張を是認した海賊たちは、キリスト教の価値観を転倒させ、思い思いのやり方で、一般社会が悪魔と理解する存在へと自らを作り上げた。その際にも彼らは、痛烈なユーモア精神を発揮した。

海の無法者たちは、魔王《ルシフェル》、つまり最も反逆的な天使を奉じた。たとえば、黒ひげは、意識的にサタンとしての自己イメージを開拓した。その黒く長い髪と髭をおさげへと編み込み、さらに戦利品となる船を拿捕した時、不気味な赤い輝きを放つよう、顔の周りに火花を発する飾りつけをしていたのである。ウィリアム・ベルが、カロライナ沿岸で背が高くて威嚇的なこの海賊に遭遇し、お前は一体何者か、どこから来たのかと尋ねたところ、黒ひげは次のように答えた。「俺は地獄からきた。いまから、お前をそこへ連れて行ってやろう」。ウィリアム・フライは、「地獄のすべての悪魔がやってきて」、捕らえられた船もろとも自分を「連れ去ってくれるよう望む」と言って、ピューリタン牧師であるコットン・マザーとベンジャミン・コールマンを愚弄した。別の海賊は、ある

図8-3 エドワード・ティーチ，またの名を黒ひげ

キャプテン・チャールズ・ジョンソン『最も有名な追い剝ぎ，殺人者，路上強盗らの生涯と冒険の歴史』（1734年，ロンドン刊）より。

図8-4　ノースカロライナ州オクラコーク島
黒ひげをはじめ，多くの海賊がこの島を隠れ処として利用した。1718年，黒ひげは，この浜辺に近い洋上で殺害された。

船長が所有する書物を海に投げ捨てる際に、そうした書物が不和を生み、「一蓮托生で地獄へ向かおうという航海を妨げる者が出てくるかもしれない」からだ、とスネルグレイヴに説明した。ジョン・フィリップス船長は、戦利品の見込みを吟味したうえで、「俺は地獄へ航行するに十分なだけの獲物が欲しいのだ」と、ある目撃者に語った[7]。

キャプテン・チャールズ・ジョンソンは、鎖で一緒に縛られた二名の海賊が処刑場へ向かう途中でかわした会話を描写した時、こうした心性を浮き彫りにした。このうち年長の海賊トマス・サットンは、必死になって神に祈りを捧げる若い海賊を罵倒し、「そんな大声で祈って、一体どうしようというんだ」と詰問した。「その相方は、天国へ行きたいのだと答えた」。サットンは仰天した。「サットンは、天国だと、馬鹿野郎、お前は海賊がそこへ行った、などという与太話を聞いたことがあるのかと質した」。そして、そんな海賊は皆無だ、「俺は地獄に行くぜ。そこは天国よりも陽気な場所だ。地獄に入港する時には、ロバーツに一三発の礼砲を放つのさ」と述べた。自分の言葉が何の効果も持たないことが明らかになると、サットンは、護送兵に「この男を追い払うか、奴がもつ祈禱書を取り上げてくれ、はなはだ耳障りだ」と要求した[8]。海賊のなかには、社会秩序と同じように、宗教秩序も上下逆転させる者がいた。地獄は天国よりも陽気な場所であり、海賊は浮かれ騒ぎを愛したのである。

本章では、死に満ちた世界から発せられたこれらのスローガンに耳を傾け、利用することで、死、大破壊《アポカリプス》、地獄、自爆という相互に関連した諸テーマ、つまりは、生と死という本質的な諸問題、そして一八世紀初期にこの貧しくて雑多な船乗りたちにとってそれらが何を意味したのかを探究したい。根本的に言えば、一八世紀初期の海賊行為とは、社会的に組織された死に対する、生存のための闘いであった。海賊が矛盾、皮肉、そしてユーモアが入り交じるかたちで死を奉じていたということは、この論点への恰好の入り口になると考えられる。

海賊たちの死と生

海賊自身、死が遍在することを強調し、法廷、請願書、さらには反乱行動において、その点を繰り返し主張した。アバディーン出身のウィリアム・スコットという名の男は、スティード・ボネットの海賊船員だったが、一七一八年にサウスカロライナのチャールストンで海賊行為の咎により裁判にかけられた時、簡潔かつ控えめな自己弁護をした。「俺はただ死なないようにしただけだ」と。海賊スティーヴン・スミスは、自らの海賊行為に対する恩赦を求めて国王役人に手紙を書いた際、「今や生き延びるために海賊行為に乗り出さざるをえなかったが、それはまったく自分の本意ではなかった」と述べた。一七一九年に、至る所に死が待ちかまえる船に乗り組み、反乱と海賊への転向を企てたロバート・スパークスは、「悲惨な生き方をするくらいなら死んだほうがましだ」と船員仲間たちに説いた。ウィリアム・メシングがこれに同意し、「まったくだ、そんな生き方をするより、絞首刑になるほうがましだ」と付け加えた。ジョージ・ラウザは、一七二一年に王立アフリカ会社所有の船で反乱に成功すると、すべての船乗りたちの意見を以下のように代弁した。「餓死したり奴隷扱いされるのはまっぴらごめんだ」。エドワード・コンデントとともにインド洋を航海した男たちは、「十分な戦利品を得たので、生きているうちは再び海に出る必要などない」と説明した。多くの者にとって海賊行為とは、死の落とし穴を脱しようとする試み、矛盾しているが命を賭けた死に物狂いの選択肢であった(9)。

すでに見たように、彼らは、たとえ短期間にすぎないにせよ、活力ある生を見出した——そして、それを満喫した。ウォルター・ケネディが主張したように、海賊たちは、「自ら選択する権利」——自分たちが望む通りに、船とその小規模な社会を組織する自治権——を手にすると、彼らが近世大西洋世界の商船、軍艦、さらに私掠船において経験したよりも、望ましい社会を作り上げた。彼らは、それまでの厳格な規律を改め、「船長と、乗組員の過半数が適切だと考える懲罰」に依拠した、より開放的で自由至上主義的な船の運営方式を生み出した。慢性的に劣悪だった従来の糧食は騒然とした絶えざる宴会へ、搾取的な賃金関係は集団的なリスク分散へ、そして負傷や早死には積極的な健康管理と保障へと姿を変えた。彼らによる上級船員の民主主義的な選出過程は、商船や海軍におけるほとんど独裁的な指揮系統とは好対照をなしていた。集団主義、反権威主義、平等主義という下層階級的あるいは下級船員的な価値観に立脚した海賊たちは、すでに弁証法的に生み出されていながら、船上での疎外された労働と生という通常の過程では抑圧されてきた性向を、独自の社会秩序を通じて現実のものにした。こうした活力ある生命のしるしは、死の暗い影のもとで花開いた。かりに一般の船乗りの生命の危険がきわめて大きかったにせよ、戦闘、監獄、あるいは絞首台で海賊を取り巻いた危険は、それよりずっと不気味に迫りくるものだからである。海賊たちは、こうした陰鬱な現実を直視しながら笑っていた。

海賊の裁判劇

ロンドンから五〇〇〇マイル隔たったキューバ南西沿岸の沖合にある無人島でのこと、レッド・マングローヴの木々のただなかに立つ、とある海賊の一団は、生、死、正義、そしてイギリスの司法制度について想いをめぐらせていた。時は一七二二年。トマス・アンスティス船長と行動をともにするこの海賊たちは、自ら「置き去りの暮らし」と呼ぶものを送るために、その孤島へと引きこもっていた。彼らは、数多く犯してきた海賊行為に対して国王ジョージ二世から恩赦を与えられることを望み、実際にそのために国王に宛てて請願書をしたためた。そこで彼らは、ジャマイカのある貿易商を介して返答が届くのを待つあいだ、その島に身を潜めることにした。亀を食料とし、可能な限りの気晴らしに興じて暮らした。彼らは、船乗りが海上で長くて退屈な時間をすごす時にいつもおこなうのと同じことをした。つまり、踊り、歌い、語らい、さらに劇を演じたのである(10)。

彼らのお気に入りの劇の一つは、「海賊の咎で互いに審理し合う模擬裁判」だった。彼らは配役表を作り、役を割り振った。ある海賊は裁判を審理する裁判官、別の者は告発をおこなう法務長官として選ばれ、さらに他の者たちが法廷の役人・吏員をつとめ、あるいは陪審を構成、最後に数名が被告人役となった。衣裳、小道具、さらに舞台セットは間に合わせで用意された。黒の法服がなかったので、裁判官役は、「黒ずんだ防水帆布を肩からまとった」。また鬘《かつら》もないので、スラム帽をかぶった。「鼻のうえに大きな眼鏡」をかけ、すべてを見おろす場所から裁判を指揮できるよう、木の高い位置に座った。その下のあたりを慌た

図8-5 トマス・アンスティス一味が演じる模擬裁判
キャプテン・チャールズ・ジョンソン『最も悪名高い海賊の掠奪と殺人の歴史』（1724年，ロンドン刊）より。

だしく駆け回るのは、「彼に付きしたがう大勢の法廷役人たち」であり、彼らは、「廷吏の職杖などの代わりに」、船具である「金梃や梃棒などを」おどけながら利用した。間もなくして、おそらく鎖で拘束されながら、「罪人たちが連行されてくる」のだが、彼らはこの野外法廷への入廷に際し、「苦虫を嚙みつぶしたような渋面をつくった」。法務長官役が「彼らに対する告発弁論を開始した」。彼の弁舌は、この劇の他の演者たちと同じように「非常にぶっきらぼう」で、訴訟手順全体が「まことに簡潔」なものであった。彼らは、明らかに何度となくその劇を演じており、「ある日は罪人役の者が、別の日には裁判官役」という具合に、配役を変えていった[11]。

この裁判劇の情報は、カリブ海域から、ロンドンにいるキャプテン・チャールズ・ジョンソンへと伝えられた。彼は、一七二四年に第一巻を上梓する『最も悪名高い海賊の掠奪と殺人の歴史』に、その話を取り入れた。彼は、「私はこうした愉快な裁判劇の一つにかんする説明を入手し、それが大いに気晴らしになると思われたので、読者諸兄にその要約を供することにした」と書いている。ジョンソンがその話を文書あるいは口頭いずれのメディアを通じて入手したのかは不明だが、実際にその孤島に滞在し、その後の難破と捕縛を逃れて、一七二三年一〇月にひそかにイギリスに戻ってきたアンスティス海賊一味の一員が詳述した物語、として伝えられた可能性がきわめて高い。ジョンソン自身、この海賊一味の船員二名と面識があることを認めており、「私は彼らの名前を明かすことは控えたい、というのも現在、彼らが」ロンドンで、「まっとうな仕事に就いていると承知しているからだ」と説明している。信頼の置ける記録者として広く認知されているジョンソンは、そのような裁判が本当に演じられていたと主張している。「これは、私が伝えられたままの裁判劇のありようである。私がその話をここで披露したのは、この海賊たちが、本来その恐ろしさや畏怖の念で震え上がるべき事柄を、いかに茶化して面白がっているか伝えたいがためである」。この点こそがこの模擬裁判を、我々にとってきわめて貴重なものにしている。海賊は自らの死と向き合いながら笑うことができた、という事実を示すものだからである。

劇が始まり、開廷となる。

〈法務長官〉　裁判長閣下、ならびに陪審員諸兄、ここに引っ立てられておりますのは、どうしようもない奴、箸にも棒にもかからぬ不埒者であります。私は、この者が直ちに絞首刑とされるよう命じられんことを、裁判長閣下に謹んでお願いするものであります。この被告人は、公海上にて海賊行為を犯してまいりました。閣下の御前のこの者は、数えきれぬほど多くの嵐を脱しただけでなく、船が難破した際には陸地に泳ぎ着いて、しぶとく命拾いしております。この事実は、この者が溺死する運命にないことの確実な証拠であります。また、絞首刑になることなど一切お構いなしに、男、女、さらに子どもから掠奪し、船内をくまなく探し回っては積荷を奪い、用済みとなれば船やボートに火を放って海に沈めるという悪行を、まるで悪魔に取り憑かれているかのように続けてきたのであります。閣下、それだけではありません。この者は、これらすべてよりも重大な悪行を犯しております。と申しますのは、よくお聞きいただきたいのですが、この者は弱いビールしか嗜まないのです。そして閣下もご承知の通り、しらふの輩はならず者と相場が決まっております。閣下、私は、本来ならもっと洗練された弁舌を振るうべきではありますが、ご存知のように、我々は目下ラム酒を切らしておりますれば、酒を一滴も飲むことなく、どうして法律について優れた弁舌を振るえましょう。それでも私は、閣下がこの者に絞首刑を宣告してくださることをお願いする所存であります。

〈裁判長〉 おい、私の言うことをよく聞け、そこの惨めで情けない、みすぼらしい奴。ただちに縛り首にされ、案山子《かかし》のように日干しにされるべきではないという言い分があるなら、述べるが良い。お前は有罪か、それとも無罪か。

〈被告〉 閣下、私は無罪であります。

〈裁判長〉 何、無罪だと。おい、もう一回申してみよ。何の審理もなしにお前を縛り首にするぞ。

〈被告〉 閣下、何とぞお聞きください。私は一介のまっとうな船乗りにすぎません。これまでずっと、船首から船尾まで行き来しては帆をたたみ、縮め、操り、またロープの両端を素早く結んでは、海を渡って生きてまいりました。ところが閣下、私は、ジョージ・ブラッドリーなる者（その名の人物こそが裁判長役なのだが）、すなわち悪名高い海賊にして、いまだ絞首刑にされていない極悪非道のならず者によって捕らえられ、むりやり仲間にされたのです。

〈裁判長〉 おいこら、きちんと答えよ。お前は一体どのような裁きを受けようというのだ。

〈被告〉 神と我が祖国による裁きであります。

〈裁判長〉　何という大それた奴。陪審員諸兄、もう裁決へと進むべき頃合いだと思われるが、いかがかな。
〈法務長官〉　仰る通りであります、閣下。このままこの者がしゃべるに任せておけば、無罪となりかねず、そうなれば本法廷にとっての恥辱となりましょう。
〈被告〉　お願いいたします閣下、どうか熟慮のほどを。
〈裁判長〉　熟慮だと。お前は、どうすれば大胆不敵にも熟慮せよなどと口にできるのだ。馬鹿者め、いいかよく聞け、私は、これまでの人生で一度も熟慮したことはないぞ。私は、熟慮とやらを大逆罪にしてやるつもりだ。
〈被告〉　どうか後生であります閣下、私の弁明にお耳をお貸しください。
〈裁判長〉　悪党のくだらぬ無駄話に耳を貸せとぬかすか。我々は、そのような申し開きとは一切かかわり合いを持たぬ。はっきりと分からせてやるぞ、この悪漢め。我々は、くだらぬ弁明につきあうためにここに座っておるのではない。我々は法に従って行動しているのだ。ところで、食事の用意はできているか。
〈法務長官〉　はい、閣下。
〈裁判長〉　では、被告であるならず者よ、よく聞け。おいこら、私の言うことをしっかりと聞くのだ。お前は三つの理由から処刑されるべきだ。第一に、私が裁判官をつとめる以上は、誰も絞首にしない、というわけにはいかぬ。第二に、お前は絞首刑向きの呪われた顔つきをしておるので、処刑されるべきだ。第三に、私は腹が減っておるので、お前は絞首刑にされねばならぬ。いいか、結審前に裁判官の食事が用意できた時には、いつでも被告を絞首刑とするのが慣わしとなっておる。これこそが、お前のようなやくざ者に対する法なのだ。看守よ、こやつを連れて行け。

場面は、この後、間違いなく浮かれ騒ぎへと姿を変えるのだが、もちろんそれこそが、絞首台のユーモアの核心をなした。この海賊たちは、自分自身の死を想像し、そのなかに喜劇を見出していた。あるいは別の言い方をすれば、死に直面しながらも、生命が持つ創造的なしぶとさを発揮した。彼らは、抽象的な問題をあれこれ考えたりはしなかった。海賊に対する見せしめ裁判は、一七一七年以来ますます頻繁におこなわれており、一七二二年までには、海賊旗を掲げて航海した数多くの者が、すでに「あの世送り」となっていた。彼らの朽ちゆく遺体が、大西洋に面した多くの港の入り口を飾っていた。アンスティス一味の誰かが、そうした早い時期の裁判に出廷していたのか、あるいは実際に起訴されたのかは不明だが、少なくともこれらの裁判の物語が広く流布したことは分かっている。またそれに加えて、船乗りとしての海賊たちは、賃金、脱走、海難救助、あるいは反乱をめぐる係争において、被告あるいは証人として、すでに法廷を経験していたことだろう。いずれにせよこの海賊たちは、自分が何をパロディの標的にしたいのかを十二分に承知していた。何にもまして彼らの標的とされたのは、イギリスの司法制度、すなわち裁判官、法務官、法それ自体であり、またそれらが代表する階級制度であった。しかし海賊は、他者、つまり酒を飲まぬ者、神、国民、さらには自分自身に対しても、多少のユーモアを含む冒瀆的な言葉を浴びせていた。

この演劇の主要な目的は、自由の具現にして守り手でもある、イギリスが誇る司法制度の正体を暴くこと、さらには諷刺することにあった。海賊たちは、それが死をまき散らす制度であることを明らかにした。

劇中の短い対話のなかで、一〇回ほど絞首刑への言及がなされている。ここでの本質的な階級関係は、傲慢かつ仰々しい裁判長と、海賊行為の罪で起訴された貧しくてまっとうな船乗りとのあいだに見られる。裁判長は、審理をまったく省いてしまえるほど大きな権力を握り、弁明に一切耳を貸さない横柄さ、正当な理由なしに絞首刑を宣告する独断ぶり、さらには他者の生命よりも次の食事を優先するという貪欲さを示している。法務長官が、「仰る通りであります、閣下。このままこの者がしゃべるに任せておけば、無罪となりかねず、そうなれば本法廷にとっての恥辱となりましょう」と述べたように、哀れな海賊は、弁明の機会を一切奪われる。したがって、絞首刑は既定の結論であり、不条理かつ俗悪な階級的偏見の産物であった。裁判長は、厳かな調子で唱える。「私が裁判官をつとめる以上は、誰も絞首にしない、というわけにはいかぬ」と。それこそが司法制度の目的であるので、「看守よ、こやつを連れて行け」という結末になる。役割があべこべになり、世界は逆さまになった。いまや裁判長こそが犯罪者なのである。

この演者たちは、「弱いビール」しか飲まず、そのために海賊社会のなかで大きな疑念を持たれる者、つまりは酒を飲まない、厳格かつ品行方正なタイプの人物をも笑い物にしている。彼らは、「絞首となる定めの者は溺死を恐れる必要なし」という、階級的な宿命にかんする民衆のことわざを巧みに利用している。彼らは、信仰心と愛国心が正しい裁きをもたらすと考えているらしい海賊を嘲笑している。この劇中人物は、愚かな期待をかけて、「神と我が祖国による」裁きを求めている。海賊たちは、この嘆願者を笑い物にし、彼のことを「箸にも棒にもかからぬ不埒者」とさげすんでいる。しかしそれだけでなく、彼らは、いつの日か自分が裁きの場に立たされた時どうすべきなのか承知していたことも示している。彼らは、この哀れな被告人が劇中でそうしたのと同じ振る舞いを順々にすることだろう。つまり、「むりやり仲間にされた」と主張するのである。ジョージ・ブラッドリーが「私をむりやり仲間にしたのです」。そしていずれにしても、彼らの大半は縛り首となるであろう。

実際、そのとおりになった。かの孤島に滞在していた多くの海賊は、自身の最期を正確に予期していたことになる。隻腕《せきわん》の指導者ジョン・フェンを含む、アンスティスの海賊船員六名が、一七二三年五月にアンティグアで絞首刑となった。キュラソーでは同年同月に、人数は不明だがおそらく一〇人ほどの海賊が処刑された。翌月にはバミューダで、さらに二名が「ただちに絞首刑」にされた。どうやらこのうちの一人が、かのジョージ・ブラッドリー、つまりは海賊によるこの寸劇で無情な裁判長を演じ、死刑を宣告して、間違いなく仲間たちの爆笑をさそった人物だった。はたして彼は、一七二三年六月にバミューダの絞首台にのぼった時、この寸劇を思い出し、そこから勇気を引き出したのだろうか。彼は、船乗りたちへの警告として、自分の遺体が港で鎖巻きにして吊されることを承知していただろう。最後には「案山子のように日干しにされる」と、知っていたことだろう(12)。

海賊のユーモア

海賊たちは、自らの生死にかんする事柄でユーモア精神を発揮するのに、本物の法廷さえも利用した。一七一八年にチャールストンの法廷で、海賊行為の罪により死刑宣告を受けることになるジョブ・ベイリーは、サウスカロライナの法務長官から、彼やその海賊仲間たちは、なぜウィリアム・レット大佐や彼らの討伐のために政府が差し向けた艦艇と戦ったのかを問われた。ベイリーが、「我々がそれを海賊だと考えた」ためだと返答した時、おそらく法廷にいた人々のあいだで大爆笑が起こったことだろう。裁判長は、これを面白がることなく、「絶対確実にくたばる」まで絞首すべしと命じた。[13]

ジョン・ウォールデンも、ユーモアの感覚をそなえた海賊だった。彼は、ブラック・バート・ロバーツとともに航海し、仲間たちからは「乳母どの《ミス・ナニー》」——「皮肉なことに、彼の苛烈な気質からそのあだ名がつけられた」——と呼ばれていた。一七二二年に、この海賊一味が西アフリカ沿岸の沖合で一隻の船を拿捕し、仲間たちが錨を揚げ始めたその時、ウォールデンは即座に錨綱を切断して、「いまいましい熱さのなか、わざわざ抜錨で」苦労する必要がどこにあるのかと質した。それから、拿捕された商船の船長の方に顔を向けると、「ロンドンにはもっと多くの錨があるわけだし、どっちみちお前のこの船は焼き払われる定めだ」と説明した。「大胆かつ果敢な」ウォールデンは、彼やその仲間が捕らえられることになる戦闘で、運悪く砲撃のために片足を失った。彼は、自分が絞首刑となることを承知していたが、裁判のあいだも「ひるむことはなく」、法廷の尋問に返答したり自己弁護をおこなったりするよりも、むしろ義足を休ませることに意を用いた。裁判長に、かりに今回の軍艦が容易に拿捕されうる商船だったなら、はたしてお前はどうしていただろうと尋ねられた時、ウォールデンは「その時に自分がどうしたかは分からねえなあ」、と挑戦的なユーモアをもって応じた。彼は、五一名の他の海賊たちと一緒に絞首刑にされた。[14]

イギリス政府、そしてあらゆる国の政府に対して海賊がとった冒瀆的、扇動教唆的かつ喜劇的な態度を最も良く示してくれると思われる事例は、おそらく、一七二一年にボストン出身のある船長の船を拿捕した、フィリップ・ラインとかなり粗野な乗組員たちによるものである。この海賊たちは、その船の掠奪をおこなうなかで政府公式書類の写し、つまり海軍本部委員たちが関与する通信書類を見つけた。彼らは、ただちにこれらの書類を有効利用した。その紙を使って「海賊たちは自分の尻をふき」、さらに侮辱的な

ことに、「自分たちは海の覇者だ」と付け加えたのである。(15)

海賊たちは、政府だけでなく、市場や商業社会の慣行もからかいの対象にした。たとえば、一七二一年六月にジョージ・ラウザ船長とその乗組員たちによって演じられた別のタイプのドラマが、このことを具体的に示してくれる。彼らは、エスパニョーラ島西端部の沖合で一隻のフランス船と遭遇した際、ただちに海賊旗、短剣、拳銃をしまい、さらに大勢の海賊を船内に引っ込ませて、自らの正体を隠した。要するに、本物の商船の姿を装うために、可能な限りの手を打ったのである。その正体(および武器)を隠した海賊たちは、商船での慣例に従って、挨拶と友誼を交わし、最新情報の交換および商取引をおこなうべく、一団をフランス船に送り込んだ。商人のように着飾ったジョン・マッシーが先陣を切った。彼は、フランス船の甲板をあちこち歩き回り、ブランデー、ワイン、インド産の木綿更紗布やその他の積荷を物色していった。彼は、「次から次へと商品の価格を質問しては、ほとんどの積荷に値をつけていった」。マッシーは、このように船の積荷を調べあげたうえで必要な品物を定めると、フランス人船長を振り返り、彼の耳元で「秘密をささやいた」。「俺たちは、代金なしでこのすべてを頂戴するぜ」と。何も疑わずにいたフランス人船長は呆然としたはずだが、おそらく先の取引条件を強要するために、他の海賊たちが銃を構えた瞬間、「すぐにマッシーの意図を悟った」。哀れな船長は、「不本意ながらもこの取引に応じた」。たぶん腹を抱えて大笑いしながらだが、海賊たちは三〇樽のブランデー、五つの大樽のワイン、織物や「その他の貴重な品々」を持ち去っていった。船長が不当に扱われたと考えてか、ラウザは送別の礼を示した。「フランス船の船長に対し、彼の礼儀正しい振る舞いを認めて、寛大にも五ポンドを返還した」のである。このようなユーモアは、商人や船長にとっては残酷なものだったが、権力を握るこれらの人々によってたびたび虐待された経験をもつ海賊たちにとっては、滑稽味のある報復の瞬間であった[16]。

ほぼすべての海賊が追及の手を逃れて、自らの戦利品と生命を守ることができた、というのが歴史家たちの一般通念となってひさしい[17]。このような理解は、なるほどイギリス、フランス、オランダが、スペインに対する海賊の攻撃を支持もしくは許容していた一六世紀と一七世紀については、正しいかもしれない。ところが、絞首刑にされた海賊の数が飛び抜けて多くなった、本書で検討している時期については当てはまらない。

イングランドにおける国王の慈悲と恩赦が決まって死刑宣告の減刑、特に(一七一八年の流刑法制定以降)何らかの有期強制労働への減刑をもたらしたこの時期にあって、海賊の場合はほとんど減刑が認められず、大勢の者が、しかもかなり高い割合で絞首刑にされた[18]。一七一六〜二六年に少なくとも四一八名もの海賊が処刑されているが、処刑された者の実数は、おそらくこの一・三倍から一・五倍ほどだったはずである。この見積もりが意味するのは、およそ一〇人につき一人の海賊が絞首台上で最期を迎えたということであり、この比率は、他のどの死刑囚グループよりも高く、また大半の歴史家が長らく考えてきたよりも圧倒的に大きな数字である。戦闘中や投獄中に死んだか、自殺、疾病、あるいは事故によって亡くなった何百という海賊を付け加えれば、少なくとも四人に一人が死亡ないし殺害されたと思われるのだが、もしかするとそれは、二人に一人という高い割合だったかもしれない。つまり、早死にが海賊の一般的な運命であった。きわめて明確なことだが、海賊はロマンティックな職業などではなかった。

コットン・マザーは、「大半の者は、自らの邪悪な歩みから更正することなど考えもしないようだ」と書いた。アンティグア総督ウォルター・ハミルトンは、多くの海賊が「海賊稼業に殉ずる覚悟を固めているらしく、また実際にも彼らの運命はそうなる可能性が高い」と理解した。キャプテン・チャールズ・ジョンソンの説明によれば、たいていの海賊は、どのような富を掠奪していようと、その恩恵を十分享受するにはあまりに短命であった。この時期、船乗りたちは、ほとんどどの港町に入港しても、国家による海賊根絶の作戦行動を目の当たりにしたであろう。かつて黒い旗の下に航海した海賊たちの遺体が目立つ場所に鎖で吊され、カラスがその朽ちた肉片やむきだしの白い骨をついばんでいたからだ(19)。

髑髏《どくろ》の旗の下に

死の遍在、大破壊への衝動、反正統的な信念、絞首台についてのユーモア、そしてさらに海賊の意識と文化のなかでこれらの要素が中心的位置を占めていたという事実は、彼らのシンボル表現、とりわけ、この時期のみならず他の時期においても最も有名な海賊の標章であったオールド・ロジャーあるいはジョリー・ロジャーと呼ばれた海賊旗のうちに、はっきりと見てとれる。ここで強調されるべきは、一八世紀初期の船乗りの世界で旗が持っていた意味である。フラッグ、カラー、スタンダード、ジャック、ペナント、エンサインにバナーといった目も眩むほど多様な旗の数々、特に国家や帝国への帰属を表す旗は、あらゆる種類の船舶にとって最も重要なコミュニケーション手段であった。きわめて根本的なことだが、これらの旗は、とてつもなく不確実な海洋世界において、財産権や主権の帰属を諸国民のあいだで表示するものだった。

海賊たちは、こうした実情に伴うナショナリズムの論理に対し、二重の挑戦を突きつけていた。まず第一に、「国境なき無法者」として自己形成することによって(すでに示したように、あらゆる国の船乗りが入り交じって構成された）、第二に、メーンマストにどのような旗が掲げられているかにお構いなく、標的の船を攻撃し、万国民とその積荷を等しく餌食にすることによってである。有能な海賊船なら、あらゆる国の旗を備えてそれを利用することで、狙いをつけた獲物、さらには自分たちを追跡しようとするかもしれない軍艦さえも欺くことができた。しかし、一八世紀初期に初めてそれをおこなった時のように、独自の旗を作った場合、海賊たちは新たな宣言を発したのである。つまり、圧倒的な権力を握るこの時期のすべての国民国家と暴力的に対決するなかで、海賊たちは、大胆かつ自主的に組織された、財産を持たない何千という無法者の連帯を象徴するものとして旗を利用しようとした。髑髏と交差した二本の骨を描いた旗を掲げることにより、彼らは「万国の民からなる国境なき悪漢」と名乗ったのである。

第4章で手短に論じたように、仲間集団で海賊旗を作ってこれを皆で承認することは、海賊船での儀礼と密接に結びつけられていた。反乱を経て海賊一味を結成する局面や、あるいは人員過剰の船で乗組員を分け、新たな海賊船を編成する局面で、乗組員たちは会議に集まった。それは、自分たちの船長を選出し、掟を作り、さらに浮かれ騒ぎや、祝宴、食事や飲酒、大砲の発射のいずれの最中でも、仲間および海賊旗に忠実であることを誓い合うための集まりだった。ある海賊一味は、「（自分たちの海賊旗について）その下で生き、その下で死のうと語るのが常だった」が、本章の冒頭で見たように、他の多くの集団も同じ考えだった。フランシス・スプリグズとその乗組員たちのように、彼らは、海賊旗を引きずり下ろされるという不名誉を絶対に甘受しないと誓っていた。武力で圧倒され捕らわれた者たちは、当局の手に渡るのを阻止するために、自分たちの旗を海へ投げ捨てようと試みた[20]。

同時代の記述は、海賊旗がどの船でもよく似たものだったことを示している。いくつか実例をあげてみよう。一七一六年に（チャールズ・マーテルを船長とする）リベンジ号に乗り組んだ海賊たちは、「船首旗《ジャック》、船旗《エンサイン》、三角旗《ペンダント》を掲げていて、［船旗には］片手に剣を持った男が描かれ、またその前方には死神の髑髏および二本の骨とともに、砂時計が配置されていた。船首旗と三角旗では、髑髏と二本の骨のみだった」。一七二四年のボストンで、ジョン・フィリップス船長と一緒に航海した海賊たちを絞首刑にする際、当局者たちは、絞首台の片方の端に「彼らの黒い旗」を掲げたが、その旗の「中央には骸骨が配置され、さらに一方の隅には心臓を射ぬく矢があって、そこから血がしたたり落ちている。もう一方の隅には目にするのも不吉な砂時計が描かれている」。すでに紹介したリチャード・ホーキンズ船長は、一七二四年に、スプリグズの一味が「ジョリー・ロジャー（というのも、彼らは黒の船旗をそのように呼んでいたのだが、旗の中央に描かれた大きな白い骸骨は、片手に握る矢で心臓を突き刺して血を流させ、もう一方の手には砂時計を持っている）を高く掲げていた」と書いている(21)。

海賊旗が持つ第一の象徴的意味は、分かりやすいものだった。海賊は、そのシンボルの数々――死、暴力、そして限られた時間を意味した――を用いて、獲物を恐怖で震え上がらせ、時間的猶予は認められないのですみやかに降伏すべきであり、さもなければ残酷な死が待っているぞと、商船にはっきり伝えようとした。ここで意図されていたのは、攻撃対象となった船の乗組員をおびえさせ、自分たちの船を守ろうという意欲を失わせることだった。一七二一年に反乱を起こして乗り組んでいた船を制圧し、西アフリカの「沿岸を下る航海に乗り出した」五人の男たちは「海賊旗を作った」が、「彼らは、その旗は五〇人以上の軍勢に引けをとらない、つまりそれに相当する恐怖をもたらすだろうと陽気に語った」。海賊の捕虜となった経験を語る多くの商船の船長も裏書きするように（第1章を参照）、海賊は、自分たちが語る海賊旗について、それがいかなるものであるのかを知り尽くしていた。船乗りたちは、もしも海賊相手に抵抗したあげく、力でねじ伏せられれば、自分たち乗組員――さらに他の船乗りたち――への教訓として、おそらく拷問にかけられ殺害されるだろうと理解していた。素性も目的も不明のまま商船に接近してきた船が、メーンマストに海賊旗を掲げた時、それは血の気が引く、誰もが理解する恐怖の瞬間となった。

海賊旗には、この時期の船乗りの生と死を説明してくれる、第二の系統の意味もあった。その黒い旗に描かれた選りすぐりのあらゆるシンボルは、大半の海賊の出身母体であるキリスト教諸文化に起源を持っていた。たとえ（絞首台での説教で聖職者たちが絶えず指摘したように）船乗りも海賊もまったく不信心であったとしても、彼らは、こうした宗教的なシンボルをもてあそんだ。それらが持つ効果を利用し、それを操作・反転させ、さらに船員としての自らの経験から引き出した新たな意味を与えた。かりに海賊旗が掠奪者としての海賊を象徴したとすれば、それは同時に、かつ雄弁に、次に餌食になるのは自分自身だという海賊特有の意識を示していた。

海賊たちは、そうしたシンボルを自ら考案したわけではなかった。いずれもが、一七世紀末および一八世紀初期の墓石芸術でごく普通に見られるものだった。髑髏、交差する二本の骨、骸骨、砂時計、矢、そして旗の色である黒は、キリスト教的世

図8-6　髑髏と翼を表現した墓石（マサチューセッツ州セイラム）

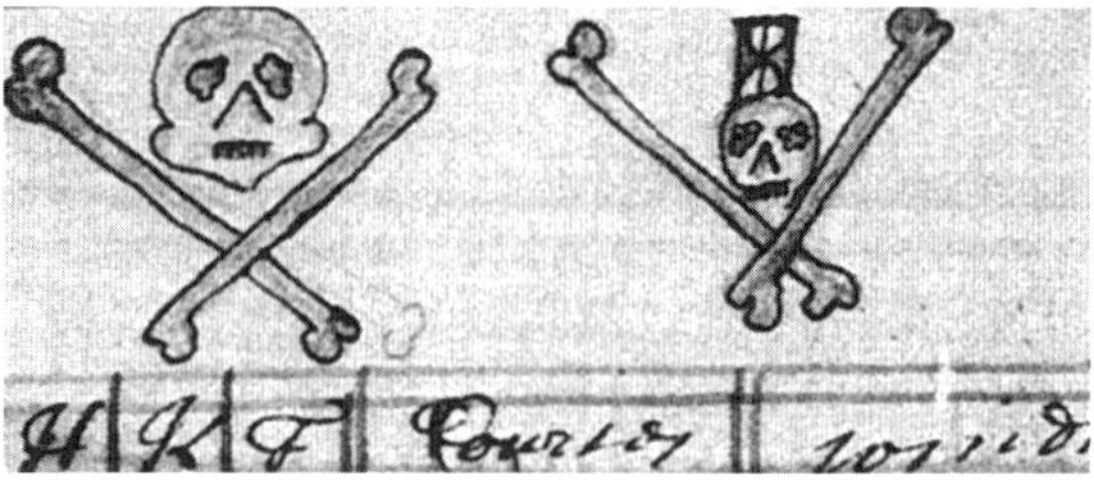

図8-7　ジェイコブ・ベヴァン船長の航海日誌に描かれた髑髏
ジェイコブ・ベヴァン「セント・ジャゴへの航海」。大英図書館蔵(Sloane MS 854, f. 166.)。

界観においては、死すべき運命、生のはかなさ、すみやかに過ぎ去る時間を示していた。異教の図像表現からキリスト教のそれへ取り込まれたと思われる髑髏は、絶対的な力を持つ「死の王」、つまり「死神」あるいは「時の翁」を表象していて、剣（あるいはもっと一般的には大鎌）や砂時計と一緒に描かれた[22]。

海賊たちは、こうした宗教的なシンボルに独自の冒瀆的な意味合いを与えた。それを巧妙におこなう一つの方法として、死者の魂を天国へ運ぶものとして慣例的に描かれてきた翼が、髑髏から削除された。すでに見たように、海賊は、天国とはまったく異なる目的地へと向かっており、悪魔を暗示する表現で自分たちの旗を満たし、その旗をジョリー・ロジャーと呼ぶだけでなく、悪魔の通俗的な呼称を用いてオールド・ロジャーとも呼んだ。海賊旗に描かれた髑髏ないし骸骨は、その当時の代表的な意味の一つからすれば、悪魔自身を表現していた。したがって、ジョリー・ロジャーとは陽気な悪魔のことだが、それ以上の含意もあった。一八世紀に都市の暗黒社会で用いられた決まり文句の一つとして、「ロジャー」は「男の竿」（ペニス）を、また「ロジャー」を動詞として用いれば「性交する」ことを指した。それゆえジョリー・ロジャーは、ご機嫌な男根でもあったのだ。生が影のように死につきまとった。生の本能《エロス》が、それと対をなす死の本能《タナトス》に付きそっていた。海賊たちは、恐怖と不安を、つまりは死そのものを嘲笑っていたのである。[23]

船乗りにとって、髑髏には特別な意味があった。というのも船長は、「死亡者を記録するために航海日誌の欄外に付ける記号」として髑髏を用いたからである。[24]船長の航海日誌に記された髑髏と交差した二本の骨は、海で死んだ直後に古い帆布にくるまれて船の外へ投げ落とされ、「大海原を泳ぐ魚たちの餌」となった下級船員の、数少ない永続的な標《しるべ》の一つだった。「骸骨」も、同じような社会的意味を帯びていた。この時期、それは「『皮と骨』だけにやつれた生き物」、消耗ないし衰弱した人間、「歩く骨格」、「生気を失い干からびた」存在を意味しており、すでに見たようにそれこそは、決まって「生活必需品」の支給を認められなかった多くの船乗りが、自らを投影した姿に他ならなかった。海賊に転じた船乗りたちは、残忍ですらある過酷な規律と不十分な食料、そしてそれゆえ、多くは防げたはずの死に日常的に直面する船上の管理体制を生き残ったのであり、だからこそ死、暴力、さらに時間のはかなさを表すシンボルを海賊旗に描いた。このようにして、きわめて過酷な管理体制を脱した一般船員たちは、「死の王」のシンボルを旗に用いることで、皮肉とユーモアを利かせながら、この特別な出来事を記憶に刻んだのである。[25]

死に臨む海賊たち

この海賊たちは、生前、死に行く途中、さらに死後においても、品行方正な同時代の人々に次のように語りかけた。お前たちが何を――暴力、破壊、悪魔、死を――恐れるにせよ、我々がそれを具現している。我々はそれを奉じている。我々はお前たちとは異なる存在だ。我々は、お前たちにとっての悪夢なのだ。お前たちが、我々を邪悪な存在に仕立て上げたのであり、我々は、お前たちに対して公然とその邪悪さを突きつけてやるのだ、と。海賊の文化は、きわめて不敬かつ冒瀆的なものだった。海賊のあらゆる行動は、彼らがヨーロッパ社会のほぼすべての側面から疎外されていたことを反映していた。私掠船員を自称していた先行世代の海賊――実際、海賊と名乗るや直ちに死刑が科されることを恐れていたため、彼らは海賊とは言えなかった――とは異なり、一八世紀初期の海賊たちは、その通りだ、我々は犯罪者、つまり海賊であり、その名にふさわしい存在だと宣言していた。一七一八年に絞首台にのぼった二人の海賊は、「海賊暮らしこそは、気骨ある男の唯一の生きざまだ」、と叫んだ。別の一人は、「命あるうちは陽気に暮らそうぜ」と唱えた。「短くも陽気な人生」、というのが彼らのモットーの一つだった。(26)

海賊たちは、ユーモアをもって以上のようなことを口にしたが、怒りを込めて発言してもいた。一七一八年に絞首刑となる際、悔悛を求められたある海賊は、次のように応答した。「俺は心底悔いているさ。俺が悔いているのは、もっと多くの極悪非道を働かなかったこと、俺たちを捕らえた連中の喉笛をかき切ってやれなかったことだ。それに、(当局者たちに向かって)俺たちと同じように、お前らを吊してやれなかったことがきわめて心残りだ」、と。絞首台上で彼と並んで立った別の海賊は、「俺も同じだ」と呼号した。三人目も「俺もそうだ」と叫んだ。彼らは、「その他にはいかなる最期の言葉も発することなく、全員が縛り首となった」。注目すべきは、この事例で三名の海賊が最後に望んだのが、立場の交換、つまりこの恐ろしい場面を主宰する植民地支配階級のメンバーを処刑し、自分たちは救われたいということではなく、むしろすべてを巻き込んだ圧倒的な破壊だったという点である。一部の海賊は、乗船するすべての者もろとも、船を海の底に沈めることを望んでいたようである。(27)

しかしながら、海賊行為が持つ最も根源的な意味は、一七二二年二月、イギリス海軍が西アフリカ沿岸でブラック・バート・ロバーツ一味の二隻の船を捕らえた際に明らかとなった。この拿捕の直前、乗組員たちは、成功するには至らなかったが、船を爆破して「一蓮托生で陽気に地獄へ行こう」とした。絞首台送りを覚悟し、かつ海賊旗を守ろうとした、一方の船の海賊たちは、「裁判において掲げられたりしないよう」、あるいは絞首刑の場で「彼らに対する勝利を示すものとして利用されることがないように海へ」旗を投げ捨てた。もう一方の船の海賊たちは、海賊旗を船の外へ投げ捨てるのに失敗した。その旗は、軍艦スワロー号の海軍士官たちによって押収され、最後は、かの悪名高き奴隷貿易商館、ケープコースト城塞に設置された絞首台上に掲げられて、人目を引くことになった。それから一か月後、ロバーツ一味の五二人がその絞首台上で最期を迎えた。この特別な旗には「骸骨の姿があり、また一人の男が、片手に炎をあげる剣を握って描写されていたが、それは死をものともしないということを示していた」(28)。死をものともせず、これこそが海賊旗の意味するところであり、またおそらくは海賊行為が意味するすべてであった。

終章　血と黄金

最終局面において、戦いは野蛮なものへと転化した。海軍の艦長と処刑人たちは次々に海賊を殺し、残った海賊はいっそう怒りに溢れ、自暴自棄に、さらに暴力的で残虐になった。本書の冒頭で示した恐怖をめぐる弁証法は、大量殺戮でその頂点に達したのである。一八世紀初頭における海賊史の第三段階、すなわち最終段階では、一七二二年のケープコースト城塞においてバーソロミュー・ロバーツの一味が敗北し、大量に首を吊られる場面から始まり、二六年までに海洋における掠奪行為がほぼ一掃されたところで終わる。海賊の黄金時代は血に染められたのである(1)。

「正義の分配者」を自任したバーソロミュー・ロバーツが、一七一八年から二二年までの時期における代表的な人物だとしたら、ロバーツとは異なった意味で、続く時期を代表したのが海賊ネッド・ロウ船長である。おそらくロバーツの後、どの海賊の指揮官よりも多くの船を拿捕したのが彼であろう。ロウはロンドンを出航する商船の船乗りとして働き、ボストンでは艤装労働者、ホンジュラスではログウッド伐採労働者となった。一七二一年末、彼は小規模な船において反乱を率い、その後の四年間、恐怖政治をおこなった。一七二四年三月、アンティグア総督ジョン・ハートは、ロウとその陰惨な行為を通商拓殖委員会への書簡のなかで克明に描いている。まず彼が記したのはロウ一味の孤立ぶりであるが、それは彼の行動を理解するために重要な要素となる。「私は、およそ五〇人の海賊を乗せたロウという人物が指揮する船のほかには、海賊について聞いたことがありません」。さらにハートは、最近、ロウの部下たちの一部がハンフリー・オーム艦長の率いる軍艦ウィンチェルシー号に捕まり、アンティグアに連行され、絞首刑にされたことを報告した。ハートは以下のように続けた。ロウのクォーターマスター、ニコラス・ルイスは、

図９－１　モイドール金貨の入ったバッグを切り落とすポルトガル船の船長
『海賊自身の書』より。

ロウの残虐さと血に飢えた性格にかんして、この上なく恐ろしい証言――とりわけ約一二か月前に、ホンジュラス湾で彼が四五人ものスペイン人を冷酷に殺したこと――をおこないました。また、その少し前には、ブラジルから本国に帰るポルトガル船を拿捕したと言います。その船の船長は一万一〇〇〇枚のモイドール金貨をバッグに入れ、船室の窓から吊るし、先のロウに捕まるとすぐにロープを切って、海に落としました。それを見たロウは、その船長の唇を切り取り、彼の鼻先でそれを焼き、その後、三二人いた船員全員を殺したそうです。

通商拓殖委員会のみなさま方は、ロウがカトリックのスペインやポルトガルに敵愾心を燃やす愛国的またプロテスタント的情熱から行動しているとは絶対にお考えにならないでしょう、と書くハートは、次の言葉を付け加えた。「ロウは、その残虐さによって、イギリス臣民にすら悪名がとどろいているのです」。彼は「これまで海には横行したことがない巨大な怪物」で、「生死にかかわらずロウを連行した者に十分な報酬を与える」という特別な宣言を出すべきであります、と結論づけた(2)。

特別宣言は必要ないことがわかった。というのも、ロウの船員たちが彼に対して決起したからである。ハートが書簡をしたためていたころ、フランシス・スプリグズと他の者たちが、「捕まえた者たちに対してロウがおこなった残虐行為のために」ロウのもとを去った。しかし、何人かは彼のもとに留まり、航海し、各地で暴虐を働いた。それでもついには彼らも反乱を起こし、食糧も載せないままに、ロウとその取り巻きをボートに詰め込んで海に放逐し、大海原に彼らの命運を委ねた。確かに、このロウは海賊時代の最後の局面を代表する人物である。だが、彼は決して以前より大規模な暴力行為に手を染めた唯一の船長ではなかった。実際、最も凶暴な海賊船の船長はいずれも最終局面に登場する。フィリ

図9-2　ハリケーンの中のネッド・ロウ
キャプテン・チャールズ・ジョンソン『最も有名な追い剥ぎ，殺人者，路上強盗らの生涯と冒険の歴史』（1734年，ロンドン刊）より。

図9-3　自船の船長を殺害するガウ
『海賊自身の書』より。

ップ・ロシュ、ジョン・フィリップス、ジョン・ガウ、ウィリアム・フライ、彼らはみな反乱の渦中で自船の船長を殺している（ガウとフライは他の士官も殺した）。そしてこの連中の上に立つのが（下と言った方がいいかもしれない）、フィリップ・ラインである。彼は海賊の凶暴さを、そのむごたらしさの極限まで押し進めた人物であった。彼は絞首台で、三七人の船長（彼ははっきりと死者数を記憶していた）とその部下の数多くの船員——おそらくあえて捕囚に抵抗しようとした者たちであろう——を殺したことを自慢した。海賊の暴力とそれに対抗する当局の暴力が激しさを増すと、黒い旗の下で航海しようとする船乗りの数は減少し、そのことがまた、船乗りを強制的に彼らの船に乗せようと、海賊たちを駆り立てる原因となった。この種の強制が海賊船における反乱の原因となることもしばしばあった（フィリップスとフライのケースである）。反乱の後には、海賊たちは捕まり、処刑される。一七二五年と二六年、イギリスの役人がガウ、フライ、ライン、そしてロウ（彼はフランス人に捕まった）を絞首刑にする間、海賊駆除の戦役は、予想通り血なまぐさい結末を迎えた。海賊は、怪物として、野獣として、そして「人類共通の敵」として告発されたので

ある。(3)

しかしながら、ここまで見てきたように、この権力側の公式見解と並んで、海賊に対してもう一つのまったく異なった見方が海賊の生きた時代から存在し、我々の時代にも継承されている。この異なる見方を初めて明確に表現したのは、海賊がいまだ外洋で掠奪をおこなっていた一七二四年に第一巻が出版された、キャプテン・チャールズ・ジョンソンの書『最も悪名高い海賊の掠奪と殺人の歴史』であった。ジョンソンによれば、海賊は単に人類共通の敵ではないし、いわんや獲物を狙う獣や怪物ではない。むしろ「海の英雄であり、暴君や強欲な輩を懲らしめ、勇敢に自由を守る者」なのである。またジョンソンは斜に構えた言葉を使って表現しているものの、言わんとしていることははっきりしている。すなわち彼と多くの同時代人が、正にこの見方を共有していたのである。「海のロビン・フッド」ヘンリー・エイヴリーについて、ジョンソンは、人々が「彼の偉大さにかんする作り話」を語っていると書いている。コットン・マザーは民間に流布しているそのイメージの存在を、それと闘いつつ、認めた。マザーは海賊と追剝ぎは「怪物であるが、我々は英雄の称号を使って彼らを称えている」と怒りを込めて説教した。民衆の心のなかでは、海賊は「人類共通の敵」ではなく、人類の解放者なのである。このイメージは、法の上では犯罪者とされても、人々がそうみなすわけではないことを証明している。(4)

海賊は、屈辱的な死を迎えた場合でも伝説の素材となりえた。しかも、死を迎えてすぐにである。ウォルター・ケネディは一七一八年、彼が若い頃に聞いたヘンリー・エイヴリーの話に影響されて海賊に転身した。恐るべき黒ひげことエドワード・ティーチをめぐる伝承は無数にあるが、黒ひげが装った悪党のイメージは、彼が一八世紀初頭の人々の生活に息づく気晴らしにおいて果たすべき役割を、十分に理解していたことを示している。若かりし頃のベンジャミン・フランクリンは、黒ひげにかんする詩を書き、出版し、ボストンの通りで売り歩いた。それは、かの並外れた人物が激しい接近戦で命を落とし、イギリスの軍艦パール号がその頭部を船首に掲げてノースカロライナからヴァージニアに帰港したという出来事が起こってほどなくしてからであった。またバーソロミュー・ロバーツが「ダマスク織の緋色のチョッキとズボンを身にまとい、帽子は赤い羽根で飾り、首にはダイアモンドでできた十字架を付けた金のネックレスを巻いて」自分の船の甲板をぶらつく姿は、颯爽としてさぞ目立ったことであろう。彼は当時の人々の会話においても目立つ存在であった。とある無名の海賊は、捕囚に抵抗する男への説明の際、「言っているだろ。お前はあの二隻の船、かの有名なキャプテン・ロバーツが率いる船が見えないのか」と述べた。西インドのウォルター・ハミルトン将軍さえ、「偉大な海賊ロバーツ」に言及している。ロバーツは、全植民地を壊滅の脅威にさらしつつ、数多くの軍艦と交戦して敗北に追いやっているとして、はるかかなたまで噂が届いていたのである。「ブラック・バート」のバラッドは、ロバーツの故郷ウェールズで書かれ、歌われた。そしてもちろん、これは始まりにすぎない。子ども向けであれ、大人向けであれ、その後の海賊にかんする空想文学全体が後に続いたのであり、空想映画もしかりである。(5)

偶然かもしれないが、「怪物としての海賊」と「英雄としての海賊」という二つの理解は、海賊の存在そのものとほぼ同じくらい古く、古代ギリシア、ローマ時代に端を発し、現在まで続いている。古代史家フィリップ・デ・ソウザが示したように、古代ギリシアにおける海賊のイメージは——たとえば、偉大な詩人ホメロスの文章にあるように——英雄的行為が強調され、否定的な意味合いは比較的少ない。このイメージはローマ人の台頭とともに急激に変化した。彼らは帝国建設の野心の一部として、海へと支配権を及ぼそうとしており、海賊を描写するのに「人類共通の敵」という用語を発達させ、法規範のなかに特別な地位を与えた。この言葉こそ、およそ二〇〇〇年後にニコラス・トロット他の判事が使ったものである。こうして「海賊」という用語は、海洋世界において、おおよそ「野蛮人」――すなわち、ローマ人の敵となる人を指す――の同義語としての働きをするなど、古代から非常にイデオロギー的に特殊な意味を背負わされてきた。彼らが実際にはどんな人物であろうと、何をやっていようと、海賊は、帝国の社会秩序に真っ向から対立する、同情の余地のない犯罪者の地位をあてがわれたのである(6)。

海賊はこの見方を共有しなかった。そのことは、捕らえられてアレクサンダー大王の前に連行された古代の海賊によって、簡潔かつユーモアのある言葉で表明されている。大王は彼に「我々に敵対して海を占拠して、いったい何の意味があるのだ」と尋ねた。その海賊は「ふてぶてしいプライド」とともに次のように答えた。「全地上を支配して、いったい何の意味があるのでしょう。私が小さな船で掠奪をおこなうと泥棒と呼ばれますが、大きな船でおこなうあなたは皇帝と呼ばれます」。『神の国』にこの逸話を収録したアウグスティヌスは、この答えを「十分にして正しい返答」と考えた。この答えも、その後何世紀もの間、繰り返されていくであろう。実際、政府や企業を率いる「大きな海賊」の実態を白日の下にさらし、嘲笑うために、小さな海賊を利用する言い回しが発達した。一七二〇年代後半、劇作家ジョン・ゲイは『乞食オペラ』や『ポリー』でこの手法を使い、ロバート・ウォルポールと腐敗した彼の取り巻き連中を攻撃した。キャプテン・ジョンソンもこの戦術を使った人物の例に漏れない。海賊たちの主義に対する彼の描写は、イギリス政府の醜く、堕落したそれとは、非常にはっきりとした対照をなしている。まるで現実に鈍感な人にあえて教えてあげているかのように、政府の役人と軍の士官は、一七一九年に黒ひげに対して、一二二年にはロバーツに対して海軍の水兵が勇敢な攻撃を仕掛けて勝利した後、彼らに帰するはずの賞金をだまし取ったのである！(7)

海賊の黄金時代のありようについて考えるには、光り輝いている欲望の対象、すなわち貴金属について想像してみるとよい。それは、辛く、貧しい生活を送る者に、人生の一発逆転を約束する。海賊は黄金を欲し、時には手に入れた。だが、彼らは黄金を地に埋めて貯め込むことはしなかった。海賊が上陸する時、「彼らが最初に考えたことは、酒場を見つけ、荷物に抱えた黄金で憩いを得ることであった」。彼らは、あらゆる種類の満足は、先延ばしして後から得ることができるものだとは信じなかった。死をもたらすと彼らが考えたさまざまな力に抗いながら、海賊はよりよい生活を欲した。彼らが欲したよりよい生活が連想させるのは黄金時代のもう一つの意味である。すべての人が一つの島で自由に、平等に、調和して、また豊かに暮らしたとされる古代ギリシアのクロノス神話が想起できるだろう。海賊の奮闘は、その神話の一部を現実へと変えた。たとえそれが、ほんのわずかな時間でしかなかったとしても。(8)

確かに海賊は、同時代の支配者との衝突には敗れた。だがその後も引き続いた言葉の争いにおいて、決定的な勝利を収めたのである。彼らは「民衆の想像力」という幸福な船を捕まえ、三〇〇年を経た後においても手放す気配はない。彼らはあえて一般と異なる生活を夢想し、果敢にそれを実現しようと試みた。ただし彼らは同時代の矛盾を解決することはできなかった。むしろ実際に彼らの一部が手を染めたのは残虐な行為であった。彼らは拷問し、殺人を犯し、大量殺戮をおこなった。こうした行為のほとんどは戦争の産物であった。すなわち全世界に対して宣戦布告した彼らの戦争、さらに船長、商人、政府役人に対する宣戦布告なき階級闘争である。ただしその一部は、怒って抑制のきかない男たちがおこなう理不尽な蛮行であった。

我々は暴力に魅了される。だが、血は黄金の輝きに陰りをもたらす。我々が海賊を愛する理由のほとんどは、彼らが反逆者であるからだ。彼らは何らかの形で階級、人種、ジェンダー、国民の既成概念に挑戦する。彼らは貧しく、貧弱な生活環境に暮らすが、高い理想を掲げていた。商船の船長に搾取され、しばしば酷使された彼らは、賃金制度を廃棄し、異なった規律を打ち立て、独自の民主主義と平等を実践し、遠洋船を動かすための代替モデルを提示した。その影にはいつも死神が付きまとっていたが、彼らは死神のシンボルを盗み、面と向かって死神を笑い飛ばした。海賊は同時代の高い地位にいる人々や強い人々に対峙し、その行為によって全世界を敵に回した悪党となった。彼らはその役割を好んでいた。もっとも「短くも陽気な人生」は残酷な矛盾も内包した。海賊が喜び溢れ、自律的な生を打ち立て、謳歌すればするほど、権力が彼らを倒そうとする決意も大きくなる。傍若無人で、反抗的な生を送る無法者たち。我々は反抗すべき権力者や抑圧的な状況が存在する限り、彼らのことを想起するであろう。(9)

註

第1章

（1） Abel Boyer, ed., *The Political State of Great Britain*, 60 vols. (London, 1711-40), 28: 272-273; Cotton Mather, *The Vial Poured Out upon the Sea: A Remarkable Relation of Certain Pirates* ... (Boston, 1726), 47-48, reprinted in *Pillars of Salt: An Anthology of Early American Criminal Narratives*, ed. Daniel E. Williams (Madison, Wis.: Madison House, 1993), 110-117. Captain Charles Johnson, *A General History of the Pyrates*, ed. Manuel Schonhorn (London, 1724, 1728; reprint, Columbia, S.C.: University of South Carolina Press, 1972), 606-613（以後、*History of Pyrates* と略記）も参照（チャールズ・ジョンソン〔朝比奈一郎訳〕『海賊列伝――歴史を駆け抜けた海の冒険者たち』上下、中央公論新社、二〇一二年。以後、『最も悪名高い海賊の掠奪と殺人の歴史』と表記）。なお本書では、原則として、原典中の文章にはかぎ括弧を付している。

（2） Cotton Mather, *The Tryals of Sixteen Persons for Piracy & c.* (Boston, 1726), 14. マザー牧師は、絞首台にのぼった他の海賊たちについて次のように記している。「これらの海賊たちは今、皆が伝道師となった。かつては神のしもべが説いて聞かせようとしても、まったく聞く耳を持たなかった彼らが、今、同じことを説いているのだ」(Cotton Mather, *Instructions to the Living, From the Condition of the Dead: A Brief Relation of Remarkables in the Shipwreck of above One Hundred Pirates* [Boston, 1717], 40)。

（3） Boyer, ed., *Political State*, 33: 272-273. マザーはまた、フライの脅し文句についても記している。「彼は船長たちに向かって、かつて自分が抵抗したように、部下たちにつけ込まれないためにも、部下を寛大に扱うよう忠告した」(Mather, *Vial Poured Out upon the Sea*, 47-48)。

（4） Mather, *Vial Poured Out upon the Sea*, 112. *Boston News-Letter*, July 7, 1726. 海賊を働いていた時は若く、酒飲みで、「愚かで、

無分別だった」とされたコンディックは、刑の執行が猶予された（Benjamin Colman, *It Is a Fearful Thing to Fall into the Hands of the Living God* 〔Boston, 1726〕, 37）。

（5） *History of Pyrates*, 606.

（6） Ibid., 606, 608.

（7） 以下の優れた論文を参照。Daniel E. Williams, "Puritans and Pirates: A Confrontation between Cotton Mather and William Fly in 1726," *Early American Literature* 22（1987）: 233-251.

（8） Colman, *It Is a Fearful Thing*, 39.「中流の暮らし向きの熟練工」ジェレマイア・バムステッドは自身の日記のなかで、フライが聖職者たちへの協力を拒んだ事実を記しており、「前例がないほど冷酷な事例」と結論づけている。Jeremiah Bumsted, "Diary of Jeremiah Bumsted of Boston, 1722-1727," *New England Historical and Genealogical Register* 15（1861）: 309-310.

（9） Mather, *Vial Poured Out upon the Sea*, 47, 21; Daniel A. Cohen, *Pillars of Salt, Monuments of Grace: New England Crime Literature and the Origins of American Popular Culture, 1674-1860*（New York: Oxford University Press, 1993）.

（10） Colman, *It Is a Fearful Thing*. ここではノーム・チョムスキーのコメントを参考にした。Noam Chomsky, "September 11th and Its Aftermath: Where Is the World Heading?" Public Lecture at the Music Academy, Chennai（Madras）, India, November 10, 2001（http://www.flonnet.com/fl1824/nc.htm）.

（11） アンチヒーローとしての海賊という考え方については、以下を参照。Hans Turley, *Rum, Sodomy, and the Lash: Piracy, Sexuality, and Masculine Identity*（New York: New York University Press, 1999）.

（12） 一七世紀・一八世紀・一九世紀初頭の移動労働者に対する幅広い見方については、以下を参照。Peter Linebaugh and Marcus Rediker, *The Many-Headed Hydra: Sailors, Slaves, Commoners, and the Hidden History of the Revolutionary Atlantic*（Boston: Beacon Press, 2000）.

（13） *Boston News-Letter*, May 21, 1716; Spotswood to Council of Trade and Plantations, July 3, 1716, Colonial Office Papers（CO）5/1364, Public Record Office, London; Examination of John Brown（1717）, in *Privateering and Piracy in the Colonial Period: Illustrative Documents*, ed. John Franklin Jameson（New York: Macmillan, 1923）, 294.

（14） *Boston News-Letter*, April 29, 1717; "Proceedings of the Court held on the Coast of Africa upon Trying of 100 Pirates taken by his Ma[jes]ties Ship Swallow"（1722）, High Court of Admiralty Papers（HCA）1/99, f. 10; *History of Pyrates*, 319; Peter

Earle, *The Pirate Wars* (London: Methuen, 2003), 195.

(15) *History of Pyrates*, 244, 285-286. Robert C. Ritchie, *Captain Kidd and the War against the Pirates* (Cambridge, Mass.: Harvard University Press, 1986), 232-237 も参照。ピーター・アールは、「海賊は平均余命の長い職業ではない」と指摘している（Earle, *Pirate Wars*, 206）。

(16) Cotton Mather, *Useful Remarks: An Essay upon Remarkables in the Way of Wicked Men: A Sermon on the Tragical End, unto which the Way of Twenty-Six Pirates Brought Them; At New Port on Rhode-Island, July 19, 1723* (New London, Conn., 1723), 31-44, quotation at 33.

(17) Archibald Hamilton to Secretary Stanhope, June 12, 1716, CO 137/12, f. 19; *History of Pyrates*, 286, 643, 660; Arthur L. Hayward, ed., *Lives of the Most Remarkable Criminals* (London, 1735; reprint, New York: Dodd, Mead, 1927), 3: 603.

(18) *History of Pyrates*, 624-659; "The Tryal and Condemnation of Ten Persons for Piracy at New Providence," CO 23/1 (1718), ff. 76, 81, 82; Woodes Rogers to Council of Trade and Plantations, October 31, 1718, CO 23/1, ff. 16-29.

(19) R. A. Brock, ed., *The Official Letters of Alexander Spotswood* (Virginia Historical Society, *Collections*, n. s., 2 [Richmond, 1882]), 2: 338.

(20) *History of Pyrates*, 285-286.

(21) *American Weekly Mercury*, March 17, 1720; Brock, ed., *Letters of Spotswood*, 2: 338; Mather, *Useful Remarks*, 20. Stanley Richards, *Black Bart* (Llandybie, Wales: Christopher Davies, 1966), 104 も参照。

(22) *Trials of Eight Persons Indited for Piracy* (Boston, 1718), 8-19; "Trial of Thomas Davis," October 28, 1717, in *Privateering and Piracy*, ed. Jameson, 308; *The Tryals of Major Stede Bonnet and Other Pirates* (London, 1719), 45.

(23) Governor Hamilton to the Council of Trade and Plantations, October 3, 1720, *Calendar of State Papers, Colonial Series, America and West Indies, 1574-1739*, CD-ROM, consultant editors Karen Ordahl Kupperman, John C. Appleby, and Mandy Banton (London: Routledge, published in association with the Public Record Office, 2000), item 251, vol. 32 (1720-21), 165（以後、*CSPC*）; H. R. McIlwaine, ed., *Executive Journals of the Council of Colonial Virginia* (Richmond, 1928), 3: 542; "News from Barbadoes, Antigua and Jamaica" (1721), *CSPC*, item 463 iii, vol. 32 (1720-21), 295. これらの復讐行為にかんするより包括的な分析は、本書第5章を参照。

（24） *History of Pyrates*, 26; Mather, *Useful Remarks*, 22. 『最も悪名高い海賊の掠奪と殺人の歴史』の著者キャプテン・チャールズ・ジョンソンは長らくダニエル・デフォーだと信じられてきた。この説を最初に唱えたのは文芸評論家のジョン・ロバート・ムーアで（John Robert Moore, *Defoe in the Pillory and Other Studies*〔Bloomington: Indiana University Press, 1939〕, 129-188）、以後、広く受け入れられたのである。しかしながら近年では、研究者たちはこの説に疑問を呈し始めている。P. N. Furbank and W. R. Owens, *Canonisation of Daniel Defoe*（New Haven: Yale University Press, 1988）, 100-121はムーア説に挑戦している。私自身は『最も悪名高い海賊の掠奪と殺人の歴史』に二五年以上、取り組んできて、ジョンソンが海事にかんして非常に深く、また細部にわたる知識を有しており、それはデフォーが持ちうる知識の範囲を越えているとの結論に達している。また同時に指摘しておくべきは、ジョンソンのこの本が、史実にかんして非常に信頼すべき情報源であると広く認識されている点である（ミッソン船長にまつわる架空の事柄を述べた章は例外である）。ジョンソンの記述の信頼性については以下を参照。Philip Gosse, *The History of Piracy*（New York: Tudor, 1932）, 182（フィリップ・ゴス〔朝比奈一郎訳〕『海賊の世界史』上下、中央公論新社、二〇一〇年）; Hugh F. Rankin, *The Golden Age of Piracy*（New York: Holt, Rinehart and Winston, 1969）, 161; Marcus Rediker, *Between the Devil and the Deep Blue Sea: Merchant Seamen, Pirates, and the Anglo-American Maritime World, 1700-1750*（Cambridge: Cambridge University Press, 1987）, 258; B. R. Burg, *Sodomy and the Perception of Evil: English Sea Rovers in the Seventeenth-Century Caribbean*（New York: New York University Press, 1983）, 196. また、『最も悪名高い海賊の掠奪と殺人の歴史』に寄せたションホーンの序文も参照（*History of Pyrates*, xxvii-xl）。

（25） Richards, *Black Bart*, 22.

（26） "Anonymous Paper Relating to the Sugar and Tobacco Trade"（1724）, CO 388/24, ff. 184-188; Minutes of the Vice-Admiralty Courts of Charleston, South Carolina（1718）, Manuscript Division, Library of Congress, f. 424; *History of Pyrates*, 323; *Boston News-Letter*, June 17, 1718.

（27） Deposition of Edward North（1718）, CO 37/10, f. 37; Deposition of Robert Leonard（1719）, CO 152/12, f. 485, CO 137/14; Boyer, ed., *Political State*, 21: 660.

（28） *Boston News-Letter*, August 15, 1720.

（29） Ibid., April 16, 1722; *American Weekly Mercury*, December 13, 1720; CO 23/1; H. C. Maxwell Lyte, ed., *Journal of the Commissioners for Trade and Plantations*（London, 1924）, 4: 321; Richards, *Black Bart*, 57; *American Weekly Mercury*, July 7,

1726; S. Charles Hill, "Episodes of Piracy in Eastern Waters," *Indian Antiquary* 49 (1920): 41; Information of Clement Downing (1722), HCA 1/55, f. 79; Further Information of Clement Downing (1722), HCA 1/55, f. 93; Earle, *Pirate Wars*, 188.

（30） グリーン船長は自身の運命に甘んじなければならないようなことは、何もしていないと言われているが、マザー牧師はフライと仲間の海賊たちの主張を次のように記している。殺人も海賊行為も「ひどい扱いに対する復讐であると彼らは言った」。Mather, *Vial Poured Out upon the Sea*, 112ならびにMarcus Rediker, "Seaman as Spirit of Rebellion: Authority, Violence, and Labor Discipline at Sea," in *Between the Devil and the Deep Blue Sea*, chap. 5を参照。

（31） Mather, *Vial Poured Out upon the Sea*, 44-45.

［訳者註］本訳書中における「イギリス」の訳語の表記について付言しておきたい。一七〇七年のスコットランドとの正式合同を境としてイングランドとブリテンの表記を厳格に区分して用い、イギリスの語の使用を避ける向きもあるが、たとえば「オランダ」や「ドイツ」など、他の国の表記とのバランスを取る必要などからも、本訳書ではイギリスのみ表記の精度を上げることは避け、融通無碍な「イギリス」の語をあえて用いるメリットが大きいと判断した。むろん、必要に応じてイングランドの語も用いる（ちなみに硬貨の銘文は、つとにジェイムズ一世の時代に、従前の「イングランドの王［女王］（Angliae Rex［Regina］）」から「大ブリテンの王（Magnae Britanniae Rex）」に変わっている）。

第2章

（1） Virginia Merchants to Lord Dartmouth, June 24, 1713, Colonial Office Papers (CO) 389/42, Public Record Office, London; ダマーについては、Ruth Bourne, *Queen Anne's Navy in the West Indies* (New Haven: Yale University Press, 1939), 183より引用。

（2） Ralph Davis, *The Rise of the Atlantic Economies* (Ithaca: Cornell University Press, 1973); Max Savelle, *Empires into Nations: Expansion in America, 1713-1824* (Minneapolis: University of Minnesota Press, 1974), chap. 4. ここでいう当時の「ファクトリー」とは、通常、在外の商館を意味する。

（3） Marcus Rediker, *Between the Devil and the Deep Blue Sea: Merchant Seamen, Pirates, and the Anglo-American Maritime World, 1700-1750* (Cambridge: Cambridge University Press, 1987), 32-35; A. H. John, "War and the English Economy, 1700-

1763," *Economic History Review*, 2nd ser., 7 (1955): 329-344.

（4） J. H. Parry, *Trade and Dominion: The European Overseas Empires in the Eighteenth Century* (New York: Praeger, 1971), 93; Ralph Davis, *The Rise of the English Shipping Industry in the Seventeenth and Eighteenth Centuries* (London: Macmillan, 1962), 15-17; R. G. Davies, *The Royal African Company* (New York: Scribner's, 1970), chap. 1; Immanuel Wallerstein, *The Modern World System II: Mercantilism and the Consolidation of the European World-Economy, 1600-1750* (New York: Academic Press, 1980), 96, 159-161, 249, 269（I・ウォーラーステイン〔川北稔訳〕『近代世界システムII——重商主義と「ヨーロッパ世界経済」の凝集1600～1750』名古屋大学出版会、二〇一三年）.

（5） 収用については、Peter Linebaugh and Marcus Rediker, *The Many-Headed Hydra: Sailors, Slaves, Commoners, and the Hidden History of the Revolutionary Atlantic* (Boston: Beacon Press, 2000) に述べられている。この段落の他の論点は、以下を参照。C. L. R. James, "The Atlantic Slave Trade," in *The Future in the Present* (London: Alison and Busby, 1980), 235-264; Robin Blackburn, *The Making of New World Slavery: From the Baroque to the Modern, 1492-1800* (London: Verso, 1997), 309; Richard S. Dunn, *Sugar and Slaves: The Rise of the Planter Class in the English West Indies, 1624-1713* (Chapel Hill: University of North Carolina Press, 1972); Paul E. Lovejoy, "Volume of the Atlantic Slave Trade," *Journal of African History* 23 (1982): 473-501.

（6） Christopher Lloyd, *The British Seaman, 1200-1860: A Social Survey* (Rutherford, N. J.: Fairleigh Dickinson University Press, 1970), 27, 287, table 3; Captain Charles Johnson, *A General History of the Pyrates*, ed. Manuel Schonhorn (London, 1724, 1728; reprint, Columbia, S. C.: University of South Carolina Press, 1972), 4（以後、*History of Pyrates*〔ジョンソン『海賊列伝』〕); Davis, *English Shipping*, 27, 136-137, 154; James G. Lydon, *Pirates, Privateers, and Profits* (Upper Saddle River, N. J.: Gregg Press, 1970), 17-20; Hugh F. Rankin, *The Golden Age of Piracy* (New York: Holt, Rinehart and Winston, 1969), 23; Nellis M. Crouse, *The French Struggle for the West Indies* (New York: Columbia University Press, 1943), 310.

（7） Savelle, *Empires into Nations*, 122; *History of Pyrates*, 34; Robert C. Ritchie, *Captain Kidd and the War against the Pirates* (Cambridge, Mass.: Harvard University Press, 1986), 236-237; Colin A. Palmer, *Human Cargoes: The British Slave Trade to Spanish America, 1700-1739* (Urbana: University of Illinois Press, 1981).

（8） Cornelius van Bynkershoek, *De Domino Maris Dissertatio*, ed. James Brown Scott, trans. Roger Van Deman Magoffin

(Amsterdam, 1702; reprint, London: Oxford University Press, 1923), 44, 77.

(9) *Powell v. Hardwicke* (1738), High Court of Admiralty Papers (HCA) 24/139, Public Record Office, London; Rediker, *Between the Devil and the Deep Blue Sea*, chaps. 2, 5.

(10) Alfred P. Rubin, *The Law of Piracy* (Newport, R. I.: Naval War College Press, 1988), 37, 44, 46, 77, 83, 92; Sir Thomas Parker, ed., *The Laws of Shipping and Insurance, with a Digest of Adjudged Cases* (London, 1775), reprinted in *British Maritime Cases* (Abingdon, Oxfordshire: Professional Books, 1978), 41, 43.

(11) Governor Robert Johnson to the Council of Trade and Plantations, June 18, 1718, *Calendar of State Papers, Colonial Series, America and West Indies, 1574-1739*, CD-ROM, consultant editors Karen Ordahl Kupperman, John C. Appleby, and Mandy Banton (London: Routledge, published in association with the Public Record Office, 2000), item 251, vol. 32 (1720-21), 166 (以後, *CSPC*); Walter Hamilton to the Council of Trade and Plantations, October 3, 1720, *CSPC*, item 556, vol. 30 (1717-18), 266; "A Scheme for Stationing Men of War in the West Indies for better Securing the Trade there from Pirates," 1723, CO 323/8; *Boston News-Letter*, July 7-14, 1726.

(12) "An Act for the more Effectual Suppressing of Piracy" (1721), in *Laws of Shipping and Insurance*, ed. Parker, 94-95, 97, 99; *Boston News-Letter*, October 17, 1722; Rubin, *Laws of Piracy*, 31.

(13) Henry A. Ormerod, *Piracy in the Ancient World* (Liverpool: University of Liverpool Press, 1924; reprint, Baltimore: Johns Hopkins University Press, 1997), 14, 15, 22, 30, 35, 250; Philip Gosse, *The History of Piracy* (New York: Tudor, 1932), 103 (ゴス『海賊の世界史』).

(14) Edward Vernon to Josiah Burchett, November 7, 1720, in Edward Vernon Letter-Book, January-December 1720, Add. MS 40812, British Library, London; *History of Pyrates*, 33-34. 海賊に対する海軍の作戦行動が, 要員配置や水兵の健康管理の向上, 軍艦の傾船修理, 諜報活動, 知識の獲得, 巡航, 船舶の連携の向上などを通じて, いかに改良されていったのかを明らかにする見事な叙述は, Peter Earle, *The Pirate Wars* (London: Methuen, 2003), 184-188 を参照。

(15) James Logan, quoted in Shirley Carter Hughson, *The Carolina Pirates and Colonial Commerce, 1670-1740*, Johns Hopkins University Studies in Historical and Political Science, 12 (Baltimore: Johns Hopkins University Press, 1894), 59; Mr. Gale to Colonel Thomas Pitt, Jr., January 29, 1719, CO 23/1, f. 47; *American Weekly Mercury*, December 12, 1720.

(16) 他の例としては、バミューダ総督（一七一七年）は「少なくとも一〇〇〇人」と見積もり（HCA 1/54, f. 113）、ウッズ・ロジャーズ（一七一八年）は「ほぼ一〇〇〇人」と推測（*History of Pyrates*, 615）、キャプテン・チャールズ・ジョンソン（一七二〇年）は一五〇〇人と推定している（*History of Pyrates*, 132）。また、作者不明の記録（一七二一年）にも一五〇〇人と記されている（*The Political State of Great Britain*, ed. Abel Boyer〔London, 1711-40〕, 21: 659）。

(17) Governor John Hope to Council of Trade and Plantations, August 21, 1724, CO 37/11, f. 145; Representation from Several Merchants Trading to Virginia to Board of Trade, April 15, 1717, CO 5/1318. 王立海軍の人員数の推計については、Lloyd, *British Seaman*, 287を参照。

(18) Alexander Spotswood to Council of Trade and Plantations, May 31, 1717, CO 5/1364, f. 483; Governor Pullein to Council of Trade and Plantations, April 22, 1714, CO 37/10, f. 13; Deposition of John Vickers (1716), CO 5/1317.

(19) Cotton Mather, *Instructions to the Living, From the Condition of the Dead: A Brief Relation of Remarkables in the Shipwreck of above One Hundred Pirates* (Boston, 1717), 4; meeting of April 1, 1717, in *Journal of the Commissioners for Trade and Plantations*, ed. H. C. Maxwell Lyte (London, 1924), 3: 359; *New-England Courant*, March 19, 1722; Deposition of Vickers, CO 5/1317; Benjamin Bennett to Council of Trade and Plantations, May 31, 1718, CO 37/10, f. 31, and April 25, 1721, CO 37/10, f. 142; *History of Pyrates*, 7. Kevin Rushby, *Hunting Pirate Heaven: In Search of the Lost Pirate Utopias of the Indian Ocean* (London: Constable, 2001).

(20) *History of Pyrates*, 31-34, 131; Leo Francis Stock, ed., *Proceedings and Debates of the British Parliament Respecting North America* (Washington, D. C.: Carnegie Institution, 1930), 3: 399; Deposition of Adam Baldridge, in *Privateering and Piracy in the Colonial Period: Illustrative Documents*, ed. John Franklin Jameson (New York, Macmillan, 1923), 180-187; R. A. Brock, ed., *The Official Letters of Alexander Spotswood* (Virginia Historical Society, *Collections*, n. s., 2 [Richmond, 1882]), 2: 168, 351; William Snelgrave, *A New Account of Some Parts of Guinea and the Slave Trade* (London, 1734; reprint, London, Frank Cass, 1971), 197; Abbe Rochon, "A Voyage to Madagascar and the East Indies," in *A General Collection of the Best and Most Interesting Voyages and Travels*, ed. John Pinkerton (London, 1814), 16: 767-771; William Smith, *A New Voyage to Guinea* (London, 1744), 12, 42.

(21) *History of Pyrates*, 3; Brock, ed., *Letters of Spotswood*, 2: 168, 249.

(22) *History of Pyrates*, 74, 264; Stanley Richards, *Black Bart* (Llandybie, Wales: Christopher Davies, 1966), 59; *New-England Courant*, July 26, 1722; Governor Woodes Rogers to the Council of Trade and Plantations, October 31, 1718, *CSPC*, item 737, vol. 30 (1717–1718), 372–381; *The Tryals of Major Stede Bonnet and Other Pirates* (London, 1719), 8; Governor Hamilton to the Council of Trade and Plantations, October 3, 1720, *CSPC*, item 251, vol. 32 (1720–21), 165–170; CO 152/14, ff. 43–45. 以下を参照。"Proposals sent by M. de Pas de Feuquières (No. vii) for an Agreement made between the Governor of the French Leeward Islands and Governor Hamilton concerning forces to be sent by the two Nations against the pirates cruising off their coasts etc.," *CSPC*, item 501 ix, x, vol. 32 (1720–21), 320.

(23) *History of Pyrates*, 26; Davis, *English Shipping Industry*, 317.

(24) George Francis Dow and John Henry Edmonds, *The Pirates of the New England Coast, 1630–1730* (Salem, Mass.: Marine Research Society, 1923), 339; "Account of Jabez Biglow" (1719), Humphrey Morice Papers from the Bank of England, *Slave Trade Journals and Papers* (Marlboro, Wiltshire, England: Adam Mathew Publications, 1998), microfilm; Earle, *Pirate Wars*, 179.

(25) William Snelgrave to Humphrey Morice, April 30, 1719, Morice Papers.

(26) Captain Mathew Musson to the Council of Trade and Plantations, July 5, 1717, *CSPC*, item 635, vol. 29 (1716–17), 338; General Peter Heywood, Commander in Chief of Jamaica, to the Council of Trade and Plantations, December 3, 1716, *CSPC*, item 411, vol. 29 (1716–17), 212; Davis, *English Shipping Industry*, 31.

(27) 私は何年にもわたり、当時の新聞や、商人・役人の書簡のほか、註に挙げた各種の文書を精査し、海賊に拿捕された船舶のサンプルを収集した。また、船とその船長の名前、船主、船の積荷や価値、母港、拿捕された場所、拿捕した海賊一味など、判明している情報の収集も並行しておこなった。ただし、このサンプルは主に英文史料から得られたもので、フランス、スペイン、オランダ、ポルトガルの海運が被った損害について十分に明らかにするものではない。

(28) *Boston News-Letter*, May 21, 1716; Alexander Spotswood to Council of Trade and Plantations, July 3, 1716, CO 5/1364; Earle, *Pirate Wars*, 166.

(29) Examination of John Brown (1717), in *Privateering and Piracy*, ed. Jameson, 294.

(30) Earle, *Pirate Wars*, 204.

第3章

(1) ケネディの生涯についての略歴は、次の四つの史料から紡ぎ出されたものである。まず、ケネディの死後に出版された彼の生涯にかんする記述、*Lives of the Most Remarkable Criminals*, ed. Arthur L. Hayward (London, 1735; reprint, New York: Dodd, Mead, 1927) である。次に、Captain Charles Johnson, *A General History of the Pyrates*, ed. Manuel Schonhorn (London, 1724, 1728; reprint, Columbia, S.C.: University of South Carolina Press, 1972)(以後、*History of Pyrates*〔ジョンソン『海賊列伝』〕)。第三に、ウィリアム・スネルグレイヴが、海賊に捕まっていた一七一九年四月にケネディと相対した出来事を記したもので、これについてはスネルグレイヴによる *New Account of Some Parts of Guinea and the Slave Trade* (London, 1734)。そして最後に、ケネディや他の海賊たちの起訴に際し、高等海事裁判所が集めた法的文書である。本段落にかかわるものとしては、以下を参照。Hayward, ed., *Remarkable Criminals*, 34-36; and *History of Pyrates*, 208; Examination of Walter Cannady, High Court of Admiralty Papers (HCA) 1/54, ff. 121-122, Public Record Office, London; Joel H. Baer, "'Captain John Avery' and the Anatomy of a Mutiny," *Eighteenth-Century Life* 18 (1994): 1–26.

(2) *History of Pyrates*, 288; Hayward, ed., *Remarkable Criminals*, 36.

(3) *History of Pyrates*, 195, 173, 174.

(4) Snelgrave, *New Account*, 236.

(5) Information of Thomas Grant (1721), HCA 1/54, f. 120.

(6) *History of Pyrates*, 206–207; Hayward, ed., *Remarkable Criminals*, 35, 39.

(7) *History of Pyrates*, 209; Hayward, ed., *Remarkable Criminals*, 39; Examination of Cannady, HCA 1/54, f. 122.

(8) Hayward, ed., *Remarkable Criminals*, 39.

(9) Ibid., 37, 35.

(10) Ibid., 37.

(11) 私は何年にもわたって、(この巻末註から分かるように)あらゆる種類の文書から、七七八人の海賊(七七四人の男性と四人の女性)にかんするデータベースを構築してきた。私は個々の海賊を、名前、活動時期、年齢、かつての職業、階級、家柄、その他多方面にわたる項目ごとに記録している。このようにして得られたデータによれば、職業的背景が明らかな一七八人のうち一七三人が、これらの職のいずれかに就いていたことが判明する。少なくとも一六一人は、もともと商船で働いており、これらの職の二つ以上を経験した者もいた。以下を参照。*History of Pyrates*, 116, 196, 215-216; Snelgrave, *New Account*, 203; Deposition of Richard Simes, in *Calendar of State Papers, Colonial Series, America and West Indies, 1574-1739*, CD-ROM, consultant editors Karen Ordahl Kupperman, John C. Appleby, and Mandy Banton (London: Routledge, published in association with the Public Record Office, 2000), item 501 v, vol. 32 (1720-21), 319 (以後、*CSPC*), and Deposition of John Wickstead, Master of the ship *Prince's*, Gould St. Blowers, second mate, John Crawford, surgeon, and Benjamin Flint, September 18, 1723, *CSPC*, item 754 iv, vol. 33 (1722-23), 365.

(12) James Boswell, *The Life of Samuel Johnson* (London, 1791), 86.

(13) Jesse Lemisch, "Jack Tar in the Streets: Merchant Seamen in the Politics of Revolutionary America," *William and Mary Quarterly* 25 (1968): 379, 375-376, 406; Richard B. Morris, *Government and Labor in Early America* (New York: Columbia University Press, 1946), 246-247, 257, 262-268; *History of Pyrates*, 244, 359; A. G. Course, *The Merchant Navy: A Social History* (London: F. Muller, 1963), 61; Samuel Cox to the Council of Trade and Plantations, August 23, 1721, *CSPC*, item 621, vol. 32 (1720-21), 392-393; Ralph Davis, *The Rise of the English Shipping Industry in the Seventeenth and Eighteenth Centuries* (London: Macmillan, 1962), 144, 154-155; Nathaniel Uring, *The Voyages and Travels of Captain Nathaniel Uring*, ed. Alfred Dewar (1726; reprint, London: Cassell, 1928), xxviii, 176-178; Arthur Pierce Middleton, *Tobacco Coast: A Maritime History of Chesapeake in the Colonial Era* (Newport News, Va.: Mariners' Museum, 1953), 8, 13, 15, 18, 271, 281; Christopher Lloyd, *The British Seaman, 1200-1860: A Social Survey* (Rutherford, N. J.: Fairleigh Dickinson University Press, 1970), 249, 264; John Atkins, *A Voyage to Guinea, Brasil, and the West-Indies* (London, 1735; reprint, London: Frank Cass, 1970), 261; G. T. Crook, ed., *The Complete Newgate Calendar* (London: Navarre Society, 1926), 3: 57-58（G・T・クルック編〔藤本隆康訳〕『ニューゲイト・カレンダー大全』第三巻、大阪教育図書、二〇〇五年); S. Charles Hill, "Notes on Piracy in Eastern Waters," *Indian Antiquary* 46 (1927): 130; Hayward, ed., *Remarkable Criminals*, 126; Marcus Rediker, *Between the Devil and the Deep Blue Sea: Merchant Seamen, Pirates, and the Anglo-American Maritime World, 1700-1750* (Cambridge: Cambridge University Press, 1987).

(14) Governor Lowther to the Council of Trade and Plantations, July 20, 1717, *CSPC*, item 661, vol. 29 (1716-17), 350-351; Morris, *Government and Labor*, 247; Lemisch, "Jack Tar," 379; Davis, *English Shipping*, 133-137; R. D. Merriman, ed., *Queen Anne's*

Navy: Documents Concerning the Administration of the Navy of Queen Anne, 1702-1714 (London: Navy Records Society, 1961), 170-172, 174, 221-222, 250; Lloyd, *British Seaman*, 44-46, 124-149; Peter Kemp, *The British Sailor: A Social History of the Lower Deck* (London: Dent, 1970), chaps. 4, 5; Arthur N. Gilbert, "Buggery and the British Navy, 1700-1861," *Journal of Social History* 10 (1976): 72-98.

(15) Atkins, *Voyage to Guinea*, 139, 187; *The Historical Register, Containing an Impartial Relation of All Transactions* ... (London, 1722), 7: 344.

(16) Merriman, *Queen Anne's Navy*, 171; Hayward, ed., *Remarkable Criminals*, 474-477; *History of Pyrates*, 138; Trial of Robert Deal (1721), Colonial Office Papers (CO) 137/14, ff. 22-25, Public Record Office, London. ロイドは、一六〇〇年から一八〇〇年に強制徴募された全男性の半数が、海の上で死亡したと見積もっている (Lloyd, *British Seaman*, 44)。

(17) Course, *Merchant Navy*, 84; Lloyd, *British Seaman*, 57; "The Memoriall of the Merchants of London Trading to Africa" (1720), Admiralty Papers (ADM) 1/3810, Public Record Office, London; Atkins, *Voyage to Guinea*, 226. 一八世紀初頭の私掠航海の例は、以下を参照。Edward Cooke, *A Voyage to the South Sea* (London, 1712), v-vi, 14-16; Woodes Rogers, *A Cruising Voyage round the World*, ed. G. E. Manwaring (1712; reprint, New York: Longmans, Green, 1928), xiv, xxv (ウッズ・ロジャーズ〔平野敬一、小林真紀子訳〕『世界巡航記』一七・一八世紀大旅行記叢書第Ⅱ期第六巻、岩波書店、二〇〇四年); George Shelvocke, *A Voyage round the World* (London, 1726), 34-36, 38, 46, 157, 214, 217; William Betagh, *A Voyage round the World* (London, 1728), 4.

(18) *History of Pyrates*, 347-348, 373; Trial of John Fillmore and Edward Cheeseman (1724), in *Privateering and Piracy in the Colonial Period: Illustrative Documents*, ed. John Franklin Jameson (New York: Macmillan, 1923), 323-330; Hayward, ed., *Remarkable Criminals*, 474.

(19) Jeremiah Dummer to the Council of Trade and Plantations, February 25, 1720, *CSPC*, item 578, vol. 31 (1719-20), 365; George Henderson, *An Account of the British Settlement of Honduras* (London, 1811), 70; William Dampier, "Mr. Dampier's Voyages to the Bay of Campeachy," in *A Collection of Voyages*, 4th ed. (London, 1729), 89; "A Voyage to Guinea, Antego, Bay of Campeachy, Cuba, Barbadoes, &c., 1714-1723," Add. MS 39946, British Library; Malachy Postlethwayt, *Universal Dictionary of Trade and Commerce* (London, 1755?). 以下も参照。Peter Earle, *The Pirate Wars* (London: Methuen, 2003), 161.

(20) Colonel Benjamin Bennett to Council of Trade and Plantations, May 31, 1718, and July 30, 1717, CO 37/10, f. 18; *History of Pyrates*, 228; Governor Sir N. Lawes to the Council of Trade and Plantations, September 1, 1718, *CSPC*, item 681, vol. 30 (1717-18), 345.

(21) この時代の反乱については、Rediker, *Between the Devil and the Deep Blue Sea*, appendix E, "Mutiny at Sea, 1700-1750," 308-311を参照。

(22) *History of Pyrates*, 115-116; R. A. Brock, ed., *The Official Letters of Alexander Spotswood* (Virginia Historical Society, *Collections*, n. s., 2 [Richmond, 1882]), 2: 249; Snelgrave, *New Account*, 203; "Proceedings of the Court held on the Coast of Africa upon Trying of 100 Pirates taken by his Ma[jes]ties Ship Swallow" (1722), HCA 1/99, f. 26.

(23) "Proceedings of the Court," HCA 1/99, ff. 138, 81, 24.

(24) Trial of Simon Van Vorst and Others (1717), in *Privateering and Piracy*, ed. Jameson, 304, 307, 308; Evidence of Matthew Parry (1724), "Rhode Island of Providence Plantation: Tryals of 10 Persons Brought in by the Judge," HCA 1/99, f. 5; *Trials of Eight Persons Indited for Piracy* (Boston, 1718), 13, 19. 仲間入りを強制された、技術のある者たちについては、Deposition of George Barrow, Master of the sloop *Content*, and John Jackson, a passenger, *CSPC*, item 754 iii, vol. 33 (1722-23), 364-365を参照。

(25) 本章註(11)を参照。

(26) サンプルとなる七七八人の海賊のうち、わずか二六人のみが既婚だったことが判明している。海賊たちによる懺悔では、後悔の念はしばしば両親へと向けられており、妻子に向けられることはほとんどなかった。以下を参照。Cotton Mather, *Useful Remarks: An Essay upon Remarkables in the Way of Wicked Men: A Sermon on the Tragical End, unto which the Way of Twenty-Six Pirates Brought Them; At New Port on Rhode-Island, July 19, 1723* (New London, Conn., 1723), 38-42; and *Trials of Eight Persons*, 24, 25. 引用句はJohn Barnard, *Ashton's Memorial: An History of the Strange Adventures, and Signal Deliverances of Mr. Philip Ashton* (Boston, 1725), 3より。

(27) Peter Haywood to Council of Trade and Plantations, December 3, 1716, CO 137/12; Crook, *Complete Newgate Calendar*, 304. 以下も参照。Lemisch, "Jack Tar," 377; Davis, *English Shipping*, 114. 史料から得られたデータによれば、階級的背景の明らかな九六人の海賊のうち、九一人が低い身分の出であった。

（28） 本章註（11）を参照。

（29） Walter Hamilton to Council of Trade and Plantations, January 6, 1718, CO 152/12, f. 211; *Boston Gazette*, July 6, 1725; Captain Candler to Josiah Burchett, May 12, 1717, CO 152/12, f. 32; James Vernon to Council of Trade and Plantations, December 21, 1697, *CSPC*, item 115, vol. 16（1697-98）, 70; *Tryals of Thirty-Six Persons for Piracy*（Boston, 1723）, 3; Clive Senior, *A Nation of Pirates: English Piracy in Its Heyday*（London: David and Charles Abbott, 1976）, 22; Kenneth Kinkor, "From the Seas! Black Men under the Black Flag," *American Prospects*（1995）: 27-29.

（30） *American Weekly Mercury*, March 17, 1720; *History of Pyrates*, 82.

（31） Information of Joseph Smith and Information of John Webley（1721）, HCA 1/18, f. 35; Information of William Voisy（1721）, HCA 1/55, f. 12. アメリカ先住民の海賊を含む裁判については、*The Trial of Five Persons for Piracy, Felony, and Robbery*（Boston, 1726）を参照。海賊とアフリカ系の人々との関係についての記録は曖昧であり、矛盾が見られることさえある。海賊になる以前に奴隷貿易に従事し、奴隷化と移送のメカニズムの一部を担っていた者は、少数派とはいえ確実に存在した。たとえ多くの海賊が黒人だったとしても、彼らが獲物を拿捕した際には実際にアフリカや新世界の港の近くでそうしたように、時として奴隷を獲得した「積荷」の一部と見なし、そのように扱った。つまり他の積荷と同じように、物々交換したり売却したりした。奴隷を取引したことで知られる海賊の船長としては、エドワード・テイラー、チャールズ・マーテル、エドワード・コンデント、クリストファー・ブラウン、そしてジェイムズ・プランテーンがいる。海賊たちはまた、捕らえた奴隷に対して残虐なふるまいをすることもあった。

（32） Testimony of Richard Hawkins（1724）, in *The Political State of Great Britain*, ed. Abel Boyer（London, 1711-40）, 28: 153; *Boston News-Letter*, June 17, 1717; *The Tryals of Major Stede Bonnet and Other Pirates*（London, 1719）, 46; *History of Pyrates*, 173, 427, 595. 以下も参照。*Boston News-Letter*, April 29, 1717.

（33） *Boston News-Letter*, April 4, 1723.

（34） John Gay, *Polly: An Opera*（1729）.

（35） R. Reynall Bellamy, ed., *Ramblin' Jack: The Journal of Captain John Cremer*（London: J. Cape, 1936）, 144; Hugh F. Rankin, *The Golden Age of Piracy*（New York: Holt, Rinehart and Winston, 1969）, 82. Virginia Council to the Board of Trade, August 11, 1715, CO 5/1317 を参照。

(36) *History of Pyrates*, 273; Lieutenant Governor Bennett to the Council of Trade and Plantations, May 31, 1718, *CSPC*, item 551, vol. 30 (1717–18), 260.

(37) H. Ross, "Some Notes on the Pirates and Slavers around Sierra Leone and the West Coast of Africa, 1680–1723," *Sierra Leone Studies* 11 (1928), 16–53; *History of Pyrates*, 131; L. G. Carr Laughton, "Shantying and Shanties," *Mariner's Mirror* 9 (1923): 48–50; Trial of John McPherson and others, Proceedings of the Court of Admiralty, Philadelphia, 1731; "Proceedings of the Court," HCA 1/99, f. 3; Information of Henry Hull (1729), HCA 1/56, ff. 29–30; Information of William Snelgrave (1721), HCA 1/54, f. 128.

(38) Snelgrave, *New Account*, 219–220; *History of Pyrates*, 95.

(39) Stephen Smith to the governor of Jamaica, September 23, 1716, CO 137/12, f. 86; Colonel Bennett to the Council of Trade and Plantations, March 29, 1718, CO 27/10, f. 29; Information of Joseph Hollett (1721), HCA 1/55, f. 11; "Proceedings of the Court," HCA 1/99, f. 116.

(40) Robert C. Ritchie, *Captain Kidd and the War against the Pirates* (Cambridge, Mass.: Harvard University Press, 1986); Baer, "'Captain John Avery,'" 1–26; David Cordingly, *Under the Black Flag: The Romance and the Reality of Life among the Pirates* (New York: Random House, 1995); Hans Turley, *Rum, Sodomy, and the Lash: Piracy, Sexuality, and Masculine Identity* (New York: New York University Press, 1999).

(41) *Piracy Destroy'd* (London, 1700), 3, 10, 4; Edward Vernon to Josiah Burchett, August 16, 1720, Edward Vernon Letter-Book, January-December 1720, Add. MS 40812, British Library, London.

(42) Morris, *Government and Labor*, 252–258.

(43) "Proceedings of the Court," HCA 1/99, f. 158; *History of Pyrates*, 656.

(44) "Proceedings of the Court held on the Coast of Africa upon Trying of 100 Pirates taken by his Ma[jes]ties Ship Swallow" (1722), HCA 1/99, f. 116; Edward Vernon to Josiah Burchett, August 12, 1721, Vernon Letter-Book, Add. MS 40813, f. 128; Woodes Rogers to Council of Trade and Plantations, May 29, 1719, CO 23/11; Memorial of Samuel Buck (1720), CO 23/1, f. 103. 海賊となることで軽減された労働分を数量的に見積もるには、航海の生産性を算出する際によく利用される一人当たりのトン数の割合を用いるのがよい。ジャマイカ（一七二九〜三一年）、バルバドス（一六九六〜九八年）、チャールストン（一七三五

〜三九年）の各港では、一五〇トンを上回る商船の水夫は、それぞれ一人当たり八・六トン、一〇・七トン、一二・〇トンを扱っていた。おおよその見積もりでは、海賊は一人当たりわずかに三・一トンであった。以下を参照。James F. Shepherd and Gary M. Walton, *Shipping, Maritime Trade, and the Economic Development of Colonial North America* (Cambridge: Cambridge University Press, 1972), 201-203.

第4章

（1） Barnaby Slush, *The Navy Royal: or a Sea-Cook Turn'd Projector* (London, 1709), viii.

（2） S. Charles Hill, "Episodes of Piracy in Eastern Waters," *Indian Antiquary* 49 (1920): 37; Arthur L. Hayward, ed., *Lives of the Most Remarkable Criminals* (London, 1735; reprint, New York: Dodd, Mead, 1927), 37.

（3） William Betagh, *A Voyage round the World* (London, 1728), 148; G. T. Crook, ed., *The Complete Newgate Calendar* (London: Navarre Society, 1926), 3: 60（クルック編『ニューゲイト・カレンダー大全』).

（4） 海賊を扱った書物のなかでも、最良の書の一つと評されてしかるべきRobert C. Ritchie, *Captain Kidd and the War against the Pirates* (Cambridge, Mass.: Harvard University Press, 1987), 147-151を参照。カトリック教国スペインへの憎しみが、非常に多くのバッカニアを突き動かした一七世紀に比べると、一八世紀の海賊行為には、宗教的対立や国家間の対立の影響はより小さかった。

（5） P. K. Kemp and Christopher Lloyd, *Brethren of the Coast: Buccaneers of the South* (New York: St. Martin's Press, 1960); Carl Bridenbaugh and Roberta Bridenbaugh, *No Peace beyond the Line: The English in the Caribbean, 1624-1690* (New York: Oxford University Press, 1972); C. H. Haring, *The Buccaneers in the West Indies in the XVII Century* (London, 1910; reprint, Hamden, Conn.: Archon Books, 1966), 71, 73; J. S. Bromley, "Outlaws at Sea, 1660-1720: Liberty, Equality, and Fraternity among the Caribbean Freebooters," in *History from Below: Studies in Popular Protest and Popular Ideology in Honour of George Rudé*, ed. Frederick Krantz (Montreal: Concordia University, 1985), 3. これらの点のいくつかにかんする詳細な記述は、以下を参照。Peter Linebaugh and Marcus Rediker, *The Many-Headed Hydra: Sailors, Slaves, Commoners, and the Hidden History of the Revolutionary Atlantic* (Boston: Beacon Press, 2000), chap. 5.

（6） A. L. Morton, *The English Utopia* (London: Lawrence & Wishart, 1952), chap. 1（A・L・モートン〔上田和夫訳〕『イギリス・

ユートピア思想』未来社、一九六七年、一九八六年改）; F. Graus, "Social Utopias in the Middle Ages," *Past and Present* 38 (1967): 3-19; William McFee, *The Laws of the Sea* (Philadelphia: Lippincott, 1951), 50, 54, 59, 72 を参照。

（7） Kemp and Lloyd, *Brethren of the Coast*, 3; Bridenbaugh and Bridenbaugh, *No Peace beyond the Line*, 62, 176; Alexander Exquemelin, *The Buccaneers of America* (Amsterdam, 1678; reprint, Annapolis: Naval Institute Press, 1993)（ジョン・エスケメリング〔石島晴夫編訳〕『カリブの海賊』誠文堂新光社、一九八三年）.

（8） Richard Price, ed., *Maroon Societies: Rebel Slave Communities in the Americas*, 2nd ed. (Baltimore: Johns Hopkins University Press, 1979). 海賊たちは、自らマルーン生活と称していた暮らしを、一七二〇年代まで続けていた。以下を参照。Examination of Thomas Jones, February 1724, High Court of Admiralty Papers (HCA) 1/55, f. 52, Public Record Office, London.

（9） Christopher Hill, "Radical Pirates?" in *The Origins of Anglo-American Radicalism*, ed. Margaret Jacob and James Jacob (London: George Allen & Unwin, 1984), 20（クリストファー・ヒル「急進的な海賊？」クリストファー・ヒル〔小野功生・圓月勝博・箭川修訳〕『一七世紀イギリスの民衆と思想――クリストファー・ヒル評論集Ⅲ』法政大学出版局、一九九八年）; William Dampier, *A New Voyage around the World* (London, 1697), 219-220（ウィリアム・ダンピア〔平野敬一訳〕『最新世界周航記』一七・一八世紀大旅行記叢書第１巻、岩波書店、一九九二年）; Kemp and Lloyd, *Brethren of the Coast*, 17; Bromley, "Outlaws at Sea," 6, 8, 9.

（10） "Simsons Voyage," Sloane MSS 86, British Library, London, 43; Bromley, "Outlaws at Sea," 17; Marcus Rediker, "The Common Seaman in the Histories of Capitalism and the Working Class," *International Journal of Maritime History* 1 (1989): 352-353.

（11） Captain Charles Johnson, *A General History of the Pyrates*, ed. Manuel Schonhorn (London, 1724, 1728; reprint, Columbia, S. C.: University of South Carolina Press, 1972), 167, 211-213, 298, 307-308, 321（以後、*History of Pyrates*〔ジョンソン『海賊列伝』〕）; Hayward, ed., *Remarkable Criminals*, 37; Information of Alexander Thompson (1723), HCA 1/55, f. 23; William Snelgrave, *A New Account of Some Parts of Guinea and the Slave Trade* (London, 1734), 220; "Trial of William Phillips and Others" (1724), in *Privateering and Piracy in the Colonial Period: Illustrative Documents*, ed. John Franklin Jameson (New York: Macmillan, 1923), 337; Hugh F. Rankin, *The Golden Age of Piracy* (New York: Holt, Rinehart and Winston, 1969), 31.

（12） *History of Pyrates*, 213.

（13） Clement Downing, *A Compendious History of the Indian Wars* (1737; reprint, London: Oxford University Press, 1924), 99; *History of Pyrates*, 121, 139, 167-168, 195, 208, 214, 340, 352; Snelgrave, *New Account*, 199; *Trials of Eight Persons Indited for*

Piracy (Boston, 1718), 24; Abel Boyer, ed., *The Political State of Great Britain*, 60 vols. (London, 1711–40), 28: 152; George Roberts [Daniel Defoe?], *The Four Years Voyages of Captain George Roberts* (London, 1726), 39.

(14) "Proceedings of the Court held on the Coast of Africa upon Trying of 100 Pirates taken by his Ma[jes]ties Ship Swallow," 1722, HCA 1/99, f. 10; Snelgrave, *New Account*, 217; *History of Pyrates*, 213–214; Downing, *Compendious History*, 99.

(15) *History of Pyrates*, 139; Hayward, ed., *Remarkable Criminals*, 37; Boyer, ed., *Political State*, 28: 153; B. R. Burg, "Legitimacy and Authority: A Case Study of Pirate Commanders in the Seventeenth and Eighteenth Centuries," *American Neptune* 37 (1977): 40–49.

(16) Boyer, ed., *Political State*, 28: 153; Examination of John Brown (1717), in *Privateering and Piracy*, ed. Jameson, 294; *History of Pyrates*, 139, 67; George Francis Dow and John Henry Edmonds, *The Pirates of the New England Coast, 1630–1730* (Salem, Mass.: Marine Research Socicty, 1923), 217; *Trials of Eight Persons*, 23; Richard B. Morris, "The Ghost of Captain Kidd," *New York History* 19 (1938): 282.

(17) Snelgrave, *New Account*, 199; Burg, "Legitimacy and Authority," 44–48.

(18) Hayward, ed., *Remarkable Criminals*, 37; *History of Pyrates*, 42, 296, 337.

(19) *History of Pyrates*, 423, 591; Boyer, ed., *Political State*, 28: 151, 153; Snelgrave, *New Account*, 200, 272; Lloyd Haynes Williams, *Pirates of Colonial Virginia* (Richmond, Va.: Dietz Press, 1937), 19; *History of Pyrates*, 138–139, 312. レイフ・デイヴィスは、商船において操舵《クォーターマスター》手が担っていた全く異なる役割について論じている（Ralph Davis, *The Rise of the English Shipping Industry in the Seventeenth and Eighteenth Centuries* [London: Macmillan, 1962], 113）。

(20) Roberts, *Four Years Voyages*, 37, 80; Snelgrave, *New Account*, 199–200, 238–239; *History of Pyrates*, 213–225; *Trials of Eight Persons*, 24, 25; *Tryals of Thirty Six Persons for Piracy* (Boston, 1723), 9; *Boston News-Letter*, July 15, 1717; Downing, *Compendious History*, 99.

(21) *Trials of Eight Persons*, 24; "Proceedings of the Court," HCA 1/99, ff. 35, 40, 90, 163.

(22) *Trials of Eight Persons*, 24, 25; "Proceedings of the Court," HCA 1/99, f. 90; Captain Peter Solgard to Lords of Admiralty, June 12, 1723 Admiralty Papers (ADM), 1/2452, Public Record Office, London; Information of Thompson, HCA 1/55, f. 23.

(23) Boyer, ed., *Political State*, 28: 151; Snelgrave, *New Account*, 272; *History of Pyrates*, 138–139, 312; *The Tryals of Major Stede*

Bonnet and Other Pirates (London, 1719), 37.

(24) *History of Pyrates*, 88-89, 117, 145, 167, 222-225, 292, 595; *Trials of Eight Persons*, 24; Downing, *Compendious History*, 44, 103; HCA 24/132; Hill, "Episodes of Piracy," 41-42, 59; Roberts, *Four Years Voyages*, 55, 86; Boyer, ed., *Political State*, 28: 153. 引用句は、Betagh, *Voyage*, 148 より。

(25) "Proceedings of the Court," HCA 1/99, f. 159; Hill, "Episodes of Piracy," 42; *Boston News-Letter*, April 29, 1717; Deposition of John King (1719), HCA 24/132; Boyer, ed., *Political State*, 28: 152; "Trial of Thomas Davis" (1717), in *Privateering and Piracy*, ed. Jameson, 307.

(26) Information of Henry Treehill (1723), HCA 1/18, f. 38; *History of Pyrates*, 139, 67; "Proceedings of the Court," HCA 1/99, ff. 36, 62; *An Account of the Conduct and Proceedings of the Late John Gow, alias Smith, Captain of the Late Pirates* (London, 1725; reprint, Edinburgh: Gordon Wright Publishing, 1978), introduction; Orme, quoted in *The Pirate Wars*, by Peter Earle (London: Methuen, 2003), 164.

(27) *History of Pyrates*, 211-212, 307-308, 342-343; Dow and Edmonds, *Pirates of New England*, 146-147; Hayward, ed., *Remarkable Criminals*, 37; *Tryals of Bonnet*, 22; Morris, "Ghost of Captain Kidd," 283.

(28) Philip Gosse, *The History of Piracy* (New York: Tudor, 1932), 103（ゴス『海賊の世界史』）; John Biddulph, *The Pirates of Malabar; and, An Englishwoman … in India* (London: Smith, Elder, 1907), x, 155; [John Fillmore], "A Narrative of the Singular Sufferings of John Fillmore and Others on Board the Noted Pirate Vessel Commanded by Captain Phillips," Buffalo Historical Society, *Publications* 10 (1907): 32; *History of Pyrates*, 212, 308, 343; Dow and Edmonds, *Pirates of New England*, 147; Pirate Jeremiah Huggins, quoted in "Ghost of Captain Kidd," by Morris, 292; Hill, "Episodes of Piracy," 57.

(29) *An Account of … the Late John Gow*, 3. 反乱の直後、海賊たちは「ひどくワインを欲していたために、可能であれば」拿捕した船から探し出そうとした（ibid., 13）。*History of Pyrates*, 307, 319 も参照。

(30) *History of Pyrates*, 129, 135, 167, 222, 211, 280, 205, 209, 312, 353, 620; "Proceedings of the Court," HCA 1/99, f. 151; *American Weekly Mercury* (Philadelphia), March 17, 1720; Snelgrave, *New Account*, 233-238.

(31) *History of Pyrates*, 244, 224; Snelgrave, *New Account*, 233; Hill, "Episodes of Piracy," 59; Trial of Simon Van Vorst and Others (1717), in *Privateering and Piracy*, ed. Jameson, 303, 314.

(32) *Tryals of Bonnet*, 13; Boyer, ed., *Political State*, 28: 153; *History of Pyrates*, 353-354.

(33) Colonel Stede Bonnet to Council of Trade and Plantations, July 30, 1717, CO 37/10, f. 15; *History of Pyrates*, 243, 279; John Atkins, *A Voyage to Guinea, Brasil, and the West-Indies* (London, 1735; reprint, London: Frank Cass, 1970), 192.

(34) *History of Pyrates*, 127, 212, 295, 308, 343; Morris, "Ghost of Captain Kidd," 292.

(35) *History of Pyrates*, 74-75.

(36) Ibid., 212, 343; B. R. Burg, *Sodomy and the Perception of Evil: English Sea Rovers in the Seventeenth-Century Caribbean* (New York: New York University Press, 1983), 128, 76, 41, xv, 124; Hans Turley, *Rum, Sodomy, and the Lash: Piracy, Sexuality, and Masculine Identity* (New York: New York University Press, 1999), 2, 96; *Tryals of Thirty-Six Persons*, 9; Cotton Mather, *An Essay upon Remarkables in the Way of Wicked Men* (New London, 1723), 32-33.

(37) *History of Pyrates*, 307, 212.

(38) Ibid., 157-158; Examination of William Terrill (1716), HCA 1/17, 67.

(39) *Tryals of Bonnet*, 30; *History of Pyrates*, 211, 212, 343; Biddulph, *Pirates of Malabar*, 163-164; Rankin, *Golden Age*, 37.

(40) *History of Pyrates*, 212, 343; Snelgrave, *New Account*, 256; *American Weekly Mercury* (Philadelphia), May 30, 1723. 懲罰をめぐる議論には、海賊の掟の文言そのものだけでなく、他の史料から得られる実際の処罰にかんする記録も考慮に入れている。以下も参照。Stanley Richards, *Black Bart* (Llandybie, Wales: Christopher Davies, 1966), 47; "Proceedings of the Court," HCA 1/99, ff. 45, 50; Boyer, ed., *Political State*, 28: 152.

(41) Snelgrave, *New Account*, 257; Boyer, ed., *Political States*, 28: 153.

(42) Trial of Van Vorst, 304; *Trials of Eight Persons*, 19, 21; R. A. Brock, ed., *The Official Letters of Alexander Spotswood* (Virginia Historical Society, *Collections*, n. s., 2 [Richmond, 1882]), 2: 249; *History of Pyrates*, 260.

(43) *Trials of Eight Persons*, 21; Deposition of Samuel Cooper, 1718, CO 37/10, f. 35; *History of Pyrates*, 116, 196, 216, 228; Boyer, ed., *Political State*, 28, 148; Governor of Bermuda, quoted in *Jolly Roger*, by Patrick Pringle (New York: Norton, 1953), 181; Deposition of Richard Symes, 1721, CO 152/14, f. 33; *American Weekly Mercury*, March 17, 1720; *New-England Courant* (Boston), June 25, 1722.

(44) *History of Pyrates*, 167-168.

(45) Ibid., 298, 307, 352; Information of Thompson, HCA 1/55, f. 23.

(46) Information of John Stephenson (1721), HCA 1/55, f. 5; Snelgrave, *New Account*, 261; Information of Richard Capper (1718), HCA 1/54, f. 90; "Proceedings of the Court," HCA 1/99, ff. 74, 152.

(47) "Proceedings of the Court," HCA 1/99, ff. 153, 85, 23; *Trials of Eight Persons*, 8, 24; Examination of Richard Moor (1724), HCA 1/55, f. 96; *History of Pyrates*, 346.

(48) Dow and Edmonds, *Pirates of New England*, 278; Lieutenant Governor Benjamin Bennett to Mr. Popple, March 31, 1720, *Calendar of State Papers, Colonial Series, America and West Indies, 1574–1739*, CD-ROM, consultant editors Karen Ordahl Kupperman, John C. Appleby, and Mandy Banton (London: Routledge, published in association with the Public Record Office, 2000), item 33, vol. 32 (1720–21), 18–19 (以後、*CSPC*); Hayward, ed., *Remarkable Criminals*, 37; *History of Pyrates*, 225, 313, 226, 342.

(49) 三六〇〇人という総数は、図に示した船長の人数に、クルーの平均人数（七九・五）を掛けて算出したものである。*History of Pyrates*, 41–42, 72, 121, 137, 138, 174, 210, 225, 277, 281, 296, 312, 352, 355, 671; *New-England Courant*, June 11, 1722; *American Weekly Mercury*, July 6, 1721, January 5 and September 16, 1725; Pringle, *Jolly Roger*, 181, 190, 244; Biddulph, *Pirates of Malabar*, 135, 187; Snelgrave, *New Account*, 196–197, 199, 272, 280; Shirley Carter Hughson, *The Carolina Pirates and Colonial Commerce, 1670–1740*, Johns Hopkins University Studies in Historical and Political Science 12 (Baltimore: Johns Hopkins University Press, 1894), 70; *Boston News-Letter*, August 12–19, 1717, October13–20 and November 10–17, 1718, February 4–11, 1725, June 30, 1726; Downing, *Compendious History*, 51, 101; Morris, "Ghost of Captain Kidd," 282, 283, 296; *Tryals of Bonnet*, iii, 44–45; Dow and Edmonds, *Pirates of New England*, 117, 135, 201, 283, 287; *Trials of Eight Persons*, 23; Trial of Van Vorst (1717), Case of John Rose Archer and Others (1724), in *Privateering and Piracy*, ed. Jameson, 304, 341; Boyer, ed., *Political State*, 25: 198–199; S. Charles Hill, "Notes on Piracy in Eastern Waters," *Indian Antiquary* 52 (1923): 148, 150; Captain Mathew Musson to the Council of Trade and Plantations, July 5, 1717, *CSPC*, item 635, vol. 29 (1716–17), 338; Lieutenant Governor Benjamin Bennett to the Council of Trade and Plantations, June 8, 1719, *CSPC*, item 227, vol. 31 (1719–20), 118; John F. Watson, *Annals of Philadelphia and Pennsylvania* (Philadelphia, 1844), 2: 227; *Boston Gazette*, April 27–May 4, 1724を参照。

(50) Alexander Spotswood to the Board of Trade, June 16, 1724, Colonial Office (CO) 5/1319, Public Record Office, London.

第5章

(1) この段落と、以下に続く三つの段落は、Captain Charles Johnson, *A General History of the Pyrates*, ed. Manuel Schonhorn (1724, 1728; reprint, Columbia, S.C.: University of South Carolina Press, 1972), 118-121（以後、*History of Pyrates*〔ジョンソン『海賊列伝』〕）、特に the "Letter from Captain Mackra, at Bombay," dated November 16, 1720 に基づいている。これ以外の重要な情報源としては、以下を参照。Clement Downing, *A Compendious History of the Indian Wars* (1737; reprint, London: Oxford University Press, 1924), 44; "Narrative of Richard Lazenby of London" (1720), in "Episodes of Piracy in Eastern Waters," by S. Charles Hill, *Indian Antiquary* 49 (1920): 57.

(2) マクレイは一七二一年にロンドンへと戻ると、ほどなくして東インド会社からその勇敢さを称えられ、報奨金を与えられている。次いで彼はインドのコロマンデル海岸にある交易所の副総督となり、やがてマドラス総督になった。富を蓄えてイギリスへと戻った彼は、その財産で複数のスコットランドの地所を購入した。*History of Pyrates*, 671-672にあるションホーンの注記を参照。

(3) Testimony of Thomas Checkley (1717), in *Privateering and Piracy in the Colonial Period: Illustrative Documents*, ed. John Franklin Jameson (New York: Macmillan, 1923), 304; *Trials of Eight Persons Indited for Piracy* (Boston, 1718), 11.

(4) E. J. Hobsbawm, *Primitive Rebels: Studies in Archaic Forms of Social Movements in the 19th and 20th Centuries* (New York: Praeger, 1959), 5, 17, 18, 27, 28（エリック・J・ホブズボーム〔水田洋、安川悦子、堀田誠三訳〕『素朴な反逆者たち——思想の社会史』社会思想社、一九八九年）. 彼の以下の著作も参照。E. J. Hobsbawm, *Bandits* (New York: Delacorte, 1969), 24-29（エリック・ホブズボーム〔船山榮一訳〕『匪賊の社会史』筑摩書房、二〇一一年）.

(5) Alexander Spotswood to the Board of Trade, June 16, 1724, Colonial Office (CO) 5/1319, Public Record Office, London.

(6) *The Tryals of Sixteen Persons for Piracy* (Boston, 1726), 5; *The Tryals of Major Stede Bonnet and Other Pirates* (London, 1719), iii, iv; G. T. Crook, ed., *The Complete Newgate Calendar* (London: Navarre Society, 1926), 3: 61（クルック編『ニューゲイト・カレンダー大全』）; Shirley Carter Hughson, *The Carilina Pirates and Colonial Commerce, 1670-1740*, Johns Hopkins University Studies in Historical and Political Science 12 (Baltimore: Johns Hopkins University Press, 1894), 121; Hugh F. Rankin, *The Golden Age of Piracy* (New York: Holt, Rinehart and Winston, 1969), 28; *History of Pyrates*, 116, 342; Downing, *Compendious History*, 98. 四四隻の海賊船の名前を分析すると、以下のパターンが明らかとなる。まず、八隻（一八・二パーセント）には復讐に関連する名前がつけられている。七隻（一五・九パーセント）はレンジャー号あるいはローヴァー号という流動性

を示唆する名前で、あとで論じるように、おそらくは商船の船長による水夫の扱い方に対して、海賊が目を光らせていたことをも示唆している。五隻（一一・四パーセント）は王権に関連する名前である。そして、富にかんする名前の船が、わずかに二隻のみであることは注目すべきだろう。それ以外には、地名（ランカスター号）や、誰を指しているのか判断できない人名（メアリアン号）、動物の名前（ブラック・ロビン号）が、比較的少数ではあるが船の名前の題材となっている。また、バチェラーズ・ディライト号、バチェラーズ・アドヴェンチャー号の二隻の名は、多くの海賊が独身《バチェラー》だった蓋然性（第3章を参照）の高さを支持しているといえよう。以下を参照。*History of Pyrates*, 220, 313; William P. Palmer, ed., *Calendar of Virginia State Papers* (Richmond, 1875), 1: 194.

（7） William Betagh, *A Voyage round the World* (London, 1728), 41.

（8） Petition of Randolph, Cane, and Halladay (1722), in *Virginia State Papers*, ed. Palmer, 202.

（9） "Proceedings of the Court held on the Coast of Africa" (1722), High Court of Admiralty (HCA) 1/99, f. 101; *History of Pyrates*, 338, 582; William Snelgrave, *A New Account of Some Parts of Guinea and the Slave Trade* (London, 1734), 212, 225; George Francis Dow and John Henry Edmonds, *The Pirates of the New England Coast, 1630-1730* (Salem, Mass.: Marine Research Society, 1923), 301; Nathaniel Uring, *The Voyages and Travels of Captain Nathaniel Uring*, ed. Alfred Dewar (1726; reprint, London: Cassell, 1928), xxviii.

（10） Abel Boyer, ed., *The Political State of Great Britain* (London, 1711-40), 28: 149-150; *History of Pyrates*, 338, 352-353; Dow and Edmonds, *Pirates of New England*, 278; Betagh, *Voyage round the World*, 26. この拷問は、「汗《スウェット》」を動詞として用いると、「こき使う、くたくたになるまで働かせる」という意味があることから名づけられたのかもしれない。言葉の上での両者の連関は、とうてい偶然とは考えられない。*Oxford English Dictionary*, s.v. "sweat"; *Tryals of Sixteen Persons*, 14を参照。明らかに、この儀式化された暴力については広く知られていた。一七二二年、ブリストルの商人たちが、海賊は「いかにして拷問すべきかを調べている」と議会に報告している。以下を参照。Leo Francis Stock, ed., *Proceedings and Debates of the British Parliaments Respecting North America* (Washington, D.C.: Carnegie Institution, 1930), 3: 453.

（11） Crook, ed., *Newgate Calendar*, 59; Boyer, ed., *Political State*, 32, 272; *Boston Gazette*, October 24, 1720; Rankin, *Golden Age*, 35, 135, 148; [Cotton Mather], *The Vial Poured Out upon the Sea: A Remarkable Relation of Certain Pirates* (Boston, 1726), 21; John F. Watson, *Annals of Philadelphia and Pennsylvania* (Philadelphia, 1844), 2: 227. 引用句は、*Boston Gazette*, March 21,

1726より。

(12) Snelgrave, *New Account*, 196, 199. この記録は、海での豊富な経験を持つ聡明で洞察力するどい人物によって書かれた優れた史料である。主に奴隷貿易について記録したこの著作は、ロンドン商人たちに宛てて書かれており、明らかに一般読者向けに書かれたものではない。

(13) Ibid., 202-208.

(14) Ibid., 212, 225. 多くの人々が、海賊行為は戦争に類似した活動であると考えていた。*History of Pyrates*, 168, 319も参照。フランシス・R・スタークは、一七世紀と一八世紀初頭における戦争は、国家間の闘争というよりも「個人的敵意」という観点から理解されるべきとした。勝者は「(一) 敵対者に対する、そして (二) 敵対者の財産に対する絶対的な権利」を有したのである (Francis R. Stark, *The Abolition of Privateering and the Declaration of Paris* [New York, 1897], 14, 13, 22)。この考えは、海賊の暴力性と破壊性を部分的に説明するものであろう。

(15) Snelgrave, *New Account*, 241. 商船の船長に積荷を与えたうえ、彼らを「丁重に」扱った他の事例は、以下を参照。Deposition of Robert Dunn, 1720, CO 152/13, f. 26; Deposition of Richard Symes, 1721, CO 152/14, f. 33; John Biddulph, *The Pirates of Malabar; and, An Englishwoman … in India* (London: Smith, Elder, 1907), 139; R. A. Brock, ed., *The Official Letters of Alexander Spotswood* (Virginia Historical Society, *Collections*, n. s., 2 [Richmond, 1882]), 2: 339-343; *Boston Gazette*, August 21, 1721; Hill, "Episodes of Piracy," 57; Richard B. Morris, "The Ghost of Captain Kidd," *New York History* 19 (1938): 283; Elizabeth Donnan, ed., *Documents Illustrative of the History of the Slave-Trade to America* (Washington, D. C.: Carnegie Institution, 1935), 4: 96; *Tryals of Bonnet*, 13; Boyer, ed., *Political State*, 27: 616; Deposition of Henry Bostock, December 9, 1717, *Calendar of State Papers, Colonial Series, America and West Indies, 1574-1739*, CD-ROM, consultant editors Karen Ordahl Kupperman, John C. Appleby, and Mandy Banton (London: Routledge, published in association with the Public Record Office, 2000), item 298 iii, vol. 30 (1717-18), 150-151 (以後、*CSPC*); *Boston News-Letter*, November 14, 1720. 「その海賊たちは、船を掠奪する時、彼らが好感を抱いた船長に対しては、積荷を掠奪する代わりに別の品々を贈るのが慣行となっていた」(Spotswood to Craggs, May 20, 1720, CO 5/1319)。

(16) Snelgrave, *New Account*, 241, 244, 243.

(17) William Snelgrave to Humphrey Morice, August 1, 1719, Humphrey Morice Papers from the Bank of England, *Slave Trade*

Journals and Papers (Marlboro, Wiltshire, England: Adam Mathew Publications, 1998), microfilm; Snelgrave, *New Account*, 275, 276, 284.

(18) *History of Pyrates*, 114, 115.

(19) Ibid.

(20) Stanley Richards, *Black Bart* (Llandybie, Wales: Christopher Davies, 1966), 77, based on "Proceedings of the Court," HCA 1/99, f. 101; CO 137/14, f. 36.

(21) Information of Thomas Grant (1721), HCA 1/54, f. 120; HCA 1/30 (イングランド); Snelgrave, *New Account*, 174. 拿捕した船の船長の人柄を調べたということは、海賊が非常に多くの船を破壊した（第2章を参照）理由を説明する一助となろう。

(22) *History of Pyrates*, 338.

(23) *Boston News-Letter*, November 14, 1720; *Boston Gazette*, October 24, 1720; *History of Pyrates*, 607.

(24) *History of Pyrates*, 351; Jameson, ed., *Privateering and Piracy*, 341; Crook, ed., *Newgate Calendar*, 60; Benjamin Colman, *It Is a Fearful Thing to Fall into the Hands of the Living God* (Boston, 1726), 39.

(25) Deposition of Samuel Cooper, Mariner, of Bermuda (1718), *CSPC*, item 551 i, vol. 30 (1717-18), 263; Deposition of Edward North (1718), CO 37/10, f. 37; *History of Pyrates*, 647; *Tryals of Bonnet*, 13; Snelgrave, *New Account*, 216-217; Peter Earle, *The Pirate Wars* (London: Methuen, 2003), 170.

(26) *Tryals of Bonnet*, 8; Deposition of Edward North.

(27) Snelgrave, *New Account*, 199; *History of Pyrates*, 138, 174; Morris, "Ghost of Captain Kidd," 282.

(28) *Boston News-Letter*, August 15, 1720; *American Weekly Mercury*, September 6, 1722.

(29) Mr. Gale to Colonel Thomas Pitt, junr, November 4, 1718, *CSPC*, item 31 i, vol. 31 (1719-20), 10; Board of Trade to J. Methuen, September 3, 1716, CO 23/12; *History of Pyrates*, 315, 582; Downing, *Compendious History*, 98, 104-105; Uring, *Voyages*, 241; George Shelvocke, *A Voyage round the World* (London, 1726), 242; H. R. McIlwaine, ed., *Executive Journals of the Council of Colonial Virginia* (Richmond, 1928), 3: 612; Dow and Edmonds, *Pirates of New England*, 341; Deposition of R. Lazenby, in "Episodes of Piracy," by Hill, 60; "Voyage to Guinea, Antego, Bay of Campeachy, Cuba, Barbadoes, &c, 1714-1723," Add. MS 39946, British Library; "Proceedings of the Court," HCA 1/99, f. 157; *History of Pyrates*, 640.

（30） Trial of Thomas Davis（1717）, in *Privateering and Piracy*, ed. Jameson, 308; *Boston News-Letter*, November 4, 1717.

（31） *Tryals of Bonnet*, 45.

（32） Deposition of Samuel Cooper, Mariner, May 24, 1718, *CSPC*, item 551 i, vol. 30（1717–18）, 263; *Tryals of Bonnet*, 29, 50; *History of Pyrates*, 195.

（33） Governor Hamilton to the Council of Trade and Plantations, October 3, 1720, *CSPC*, item 251, vol. 32（1720–21）, 165; *American Weekly Mercury*, October 27, 1720; *Boston Gazette*, October 24, 1720.

（34） Alexander Spotswood to the Council of Trade and Plantations, May 31, 1721, *CSPC*, item 513, vol. 32（1720–21）, 328.

（35） Council meeting of May 3, 1721, in *Council of Colonial Virginia*, ed. McIlwaine, 542; abstract of Alexander Spotswood to Board of Trade, June 11, 1722, CO 5/1370; Spotswood to Board of Trade, May 31, 1721, CO 5/1319; Mr. Urmstone to the Secretary, May 10, 1721, Society for the Propagation of the Gospel Archives, Manuscripts A/15, f. 44, Colonial Virginia Records Project, Virginia State Library, Richmond, Virginia.

（36） Dow and Edmonds, *Pirates of New England*, 281–282; *History of Pyrates*, 355; *American Weekly Mercury*, May 21, 1724.

（37） Charles Hope to Council of Trade, January 14, 1724, CO 37/11, f. 37.

（38） Jameson, *Privateering and Piracy*, 346; Treasury warrant to Captain Knott, August 10, 1722, Treasury Papers（T）52/32, Public Record Office, London.

（39） John Barnard, *Ashton's Memorial: An History of the Strange Adventures, and Signal Deliverances of Mr. Philip Ashton*（Boston, 1725）, 2, 4（傍点は著者）. おそらくこれは、M・A・K・ハリデーの言う「反言語」であろう。反言語とは「（発話において）別種の社会構造について語ることであり、その社会構造は今度はもう1つの社会的現実を有している」。すなわち「反言語」は「再社会化の文脈」のなかに存在している。以下を参照。M. A. K. Halliday, "Anti-Languages," *American Anthropologist* 78（1976）: 572, 575.

（40） William Smith, *A New Voyage to Guinea*（London, 1744）, 42–43; Snelgrave, *New Account*, 217; Barnard, *Ashton's Memorial*, 7; *History of Pyrates*, 312. また、Morris, "Ghost of Captain Kidd," 286も参照。

（41） 人類学者のレイモンド・ファースは、旗とは、結束を生み出し、その統一性を象徴することにより、力と感情の両方をつかさどる役割を果たすものだと論じている（Raymond Firth, *Symbols: Public and Private*（Ithaca, N. Y.: Cornell University Press,

1973), 328, 339; S. Charles Hill, "Notes on Piracy in Eastern Waters," *Indian Antiquary* 52 〔1923〕: 147)。海賊旗の下で航海したことで知られている個々の海賊一味については、以下を参照。*Boston Gazette*, November 29, 1725（ライン船長）; *Boston News-Letter*, September 10, 1716（ジェニングズもしくはレスリーか）, August 12, 1717（ナピン、ニコルズ）, March 2, 1719（トムスン）, May 28, 1724（フィリップス）, and June 5, 1721（ラカムか）; Jameson, ed., *Privateering and Piracy*, 317（ロバーツ）; *Tryals of Sixteen Persons*, 5（フライ）; Snelgrave, *Account of the Slave Trade*, 199（コクリン、ラブーシュ、デイヴィス）; *Trials of Eight Persons*, 24（ベラミー）; Hughson, *Carolina Pirates*, 113（ムーディ）; *Tryals of Bonnet*, 44–45（ボネット、ティーチ、リチャーズ）; Dow and Edmonds, *Pirates of New England*, 208（ハリス）, 213（ロウ）; Boyer, ed., *Political State*, 28: 152（スプリグズ）; Biddulph, *Pirates of Malabar*, 135（テイラー）; Donnan, ed., *Documents of the Slave-Trade*, 96（イングランド）, and *History of Pyrates*, 240–241（スカーム）, 67–68（マーテル）, 144（ヴェイン）, 371（船長不明）, 628（マカーティ、バンス）, 299（ウォーリー）. 国王の役人たちは、海賊を吊るす絞首台に海賊旗を掲げることによって、この象徴の力を別の方向に働かせようと試みた。第8章を参照。

(42) Boyer, ed., *Political State*, 28: 152; Snelgrave, *Account of the Slave Trade*, 236. 海賊たちはまた、時には赤い「血の」旗を用いた。海賊旗にかんするより深い議論は、第8章を参照。

(43) Lieutenant Governor Hope to [Lord Carteret?], June 25, 1723, *CSPC*, item 603, vol. 33 (1722–23), 287; Governor John Hope to Council of Trade and Plantations, January 14, 1724, CO 37/11, f. 36.

(44) Brock, ed., *Letters of Spotswood*, 2: 319, 274; Gale to Pitt, November 4, 1718, CO 23/1, ff. 47–48; *Tryals of Bonnet*, 9.

(45) Lieutenant General Mathew to Governor Hamilton, September 29, 1720, CO 152/13, f. 23; Governor John Hope to Council of Trade and Plantations, January 14, 1724, CO 37/11, f. 37; Edward Vernon to Josiah Burchett, November 7, 1720, Edward Vernon Letter-Book, Add. MS 40812 (January-December 1720), ff. 96–97.

(46) Hughson, *Carolina Pirates*, 112, 100–101; Barnaby Slush, *The Navy Royal: or a Sea-Cook Turn'd Projector* (London, 1709), viii.

(47) *History of Pyrates*, 28, 43, 244, 159, 285, 628, 656, 660; Arthur L. Hayward, ed., *Lives of the Most Remarkable Criminals* (London, 1735; reprint, New York: Dodd, Mead, 1927), 39; Rankin, *Golden Age*, 155; [Mather], *Vial Poured Out*, 47; Jameson, ed., *Privateering and Piracy*, 341; extract of letter from Lieutenant General Mathew to Governor Hamilton, September 29, 1720,

CSPC, item 251 i, vol. 32 (1720–21), 167.

(48) Bartholomew Roberts, the Pirate, to Lieutenant General Mathew, *Royall Fortune*, September 27, 1720, *CSPC*, item 251 v, vol. 32 (1720–21), 169.

(49) Governor Hamilton to the Council of Trade and Plantations, October 3, 1720, *CSPC*, item 251, vol. 32 (1720–21), 165.

(50) Boyer, ed., *Political State*, 28: 153. 同様の誓いや実際の試みについては、第8章を参照。

第6章

(1) *Boston News-Letter*, December 19, 1720. 裁判については、以下を参照。*The Tryals of Captain John Rackam and Other Pirates* (Jamaica, 1721).

(2) Captain Charles Johnson, *A General History of the Pyrates*, ed. Manuel Schonhorn (London, 1724, 1728; reprint, Columbia, S.C.: University of South Carolina Press, 1972), 152 (以後、*History of Pyrates*〔ジョンソン『海賊列伝』〕).

(3) ジョー・スタンリーが編集した以下の重要な研究を参照。Jo Stanley, ed., *Bold in Her Breeches: Women Pirates across the Ages* (London: Harper Collins, 1995)（ジョー・スタンリー〔竹内和世訳〕『女海賊大全』東洋書林、二〇〇三年）。また次も参照のこと。David Cordingly, *Women Sailors and Sailors' Women: An Untold Maritime History* (New York: Random House, 2001).

(4) 『最も悪名高い海賊の掠奪と殺人の歴史』の出版史については、以下の文献から追うことができる。Philip Gosse, *A Bibliography of the Works of Captain Charles Johnson* (London: Dulau, 1927).

(5) 次の史料を参照。"By his Excellency Woodes Rogers, Esq; Governour of New-Providence, &c. A Proclamation," *Boston Gazette*, October 10, 1720; *Tryals of Captain John Rackam*, 16–19; Governor Nicholas Lawes to Council of Trade and Plantations, June 12, 1721, in *Calendar of State Papers, Colonial Series, America and West Indies, 1574–1739*, CD-ROM, consultant editors Karen Ordahl Kupperman, John C. Appleby, and Mandy Banton (London: Routledge, published in association with the Public Record Office, 2000), item 523, vol. 32 (1720–21), 335 (italics in original); *American Weekly Mercury*, January 31, 1721; *Boston Gazette*, February 6, 1721; *Boston News-Letter*, February 13, 1721.

(6) 執筆の際、キャプテン・ジョンソンが他の著作でもおこなったように、このパンフレットを用いていた可能性はある。『最も悪名高い海賊の掠奪と殺人の歴史』に掲載のションホーンのコメントを参照（*History of Pyrates*, 670）。

（7） *Tryals of Captain John Rackam*, 16.

（8） リンダ・グラント・デポーは、アメリカ独立革命の際、女性がしばしば砲兵隊で働いていたことに触れている。Linda Grant Depauw, "Women in Combat: The Revolutionary War Experience," *Armed Forces and Society* 7 (1981): 214-217.

（9） *Tryals of Captain John Rackam*, 18.

（10） 当時の語りはおおよそ信用できると思われる。ただし、語りを構成する際には、当時の文芸上の慣習が入り混じることもある。たとえば、メアリ・リードの生涯にかんする語りにおいては、マルスとウェヌス間の戦いが援用されている。

（11） Linda Grant Depauw, *Seafaring Women* (Boston: Houghton Mifflin, 1982), 18, 71. 船乗りは公式に女性を排除した多くの職業のうちのほんの一つに過ぎない。性別による労働の分割は、たとえいくつかの点において後の時代ほど厳格ではないにせよ、一八世紀中に明確に確立され、間違いなく強化された。もっとも、中世のギルドと徒弟制度はもっと前から大多数の手工業を性別で分けていたが。ブリジット・ヒルの優れた研究を参照。Bridget Hill, *Women, Work, and Sexual Politics in Eighteenth-Century England* (Oxford: Basil Blackwell, 1989). 特に四九頁と二六〇頁での彼女の指摘が重要。

（12） Dianne Dugaw, ed., *The Female Soldier: Or, the Surprising Life and Adventures of Hannah Snell* (London, 1750; reprint, Los Angeles: Augustan Reprint Society, 1989), v. リンダ・グラント・デポーは、独立革命期に「何万もの女性が実際の戦闘に関与しており」、さらにそのなかの「数百人」――デボラ・サンプソン、サリー・セントクレア、マーガレット・コービン、そして「サミュエル・ゲイ」としてのみ知られる、ある女性――が軍服を着て大陸軍側で戦っていたことを指摘した。以下を参照。Depauw, "Women in Combat," 209.

（13） もとは『ブリティッシュ・マガジン』に掲載された記事「女性戦士」。同記事は「世に知られざるエッセイ」として以下の文献に再録された。Peter Cunningham, ed., *The Works of Oliver Goldsmith* (New York: Harper and Brothers, 1881), 3: 316-319.

（14） 船に乗ることが男性的な営為となっていったプロセスについての研究が始まったのは、ようやく最近になってからである。以下を参照。Margaret S. Creighton and Lisa Norling, eds., *Iron Men, Wooden Women: Gender and Seafaring in the Atlantic World, 1700-1920* (Baltimore: Johns Hopkins University Press, 1996).

（15） Rudolf M. Dekker and Lotte C. van de Pol, *The Tradition of Female Transvestism in Early Modern Europe* (London: Macmillan, 1989), 80, 81（ルドルフ・M・デッカー、ロッテ・C・ファン・ドゥ・ポル〔大木昌訳〕『兵士になった女性たち――近世ヨーロッパにおける異性装の伝統』法政大学出版局、二〇〇七年）; Julie Wheelwright, *Amazons and Military Maids: Women Who*

Dressed as Men in the Pursuit of Life, Liberty, and Happiness (London: Pandora, 1989), 51 53, 78. 船乗りの雇い主は、女性の船乗りについて、一七一八年から七五年にかけてイギリス領アメリカ植民地に重罪犯として移送されてきた何万もの女性に対して年季奉公の雇い主が感じたのと、おそらく同じことを感じていたであろう。彼らは女性たちを、技能がなく、重い肉体労働を担うことも難しく、かつ妊娠で労働時間を失いやすい存在と考えていた。以下を参照。A. Roger Ekirch, *Bound for America: The Transportation of British Convicts to the Colonies, 1718-1775* (Oxford: Clarendon Press, 1987), 48-50, 89.

(16) Arthur N. Gilbert, "Buggery and the British Navy, 1700-1861," *Journal of Social History* 10 (1976): 87-88.

(17) John Flavel, *A Pathetical and Serious Dissuassive* ... (Boston, 1725), 134; Depauw, *Seafaring Women*, 162, 184-185. 女性は乗客として、また士官の妻として――後者は増加傾向にあった――定期的に乗船した。その大多数は、乗組員とは階級とジェンダーの溝によって分けられていた。船長の妻が付き添って海に行くことが一九世紀には流行したが、二〇世紀には衰退した。

(18) 女性のセクシュアリティへの怖れは、海洋航海の黎明期に登場した女性の魔術的、霊的、超自然的力にかんする古い迷信に根ざしている。リンダ・グラント・デポーは、女性が海では悪運を招くとみなされていたという説は神話ないしは陸上での作り話であり、実際の船乗りの信念とはほとんど、あるいはまったく関係がないと主張している。だが、彼女の議論は多くの証拠（彼女自身のものも含め）と矛盾しており、説得力に欠ける。デポーの以下の文献を参照。Depauw, *Seafaring Women*, 15-18.

(19) Clive Senior, *A Nation of Pirates: English Piracy in Its Heyday* (London: David & Charles Abbott, 1976), 39.

(20) *History of Pyrates*, 212, 343; William Snelgrave, *A New Account of Some Parts of Guinea and the Slave Trade* (London, 1734; reprint, London: Frank Cass, 1971), 256-257.

(21) ロバーツと彼の乗組員は、おそらくボニーとリードを知っていた――そしてその存在をよしとしなかった――と思われる。彼らの掟の他の条項は次のように述べている。「もし女性を誘惑して、変装させて海に連れてくる男が見つかれば、死刑に処する」。以下を参照。*History of Pyrates*, 212.

(22) *Tryals of Captain John Rackam*, 18.

(23) "At a Court held at Williamsburg" (1727), HCA 1/99, ff. 2-8. ハーリーの夫トマスも海賊に加わっていたが、逮捕は免れた。トマスとメアリ・ハーリー（またはハーヴィー）を夫婦として確定できる件にかんする情報は以下を参照。Peter Wilson Coldham, *English Convicts in America*, vol. 1: *Middlesex, 1617-1775* (New Orleans: Polyanthos, 1974), 123. メアリ・ハーリー（またはハーヴィー）は一七二五年の四月に植民地に移送されている。トマスは同年一〇月に判決を下され、一一月に移送されている。一味のリーダー、ジョン・ヴィダルは国王の慈悲を受けることを請願し、一七二七年九月に重罪に対する恩赦を受けている。以下を参照。H. R. McIlwaine, *Executive Journals of the Council of Colonial Virginia* (Richmond: Virginia State Library, 1930), 4: 149, 150.

(24) "Proceedings of the Court of Admiralty [in Virginia]" (1729), HCA 1/99. 以下も参照。Coldham, *English Convicts in America*, 67（クリチェット）and 290（ウィリアムズ）. 絞首刑が実施されたかどうかについては史料が現存しない。

(25) 船内での女性の役割を制限することで、海賊はコミュニティとしての自己再生産をより困難にしていた。この状況は、国家にとっては海賊に致命傷となる攻撃を仕掛けることが容易になったことを意味した。

(26) ジュリー・ウィールライトは次のように書いている。「兵士や船乗りとして登録されている女性は、たいてい労働者階級出身である。労働者階級に属すことで、彼女たちは厳しく、また肉体的な労働に慣れ親しんできた。彼女たちは、女性が農場や他の仕事場で男性と肩を並べて仕事し、自らの強さに自信を持っているようなコミュニティに出自を持つ」。以下の文献を参照。Wheelwright, *Amazons and Military Maids*, 42. また Dekker and van de Pol, *Tradition of Female Transvestism*, 2.

(27) オランダ東インド会社文書に記載された一一九件の異性装の事例に基づいて、ルドルフ・M・デッカーとロッテ・C・ファン・ドゥ・ポルは次のように結論づけている。「近世を通じて、男性として通すことは、不運に見舞われ、困難な状況を克服しようと苦闘する女性にとって現実的で、実行可能な選択肢であった」。両者の以下の著書を参照。Dekker and van de Pol, *Tradition of Female Transvestism*, 1-2 (quotation), 11, 13, 42.

(28) Anne Chambers, *Granuaile: The Life and Time of Grace O'Malley, c. 1530-1603* (Dublin: Wolfhound Press, 1983). シドニーは同書の八五頁で取り上げられている。また次も参照。Depauw, *Seafaring Women*, 24-25. ブレダで宿屋を経営したリードは、同様にオランダの有名な異性装者であるマリア・ファン・アントウェルペンに影響を与えたかもしれない。次を参照。Dekker and van de Pol, *Tradition of Female Transvestism*, 40.

(29) James Caulfield, *Portraits, Memoirs, and Characters of Remarkable Persons from the Revolution in 1688 to the End of the Reign of George II* (London: T. H. Whitely, 1820), 2: 43-51.

(30) Ibid., 4: 111, 112.

(31) Dugaw, ed., *Female Soldier*, vi, 1, 5, 6, 17, 19, 22-23, 39, 41. ハンナ・スネルの物語は、彼女の軍務が帯びる愛国的役割が強調され、しばしば過去のイギリス国民を称賛する際に語られる。ボニーとリードの物語には、そのような強調点が認められることはない。なんとなれば、掠奪の際に彼女たちはナショナリズムの論理を拒否し、イギリス船とイギリスの通商を攻撃したという紛れもない事実が存在しているからである。

(32) Dianne Dugaw, *Warrior Women and Popular Balladry, 1650-1850* (Cambridge: Cambridge University Press, 1989), 20.

(33) Ibid., 1, 48.

(34) Ibid., 124, 131, 122 (quotation). 女性戦士への民衆の好意的反応というドゥゴーの結論は、ルドルフ・M・デッカーとロッテ・C・ファン・ドゥ・ポルの見解と矛盾するように見える。だが、これはイギリスとオランダにおける反応の違いの問題かもしれない。以下を参照。Dekker and van de Pol, *Tradition of Female Transvestism*, 97-98.

(35) ボニーとリードの異性装と海への出奔は、ピーター・ラインボーが提案している、より大きな文脈のなかで理解するべきであろう。「生存し、困難を切り抜けていくためにとられたさまざまな行為の一種として、自らを、傷まみれで厚く硬い皮膚——イギリス労働者階級の特徴——を持つグループに属していない人物であるかのように見せかける能力を加えるべきであろうと、私は考えている」。ラインボーの以下の文献を参照。Peter Linebaugh, "All the Atlantic Mountains Shook," *Labour/Le Travail* 10 (1982): 99.

(36) 以下の論文で、デポーは、一八世紀において「肉弾戦に従事することは非女性的な振る舞いとはみなされていなかった」と主張している。Depauw, "Women in Combat," 223.

(37) *Tryals of Captain John Rackam*, 16, 18.

(38) *History of Pyrates*, 151; *Tryals of Captain John Rackam*, 11; Douglas Hay, Peter Linebaugh, and E.P. Thompson, eds., *Albion's Fatal Tree: Crime and Society in Eighteenth-Century England* (New York: Pantheon, 1975); E.P. Thompson, *Whigs and Hunters: The Origin of the Black Act* (New York: Pantheon Books, 1975); Peter Linebaugh, *The London Hanged: Crime and Civil Society in the Eighteenth Century* (Cambridge: Cambridge University Press, 1991).

(39) *History of Pyrates*, 587.

(40) John Gillis, *For Better, for Worse: British Marriages, 1600 to the Present* (New York: Oxford University Press, 1985), 13, 14, 18, 37, 84, 85, 99 (quotation)（ジョン・R・ギリス〔北本正章訳〕『結婚観の歴史人類学——近代イギリス・一六〇〇年〜現代』勁草書房、二〇〇六年）; anonymous letter from South Carolina, August 1716, Colonial Office Papers (CO) 5/382, f. 47 (quotation). Public Record Office, London. リチャード・ターンリーは妻売りの証人になることを拒否しただけでなく、ロジャーズ総督に情

報提供をおこなったため、すぐに復讐の対象となった。「ひどい罵りと呪いの言葉」で、ボニーとラカムは、もし彼らがターンリーを見つけたら（実際に捜索をおこなった）、彼らは「死ぬまでむちで打つ」だろうと宣言した。次の史料を参照。*History of Pyrates*, 623, 626. 同書に掲載された証言は、この妻売りのケースは、通常の慣習のように夫が主導したのではなく、ボニー自身がおこなったことを示唆している。妻売りについては、以下の文献を参照。E. P. Thompson, *Customs in Common* (London: Merlin Press, 1991) chap. 7; Samuel Pyeatt Menafee, *Wives for Sale* (Oxford: Oxford University Press, 1981); Hill, *Women, Work, and Sexual Politics*, 216.

(41) *History of Pyrates*, 391.

(42) ドゥゴーの著書、Dugaw, *Warrior Women*, 73, 75, 155と彼女の論文、"Female Sailors Bold: Transvestite Heroines and the Markers of Gender and Class," in *Iron Men, Wooden Women*, ed. Creighton and Norling, 34-54を参照。イギリスにおける女性戦士のバラッドは、オランダで異性装が衰退するのと並行して衰退した。次の文献を参照。Dekker and van de Pol, *Tradition of Female Transvestism*, 102-103.

(43) Wheelwright, *Amazons and Military Maids*, 11, 78, 159; Dugaw, Warrior Women, 1, 3-4. 『最も悪名高い海賊の掠奪と殺人の歴史』の後の版については、次を参照。Gosse, *A Bibliography of the Works of Captain Charles Johnson*.

(44) Natalie Zemon Davis, "Women on Top," in her *Society and Culture in Early Modern France* (Stanford: Stanford University Press, 1975), 131, 144（ナタリー・ゼーモン・デーヴィス〔成瀬駒男ほか訳〕『愚者の王国異端の都市――近代初期フランスの民衆文化』平凡社、一九八七年）; Wheelwright, *Amazons and Military Maids*, 15, 119 (quotation).

(45) Daniel Defoe, *The Fortunes and Misfortunes of the Famous Moll Flanders* (London, 1722; reprint, New York: Penguin, 1978), 28, 33, 228, 208-209（ダニエル・デフォー〔伊澤龍雄訳〕『モル・フランダーズ』岩波書店、一九六八年）.

(46) Christopher Hill, *A Tinker and a Poor Man: John Bunyan and His Church, 1628-1688* (New York: Knopf, 1989), 362; Linebaugh, *London Hanged*, 119-120; Dugaw, ed., *Female Soldier*, 40-41.

(47) James R. Sutherland, "'Polly' among the Pirates," *Modern Language Review* 37 (1942): 291-292; Joan Hildreth Owen, "*Polly* and the Choice of Virtue," *Bulletin of the New York Public Library* 77 (1974): 393. ゲイの演劇は、女性戦士が「近世の想像力の最大の関心事」であったというドゥゴーの指摘を確証する手助けになる（Dugaw, *Warrior Women*, 1）。また『ポリー』にかんする彼女の興味深い解釈も参照（Dugaw, *Warrior Women*, 191-211）。

（48） John Gay, *Polly: An Opera, being the Second Part of the Beggar's Opera*, in *John Gay: Dramatic Works*, ed. John Fuller（Oxford: Clarendon Press, 1983）, 2: 95. モラノという名は、「茶色」を意味するスペイン語の「モレノ」を参照しているのかもしれない。ないしは、一四九二年の追放令の後、スペインを立ち去らず、カトリックに改宗したユダヤ人を意味する「マラノ」の可能性もある。後者の意味であれば、さらに変装のテーマについて展開しうることになる。

（49） Gay, *Polly*, 2: 99, 140.

（50） Ibid. 129.

（51） アイオロスについては、次を参照。Rudolf Wittkower, *Allegory and the Migration of Symbols*（New York: Thames and Hudson, 1977）, 94（R・ウィットカウアー〔大野芳材、西野嘉章訳〕『アレゴリーとシンボル——図像の東西交渉史』平凡社、一九九一年）; Michael Grant and John Hazel, *Gods and Mortals in Classical Mythology*（Springfield, Mass.: G. & C. Merriam, 1973）, 27–28（マイケル・グラント、ジョン・ヘイゼル〔西田実訳主幹、入江和生ほか共訳〕『ギリシア・ローマ神話事典』大修館書店、一九八八年）. ただ、悪意ある神テューポーンがここでの風の源である可能性もある。テューポーンは、風を「無秩序の仲間、混乱の力」に変えるのである。次を参照。Yves Bonnefoy, comp., *Mythologies*（Chicago: University of Chicago Press, 1991）, 1: 510.

（52） モーリス・アギュロンは、無秩序のアレゴリー的表現に、破壊の罪を象徴する短剣と松明がどのように含まれてきたのかを指摘した。次の彼の著書を参照。Maurice Agulhon, *Marianne into Battle: Republican Imagery and Symbolism in France, 1789–1880*（Cambridge: Cambridge University Press, 1981）, 13（阿河雄二郎ほか訳『フランス共和国の肖像——闘うマリアンヌ 1789–1880』ミネルヴァ書房、一九八九年）. 女海賊にかんする表現を創造するにあたって、『イギリスの海賊の歴史』の挿絵を描いた無名の画家は、ピーテル・ブリューゲルの、不気味ではあるが力強い絵画『悪女フリート』に依拠していたかもしれない。『悪女フリート』では、狂女マルゴと呼ばれる反抗的で、野性味あふれ、剣を持ち運ぶ、口うるさい女を描いている。彼女は周りに跋扈する悪魔、鬼、その他の化け物をものともせず、恐れることなく、地獄の入口の向こうに踏み出している。次を参照。Leo van Puyvelde, *Pieter Bruegel's "Dulle Griet"*（London: Percy Lund Humphries, n.d.）.

（53） ドラクロワの『自由の女神』にかんする美術史の文献は膨大にある。最も重要なものとしては以下を参照。Lee Johnson, ed., *The Paintings of Eugene Delacroix: A Critical Catalogue*（Oxford: Clarendon Press, 1981）, vol. 1, *1816–1831*, 144–151; George Heard Hamilton, "The Iconographical Origins of Delacroix's 'Liberty Leading the People'," in *Studies in Art and Literature for Belle Da Costa Greene*, ed. Dorothy Miner（Princeton, N.J.: Princeton University Press, 1954）, 55–66; Hélène Adhémar, "La Liberté sur les barricades de Delacroix: Étudiée d'après des documents inédits," *Gazette des Beaux-Arts* 43 (1954): 83–92; N. Hadjinicolaou, "'La Liberté guidant le peuple' de Delacroix devant son premier plan," *Actes de la Recherche en Social Sciences* (June 1979): 3–26; Hélène Toussaint, *La Liberté guidant le peuple de Delacroix* (Paris: Éditions de la Réunion des musées nationaux, 1982); T. J. Clark, *The Absolute Bourgeois: Artists and Politics in France, 1848–1851* (Princeton, N. J.: Princeton University Press, 1973), 17–20, 22, 25–26, 29; Marcia Pointon, "*Liberty on the Barricades*: Women, Politics, and Sexuality in Delacroix," in her *Naked Authority: The Body in Western Painting, 1830–1908* (Cambridge: Cambridge University Press, 1990), 59–82.

（54） Marina Warner, *Maidens and Monuments: The Allegory of the Female Form* (London: Weidenfield and Nicolson, 1985), 272.

（55） アイオロスが司る四つの風は、通常、子どもや髭のない男性として描かれる。このことは、ドラクロワが少年を描くことを選んだ理由を説明する手助けになるかもしれない。次を参照。J. S. Cooper, *An Illustrated Encyclopaedia of Traditional Symbols* (New York: Thames and Hudson, 1978), 192（J・S・クーパー〔岩崎宗治、鈴木繁夫訳〕『世界シンボル辞典』三省堂、一九九二年）.

（56） 美術史家がこの絵の象徴的意味にかんして、海洋関係の含意を解明してこなかったのは奇妙である。ドラクロワは若い頃、海の近くに住んでおり、そこで彼は、胸をはだけた女性の船首像がさまざまな船に設置してあるのを見た可能性があることを考慮すれば、なおさらである。多くの船乗りはこの像が人間を守る超自然の力、特に海の大嵐を鎮める能力を持つと考えていたが、ドラクロワもそのことを知っていたかもしれない。以下を参照のこと。Margaret Baker, *The Folklore of the Sea* (London: David and Charles, 1979), chap. 1; Horace Beck, *Folklore and the Sea* (Middletown, Conn.: Wesleyan University Press, 1973), 15–16.

（57） Lynda Nead, *The Female Nude: Art, Obscenity, and Sexuality* (London: Routledge, 1992), 2 (quotation), 9, 47（リンダ・ニード〔藤井麻利、藤井雅実訳〕『ヌードの反美学――美術・猥褻・セクシュアリティ』青弓社、一九九七年）.「裸」と「ヌード」の違いはケネス・クラークの次の文献が強く主張している。Kenneth Clark, *The Nude: A Study in Ideal Form* (Princeton, N. J.: Princeton University Press, 1953), 3–29. 一世代の後、女性らしさにかんする新しい定義が根を下ろすと、エドゥアール・マネはヌードではなく裸の女性を描いて、権威主義的な美術界を憤慨させるような試みをおこなった。以下を参照のこと。T. J. Clark, "Preliminaries to a Possible Treatment of 'Olympia' in 1865," *Screen* 21 (1980): 18–41.

（58） 以下を参照。Warner, *Maidens and Monuments*, chaps. 6, 8, and 12.

（59） ほかにも、一八〇八年のフランス軍の侵攻に対するスペイン防衛の際に多大な勇気を示したとして有名な「サラゴサの乙女」の物語がある。これら淵源にかんする議論については、以下を参照。Pointon, "*Liberty on the Barricades*," 64; Hamilton, "Iconographical Origins," 63-64; Johnson, *Paintings of Delacroix*, 147. ここで論じている影響は、広く認められているジェリコー、グロ、ゲランのドラクロワ絵画への影響を否定するものでも、価値を貶めるものでもない。

(60) 女性としての海賊の表象は、フランス革命中に登場した急進的な自由の女神の表象の先駆として捉えられるかもしれない。リン・ハントはこのイメージ、すなわち武器を持ち、「胸をはだけ、荒々しい顔つきの」女性を変化の精力的な担い手とするイメージは、女性の保守的な表象と対抗関係にあったと指摘している。後者は「座っていて、無表情で、大人しく、しばしば自由帽を被せた槍もない」活気のない安定の象徴としての自由の女神である。以下を参照のこと。Lynn Hunt, *Politics, Culture, and Class in the French Revolution* (Berkeley: University of California Press, 1984), 93（リン・ハント〔松浦義弘訳〕『フランス革命の政治文化』平凡社、一九八九年）。フランスにおける、象徴としての自由の女神の起源については、次を参照。Agulhon, *Marianne into Battle*, chap. 1. 急進的なイメージはその後、社会主義者の伝統に受け継がれていく。Eric Hobsbawm, "Man and Woman in Socialist Iconography," *History Workshop Journal* 6 (1978): 121-138. この点については次も参照。Maurice Agulhon, "On Political Allegory: A Reply to Eric Hobsbawm," *History Workshop Journal* 8 (1979): 167-173.

(61) Gosse, *A Bibliography of the Works of Captain Charles Johnson*.

(62) ジョージ・ハード・ハミルトンの三つの論文を参照。George Heard Hamilton, "Eugene Delacroix and Lord Byron," *Gazette des Beaux-Arts* 23 (1943): 99-110; "*Hamlet* or *Childe Harold?* Delacroix and Byron," *Gazette des Beaux-Arts* 26 (1944): 365-386; "Iconographical Origins," 63. ハミルトンは、一八三〇～三一年の冬、バイロンがドラクロワの頭のなかから離れなかったと述べている。「コルセア」は以下で見ることができる。Ernest Hartley Coleridge, ed., *The Works of Lord Byron* (New York: Octagon Books, 1966), 3: 227-296.

第7章

(1) Cotton Mather, *Instructions to the Living, From the Condition of the Dead: A Brief Relation of Remarkables in the Shipwreck of above One Hundred Pirates* (Boston, 1717), 17.

(2) *The Tryals of Major Stede Bonnet and Other Pirates* (London, 1719), 2, 8; *Boston News-Letter*, August 15, 1720, July 22 and November 4, 1717; *Boston Gazette*, August 15, April 18, and October 10, 1720, September 6, 1725; *American Weekly Mercury*,

September 1, 1720; *Trials of Eight Persons Indited for Piracy* (Boston, 1718), 8; Captain Charles Johnson, *A General History of the Pyrates*, ed. Manuel Schonhorn (1724, 1728; reprint, Columbia, S. C.: University of South Carolina Press, 1972), 228 (以後、*History of Pyrates*〔ジョンソン『海賊列伝』〕); *New-England Courant*, August 21, 1721.

(3) *Boston News-Letter*, April 16, 1722, December 2 and 16, 1717, January 16–24, 1724; *The Trials of Five Persons for Piracy, Felony, and Robbery* (Boston, 1726), 7; *Tryals of Bonnet*, 3, 4; *Trials of Eight Persons*, 6, 7; *American Weekly Mercury*, April 7, 1720; *Boston Gazette*, September 23, 1723; *Tryals of Thirty-Six Persons for Piracy* (Boston, 1723), 3; *History of Pyrates*, 26, 38.

(4) *Tryals of Thirty-Six*, 3; *Trials of Eight Persons*, 6; Cotton Mather, *Useful Remarks: An Essay upon Remarkables in the Way of Wicked Men: A Sermon on the Tragical End, unto which the Way of Twenty-Six Pirates Brought Them; At New Port on Rhode-Island, July 19, 1723* (New London, Conn., 1723), 40, 27, 39; *Tryals of Bonnet*, 3, 8, 11; Mather, *Instructions to the Living*, 38; *Boston News-Letter*, July 25-August 1, 1723, April 2–9, 1724; Cotton Mather, *The Vial Poured Out upon the Sea: A Remarkable Relation of Certain Pirates* … (Boston, 1726), 46; *History of Pyrates*, 287.

(5) *Trials of Eight Persons*, 7, 6, 2; *Tryals of Bonnet*, 10, 7, 8; *Boston News-Letter*, March 29, 1714, February 9, 1719, August, 15, 1723, September 24, 1724; *Boston Gazette*, October 10, 1720; Benjamin Colman, *It Is a Fearful Thing to Fall into the Hands of the Living God* … (Boston, 1726), 36; *American Weekly Mercury*, April 7, 1720, August 17, 1721; *Trials of Five Persons*, 11, 16; Mather, *Instructions to the Living*, 5; *History of Pyrates*, 79, 264; *American Weekly Mercury*, June 13, 1723; H. R. McIlwaine, ed., *Executive Journals of the Council of Colonial Virginia* (Richmond, 1928), 3: 612.

(6) *Trials of Eight*, 6, 2, 7; *Tryals of Thirty-Six*, 3; Arthur L. Hayward, ed., *Lives of the Most Remarkable Criminals* (London, 1735; reprint, New York: Dodd, Mead, 1927), 3: 474, 580; Mather, *Vial Poured Out*, 8; *American Weekly Mercury*, April 7, 1720, February 20, 1722; *Boston Gazette*, April 18, 1720, August 19 and September 23, 1723; *Tryals of Bonnet*, 3–10; *Boston News-Letter*, April 13–20, 1719, August 15–22, 1723; *History of Pyrates*, 264; Colman, *It Is a Fearful Thing*, 25; *Tryals of Thirty-Six*, 3; *Trials of Eight*, 2, 6, 7; *American Weekly Mercury*, September 19, 1723; Mather, *Instructions to the Living*, 17; *Boston News-Letter*, September 12–19, 1723; *History of Pyrates*, 46, 79, 331.

(7) *Tryals of Bonnet*, 8.

(8) John Barnard, *Ashton's Memorial: An History of the Strange Adventures, and Signal Deliverances of Mr. Philip Ashton* (Boston,

1725), 62; *Boston News-Letter*, July 15, 1717, April 4, 1723, June 20, 1723; *American Weekly Mercury*, June 20 and September 26, 1723, January 11, 1726, November 29, 1725; *Tryals of Thirty-Six*, 3; Cotton Mather, *Tryals of Sixteen Persons for Piracy, & c.* (Boston, 1726), 14; *Tryals of Bonnet*, iii, 5.

(9) Mather, *Useful Remarks*, 10; Barnard, *Ashton's Memorial*, 2, 62, 35, 63, 13; *History of Pyrates*, 210, 216, 219, 224; Mather, *Vial Poured Out*, 34, 20; Mather, *Instructions to the Living*, 60, 38, 49; Hayward, ed., *Remarkable Criminals*, 129, 576; *Boston News-Letter*, August, 15, 1722.

(10) Barnard, *Ashton's Memorial*, 38, 62, 3, 6, 35, 64; Hayward, ed., *Remarkable Criminals*, 35, 125, 586; *History of Pyrates*, 85, 149, 164, 217; *Boston News-Letter*, August 15, 1722; Colman, *It Is a Fearful Thing*, 35; *American Weekly Mercury*, November 29, 1725; Mather, *Vial Poured Out*, 47.

(11) *Trials of Eight*, 6; Barnard, *Ashton's Memorial*, 62, 5, 64; *Tryals of Bonnet*, 3; Mather, *Vial Poured Out*, 8, 45.

(12) Mather, *Useful Remarks*, 13, 8, 33; *History of Pyrates*, 129, 135, 209, 312; Barnard, *Ashton's Memorial*, 62; Colman, *It Is a Fearful Thing*, 17; *Boston News-Letter*, December 19, 1720; Hayward, ed., *Remarkable Criminals*, 128; Mather, *Vial Poured Out*, 26; Flavel, *Pathetical and Serious Disswasive ...* (Boston, 1725), 134; Colman, *It Is a Fearful Thing*, 17; Cotton Mather, *The Lord-High-Admiral of all the Seas, Adored* (Boston, 1723), 20.

(13) Colman, *It Is a Fearful Thing*, 15; Barnard, *Ashton's Memorial*, 4, ii, 7, 62; *Tryals of Sixteen*, 14; *Trials of Eight*, 8; *American Weekly Mercury*, June 13 and September 26, 1723, January 11, 1726; Hayward, ed., *Remarkable Criminals*, 128; *Boston News-Letter*, August 12, 1717, September 24, 1724, December 23, 1718, July 18, 1723; *Tryals of Thirty-Six*, 3; Mather, *Instructions to the Living*, 19; *Boston Gazette*, March 21, 1726.

(14) Mather, *Vial Poured Out*, 9; *Trials of Five Persons*, 5; *Tryals of Sixteen*, 9; Mather, *Lord-High-Admiral*, 20; Barnard, *Ashton's Memorial*, 62, 7; *History of Pyrates*, 312, 332, 24, 6; Colman, *It Is a Fearful Thing*, 36; *Boston News-Letter*, August 15, 1722; Mather, *Useful Remarks*, 42. おそらく、こうした告解のいくつかは、聖職者あるいは政府役人によって書かれたものであろう。

(15) Mather, *Useful Remarks*, 13; Mather, *Instructions to the Living*, 37; Barnard, *Ashton's Memorial*, 7, 15; Colman, *It Is a Fearful Thing*, 5, 22, 38; Mather, *Useful Remarks*, 15, 26, 37, 39, 41, 42; *Tryals of Sixteen*, 14; Bernard Mandeville, *An Enquiry into the Causes of the Frequent Executions at Tyburn* (1725; reprint, Los Angeles: William Andrews Clark Memorial Library, 1964), 22,

34; Mather, *Instructions to the Living*, 37, 49; *Boston News-Letter*, August, 15, 1722, July 25, 1723, May 28, 1724; John Flavel, *Navigation Spiritualized; or, a New Compass for Sea-Men* (Boston, 1726), i、ならびに *Pathetical and Serious Disswasive*, 55, 154; Mather, *Vial Poured Out*, 5, 43, 47, 48; *History of Pyrates*, 246, 312を参照。

(16) Mather, *Useful Remarks*, 25, 13, 37; Hayward, ed., *Remarkable Criminals*, 125; Colman, *It Is a Fearful Thing*, 17, 22; Mather, *Instructions to the Living*, 23, 50; *Boston News-Letter*, July 25, 1723; Barnard, *Ashton's Memorial*, 15; Flavel, *Navigation Spiritualized*, i; Flavel, *Pathetical and Serious Disswasive*, 172; Mather, *Vial Poured Out*, 49; また、Arthur N. Gilbert, "Buggery and the British Royal Navy, 1700–1861," *Journal of Social History* 10 (1976): 72–98、特に同性愛と秩序にかんする彼の議論（87–88）を参照。

(17) Mather, *Useful Remarks*, 13, 15, 23, 24, 31, 36, 37, 40–42; *Tryals of Bonnet*, 11; Colman, *It Is a Fearful Thing*, 36; Mather, *Instructions to the Living*, 16, 38; Barnard, *Ashton's Memorial*, 2, 3, 6, 22, 64; *Boston News-Letter*, July 25, 1723, May 28, 1724; *History of Pyrates*, 264, 350–351, 659–660; Mather, *Vial Poured Out*, 48.

(18) 船乗りの労働の状況については本書第2・3章、および A. G. Course, *The Merchant Navy: A Social History* (London: F. Muller, 1963); Ralph Davis, *The Rise of the English Shipping Industry in the Seventeenth and Eighteenth Centuries* (London: Macmillan, 1962); C. D. Merriman, ed., *Queen Anne's Navy: Documents Concerning the Administration of the Navy of Queen Anne, 1702–1714* (London: Navy Records Society, 1961); Capt. Alfred Dewar, ed., *The Voyages and Travels of Captain Nathaniel Uring* (1726; reprint, London: Cassell, 1928) を参照。Mather, *Vial Poured Out*, 15; Mather, *Useful Remarks*, 3; *The Mariner's Divine Mate, or, Spiritual Navigation Improved* (Boston, 1715), 34; Mather, *Instructions to the Living*, 42.

(19) *Boston News-Letter*, May 27, 1717; Mather, *Lord-High-Admiral*, 9; Flavel, *Navigation Spiritualized*, 11, 14, 1, 63; *Mariner's Divine Mate*, 2, 11; *Trials of Eight Persons*, 6; Mather, *Instructions to the Living*, 4; Mather, *Vial Poured Out*, 33.

(20) *Trials of Eight Persons*, 6, 7; "Tryals of the Pirates" (1722), in *History of Pyrates*, 263; Mather, *Lord-High-Admiral*, 4.

(21) Mandeville, *An Enquiry into the Causes*, 48.

(22) *Tryals of Bonnet*, 11; Colman, *It Is a Fearful Thing*, 9; *Mariner's Divine Mate*, i, 1; Mather, *Lord-High-Admiral*, 6, 22; Barnard, *Ashton's Memorial*, i; Mather, *Useful Remarks*, 4; *Trials of Eight Persons*, 6; *Trials of Thirty-Six*, 3.

(23) *American Weekly Mercury*, December 13, 1720; *Tryals of Sixteen*, 14. 海賊に対して用いられた排除のレトリック戦術（獣性や

無秩序など）は、一七・一八世紀にイギリス人がアフリカ人、アフリカ系アメリカ人およびアメリカ先住民に対して用いたそれと同種のものである。

（24）Deposition of Henry Bostock, 1717, Colonial Office Papers（CO）152/12, Public Record Office, London; William Snelgrave, *A New Account of Some Parts of Guinea and the Slave Trade*（London, 1734; reprint, London: Frank Cass, 1971）, 253; *History of Pyrates*, 217; Alexander Spotswood to Board of Trade, May 31, 1717, CO 5/1318; John Franklin Jameson, ed., *Privateering and Piracy in the Colonial Period: Illustrative Documents*（New York: Macmillan, 1923）, 315.

（25）Governor Hamilton to Council of Trade, October 3, 1720, *Calendar of State Papers, Colonial Series, America and West Indies, 1574–1739*, CD-ROM, consultant editors Karen Ordahl Kupperman, John C. Appleby, and Mandy Banton（London: Routledge, published in association with the Public Record Office, 2000）, item 251, vol. 32（1720–21）, 165（以後、CSPC）. 私はここで奴隷貿易を重視しているが、これは、海軍による海賊掃討作戦が一七一八年以降に進展したことを示す他の多くの理由——近年、ピーター・アールが（鋭い洞察力をもって）解明した——を否定するものではない。Peter Earle, *The Pirate Wars*（London: Methuen, 2003）, 184–188参照。

（26）*Parker v. Boucher*（1719）, High Court of Admiralty Papers（HCA）24/132, Public Record Office, London; *Wise v. Beekman*（1716）, HCA 24/131; ウィリスについては、*The Pirate Wars*, 169におけるアールの引用に依拠した。裁判に行き着くことになった他の紛争の事例については、*Coleman v. Seamen*（1718）, *Desbrough v. Christian*（1720）, HCA 24/132; *Povey v. Bigelow*（1722）, HCA 24/134; *Wistridge v. Chapman*（1722）, HCA 24/135を参照。

（27）*History of Pyrates*, 309, 70, 115–116; Information of Alexander Thompson（1723）, HCA 1/55, f. 23; また、Petition of John Massey and George Lowther（1721）, CO 28/17, f. 199も参照。

（28）"Proceedings of the Court held on the Coast of Africa upon Trying of 100 Pirates taken by his Ma[jes]ties Ship Swallow"（1722）, HCA 1/99, ff. 4-6; また、John Atkins, *A Voyage to Guinea, Brasil, and the West-Indies*（London, 1735）, 91, 186–187; Stanley Richards, *Black Bart*（Llandybie, Wales: Christopher Davies, 1966）, 73も参照。

（29）Philip D. Curtin, *The Atlantic Slave Trade: A Census*（Madison: University of Wisconsin Press, 1969）, 150; *American Weekly Mercury*, March 30, 1721; *History of Pyrates*, 172–173, 195; Proceedings of the Court at Jamaica, January 19, 1720, CO 137/14, ff. 28-30; Petition of John Massey and George Lowther, July 22, 1721, CO 28/17, ff. 197–199.

(30) "The Memoriall of the Merchants of London Trading to Africa" (1720), Admiralty Papers (ADM) 1/3810, Public Record Office, London.

(31) *Boston Gazette*, June 13, 1720; "Anonymous Paper relating to the Sugar and Tobacco Trade" (1724), CO 388/24, ff. 186-187; Richards, *Black Bart*, 72.

(32) "Humphry Morice," in *Dictionary of National Biography*, ed. Sir Leslie Stephen and Sir Sidney Lee (London: Oxford University Press, 1959-60), 13: 941; David Eltis, Stephen D. Behrendt, David Richardson, and Herbert S. Klein, *The Transatlantic Slave-Trade: A Data Base on CD-ROM* (Cambridge: Cambridge University Press, 2000); Humphrey Morice to Captain Stephen Bull, December 4, 1718; [an unknown naval officer aboard the *Scarborough*] to Humphrey Morice, September 20, 1724; the Humphrey Morice Papers from the Bank of England, *Slave Trade Journals and Papers* (Marlboro, Wiltshire, England: Adam Mathew Publications, 1998), microfilm.

(33) William Snelgrave to Humphrey Morice, April 30, 1719; John Daggs to Humphrey Morice, February 6, 1720; "Account of Jabez Biglow" (1719). 以上すべて、Morice Papers 所収。

(34) "To the Kings most Excellt Majesty the Humble Petition of the Planters Merchts & Traders concerned in the West Indies" (日付はないが、おそらく一七一八年末); "The Memoriall of the Merchants of London Trading to Africa humbly Offered to the Rt. Hon.ble The Lords Commissioners for Executing the Office of Lord High Admirall of Great Brittaine &c." (日付はないが、おそらく四カ国同盟戦争終結後の一七二〇年二月). モリスは、一七一九年一一月二四日にスネルグレイヴに宛てて次のように書いた。「本日、庶民院でジョン・ジェニングズ卿が私に語ったとおり、軍艦は、追い風が吹きしだい、直ちに出帆する準備ができている」(Morice Papers)。

(35) Richards, *Black Bart*, 63; Leo Francis Stock, ed., *Proceedings and Debates of the British Parliaments Respecting North America* (Washington, D. C.: Carnegie Institution, 1930), 3: 453.

(36) Atkins, *Voyage*, 98; James A. Rawley, *The Transatlantic Slave Trade: A History* (New York: W. W. Norton, 1981), 155; *Boston Gazette*, August 27, 1722; *New-England Courant*, September 3, 1722; "Proceedings," HCA 1/99, f. 98; Richards, *Black Bart*, 107.

(37) Rawley, *Transatlantic Slave Trade*, 162.

(38) Ibid., 164, 165; Curtin, *Atlantic Slave Trade*, 150; (船舶に積み込まれた奴隷については) Eltis et al., *Transatlantic Slave-Trade*.

ダグラス・C・ノースとゲリー・M・ウォルトンは、ともに一八世紀における海運業界の生産性向上の主な原因が海賊撲滅にあったことを強調している。North, "Sources of Productivity Change in Ocean Shipping, 1600-1850," *Journal of Political Economy* 76 (1968): 953-970 および Walton, "Sources of Productivity Change in Colonial American Shipping," *Economic History Review* 67 (1968): 67-78 を参照。

(39) *Boston News-Letter*, May 28, 1724, June 7, 1714, July 29, 1717, July 28, 1718, August 18, 1718, April 4, 1723; Mandeville, *An Enquiry into the Causes*, 37. 処刑については、Colman, *It Is a Fearful Thing*, 37; Mather, *Useful Remarks*, 42; *Trials of Eight*, 14; *American Weekly Mercury*, March 17, 1720, January 31, March 30, April 27, 1721, June 11, 1724; *Trials of Five Persons*, 34; *Boston Gazette*, June 13, 1720, March 21, 1726; Hayward, ed., *Remarkable Criminals*, 598.

(40) Colman, *It Is a Fearful Thing*, 19; Mandeville, *An Enquiry into the Causes*, 18; Mather, *Useful Remarks*, 33; Mather, *Vial Poured Out*, 49; *New-England Courant*, July 22, 1723.

(41) *American Weekly Mercury*, March 17, 1720; Hayward, ed., *Remarkable Criminals*, 37, 600, 603; *History of Pyrates*, 144, 185, 264, 186, 660, 286; Mather, *Vial Poured Out*, 47, 16, 20, 44; Colman, *It Is a Fearful Thing*, 37; Mandeville, *An Enquiry into the Causes*, 19, 32; *Boston News-Letter*, July 7, 1726; *Tryals of Bonnet*, 9; Abel Boyer, ed., *The Political State of Great Britain* (London, 1711-40), 32: 272; Mather, *Vial Poured Out*, 47. ロレインの引用は、Lincoln B. Faller, "In Contrast to History of Pyrates: The Rev. Paul Lorrain, Historian of Crime," *Huntington Library Quarterly* 60 (1976): 69 に依拠した。

(42) *Boston News-Letter*, July 7, 1726, May 8, 1721, May 28, 1724; *Tryals of Bonnet*, 34; Mather, *Vial Poured Out*, 43, 49-50; Mather, *Useful Remarks*, 20; Colman, *It Is a Fearful Thing*, 39; *American Weekly Mercury*, March 17, 1720; *Boston Gazette*, August 27, 1722, June 1, 1724; Hayward, ed., *Remarkable Criminals*, 603; *Boston News-Letter*, March 14, 1720, February 20, 1721; *History of Pyrates*, 264; *Trials of Eight*, 14; *Tryals of Thirty-Six*, 14; *New-England Courant*, September 2-10, 1722. 一か所で処刑された海賊たちは、多くの場合、鎖巻きにされたうえで戦略的観点から複数の港に分散配置された。この慣行の最適な事例は、『ボストン・ガゼット』の一七二二年八月二七日付号で言及されている。このとき鎖巻きにして吊された遺体は、五か所に配置された。

(43) *Trials of Eight*, 6 (傍点は著者); *Tryals of Thirty-Six*, 3; Mather, *Instructions to the Living*, 11, 23; Barnard, *Ashton's Memorial*, 62; Mather, *Useful Remarks*, 20.

(44) Edward Vernon to Nicholas Lawes, October 31, 1720; Edward Vernon to Josiah Burchett, March 7, 1721; Edward Vernon to

Josiah Burchett, April 18, 1721; 以上すべて Edward Vernon's Letter-Book, Add. MS 40813, British Library, London 所収。

第8章

(1) *Boston News-Letter*, August 22, 1720.

(2) Abel Boyer, ed., *The Political State of Great Britain* (London, 1711–40), 33: 149–153.

(3) Governor Walter Hamilton to the Council of Trade and Plantations, October 3, 1720, *Calendar of State Papers, Colonial Series, America and West Indies, 1574–1739*, CD-ROM, consultant editors Karen Ordahl Kupperman, John C. Appleby, and Mandy Banton (London: Routledge, published in association with the Public Record Office, 2000), item 251, vol. 32 (1720–21), 165 (以後、*CSPC*); John Barnard, *Ashton's Memorial: An History of the Strange Adventures, and Signal Deliverances of Mr. Philip Ashton* (Boston, 1725), 239; Arthur L. Hayward, ed., *Lives of the Most Remarkable Criminals* (London, 1735; reprint, New York: Dodd, Mead, 1927), 596; *Tryals of Thirty-Six Persons for Piracy* (Boston, 1723), 9; Captain Charles Johnson, *A General History of the Pyrates*, ed. Manuel Schonhorn (London, 1724, 1728; reprint, Columbia, S. C.: University of South Carolina Press, 1972), 244 (以後、*History of Pyrates*〔ジョンソン『海賊列伝』〕).

(4) *History of Pyrates*, 241.

(5) Alexander Spotswood to Board of Trade, December 22, 1718, Colonial Office Papers (CO) 5/1318, Public Record Office, London; "Proceedings of the Court held on the Coast of Africa," High Court of Admiralty Papers (HCA) 1/99, f. 158, Public Record Office, London; Stanley Richards, *Black Bart* (Llandybie, Wales: Christopher Davies, 1966), 90; *History of Pyrates*, 83, 245; ソルガードの引用は、George Francis Dow and John Henry Edmonds, *The Pirates of the New England Coast, 1630–1730* (Salem, Mass.: Marine Research Society, 1923), 293に依拠；John F. Watson, *Annals of Philadelphia and Pennsylvania* (Philadelphia, 1844), 2: 227.

(6) William Snelgrave, *A New Account of Some Parts of Guinea and the Slave Trade* (London, 1734; reprint, London: Frank Cass, 1971), 210, 270; *Trials of Eight Persons Indited for Piracy* (Boston, 1718), 10; *Tryals of Thirty-Six Persons*, 5.

(7) Barnard, *Ashton's Memorial*, 62; Council Journal, May 27, 1719, in *The Colonial Records of North Carolina*, ed. William L. Saunders (Raleigh, N. C.: P. M. Hale, 1886), 2: 342; Benjamin Colman, *It Is a Fearful Thing to Fall into the Hands of the*

Living God (Boston, 1726), 36; *History of Pyrates*, 312; Snelgrave, *New Account*, 227; [John Fillmore], "A Narrative of the Singular Sufferings of John Fillmore and Others, on Board the Noted Pirate Vessel Commanded by Captain Phillips," Buffalo Historical Society, *Publications* 10 (1907): 33.

(8) *History of Pyrates*, 246.

(9) *The Tryals of Major Stede Bonnet and Other Pirates* (London, 1719), 15; Captain Mathew Musson to the Council of Trade and Plantations, July 5, 1717, *CSPC*, item 635, vol. 29 (1716–17), 338; Proceedings of the Court in Jamaica, January 19, 1720, CO 137/14, f. 28; *History of Pyrates*, 307; Information of Joseph Hollet (1721), HCA 1/55, f. 40.

(10) *History of Pyrates*, 292.

(11) スラム帽は、モップなどを作るのに用いられるロープ片のような、未仕上げの紡毛あるいは麻の小縄から作られた。金梃は、引っかけ鉤のこと。梃棒は、揚錨機あるいは巻揚機を動かすのに用いられる木製の棒。

(12) Governor John Hope to Council of Trade and Plantations, January 14, 1724, CO 37/11, f. 37; Governor John Hart to the Council of Trade and Plantations, March 25, 1724, *CSPC*, item 102, vol. 34 (1724–25), 72.

(13) *Tryals of Bonnet*, 15.

(14) *History of Pyrates*, 231, 269–271.

(15) Peter Earle, *The Pirate Wars* (London: Methuen, 2003), 170での引用に依拠。

(16) *History of Pyrates*, 308.

(17) たとえば、以下を参照。Charles Grey, *Pirates of the Eastern Seas, 1618–1723: A Lurid Page of History*, ed. George MacMunn (1933; reprint, Port Washington, N. Y.: Kennikat Press, 1971), 16; Patrick Pringle, *Jolly Roger* (New York: Norton, 1953), 104; Richards, *Black Bart*, 17; Hugh F. Rankin, *The Golden Age of Piracy* (New York: Holt, Rinehart and Winston, 1969), 22–23.

(18) J. M. Beattie, *Crime and the Courts in England, 1660–1800* (Princeton, N. J.: Princeton University Press, 1986); A. Roger Ekirch, *Bound for America: The Transportation of British Convicts to the Colonies, 1718–1775* (New York: Oxford University Press, 1987).

(19) Governor Hamilton to the Council of Trade and Plantations, October 3, 1720; Cotton Mather, *Useful Remarks: An Essay upon Remarkables in the Way of Wicked Men: A Sermon on the Tragical End, unto which the Way of Twenty-Six Pirates Brought*

Them; At New Port on Rhode-Island, July 19, 1723 (New London, Conn., 1723), 42; *History of Pyrates*, 35. 私は、海賊たちの運命にかんする断片的な史料を収集するなかで、少なくともさらに六〇〇人が死んだか殺害されたことを発見した。

(20) *New-England Courant*, July 22, 1723; *History of Pyrates*, 302.

(21) Boyer, ed., *Political State*, 28: 152. 海賊たちは、時に赤あるいは「血の色」の旗も用いた。

(22) イギリスの先例およびニューイングランドでの墓石芸術の概要については、Allen I. Ludwig, *Graven Images: New England Stonecarving and Its Symbols, 1650–1815* (Middletown, Conn.: Wesleyan University Press, 1966) を参照。

(23) Captain Francis Grose, *A Classical Dictionary of the Vulgar Tongue*, ed. Eric Partridge (1785; reprint, New York: Dorset Press, 1992). 名詞および動詞としての「ロジャー」については同書二八九頁を参照。

(24) S. Charles Hill, "Episodes of Piracy in Eastern Waters," *Indian Antiquary* 49 (1920): 37.

(25) Snelgrave, *New Account*, 236.

(26) *History of Pyrates*, 628, 244. Robert C. Ritchie, *Captain Kidd and the War against the Pirates* (Cambridge, Mass.: Harvard University Press, 1986), 232–237 参照。二〇〇三年一月にコーネル大学で催された比較史研究セミナーで、私が本章の内容を発表した際、レイ・クレイブは、このパラグラフに関連して、海賊文化のなかにシド・ヴィシャス［イギリスのパンク・ロック・グループ、セックス・ピストルズのメンバーだったが、一九七九年に過剰の薬物摂取のため二一歳で死去］に通ずる気風があったのかを質問してくれた。ジェフ・カウィは、むしろニガズ・ウィズ・アティテュード（NWA）［過激な歌詞を特徴とするアメリカの黒人ヒップ・ホップ・グループ］と類似しているのではないかとコメントしてくれた。どちらの考えも正しい。

(27) *History of Pyrates*, 43.

(28) Ibid., 245, 240.

終　章

(1) ヒュー・ランキンは「より多くの海賊が捕らえられ、絞首刑にされると、生き残った者の振る舞いの残酷さが度合いを増す」と書いている。ランキンの次の文献を参照。Hugh Rankin, *Golden Age of Piracy* (New York: Holt, Rinehart and Winston, 1969), 146.

(2) Governor John Hart to the Council of Trade and Plantations, March 25, 1724, *Calendar of State Papers, Colonial Series, America*

and West Indies, 1574–1739, CD-ROM, consultant editors Karen Ordahl Kupperman, John C. Appleby, and Mandy Banton (London: Routledge, published in association with the Public Record Office, 2000), item 102, vol. 34 (1724–25), 72. 次も参照。Captain Charles Johnson, *A General History of the Pyrates*, ed. Manuel Schonhorn (London, 1724, 1728; reprint, Columbia, S.C.: University of South Carolina Press, 1972), 323–327（以後、*History of Pyrates*〔ジョンソン『海賊列伝』〕); Abel Boyer, ed., *The Political State of Great Britain* (London, 1711–40), 27: 616. ボイヤーの史料にはハートの告発の一つが再録されている。ロウは「彼の手に落ちたイギリス臣民に対してすら、残虐な仕打ちをすることでも悪名高いのです」。

（3）*Boston News-Letter*, October 1, 1724; George Francis Dow and John Henry Edmonds, *The Pirates of the New England Coast, 1630–1730* (Salem, Mass.: Marine Research Society, 1923), 217; Peter Earle, *The Pirate Wars* (London: Methuen, 2003), 268; Trial of John Fillmore and Edward Cheesman (1724), in *Privateering and Piracy in the Colonial Period: Illustrative Documents*, ed. John Franklin Jameson (New York: Macmillan, 1923), 329. 別の暴力的な船長チャールズ・ヴェインも部下の船員に反抗され、最後には追放されている。ヴェインは一度、一人の男に対して、瀕死の状態になるまで首を吊り、殴打し、むち打つよう命令した。そこに船員の一人が割って入り、「(彼が言うには) あまりに残酷だという理由で反対した」。以下の証言を参照。Deposition of Nathaniel Catling (1718), Colonial Office Papers (CO) 37/10, f. 41, Public Record Office, London.

（4）*History of Pyrates*, 588; Cotton Mather, *Instructions to the Living, From the Condition of the Dead: A Brief Relation of Remarkables in the Shipwreck of above One Hundred Pirates* (Boston, 1717), 44.

（5）Arthur L. Hayward, ed., *Lives of the Most Remarkable Criminals* (London, 1735; reprint, New York: Dodd, Mead, 1927), 35; *History of Pyrates*, 243; "Proceedings of the Court held on the Coast of Africa," High Court of Admiralty (HCA) 1/99, f. 105; Governor Walter Hamilton to the Council of Trade and Plantations, May 19, 1721, CO 152/14, f. 25; *Boston News-Letter*, March 2 and May 7, 1719; Stanley Richards, *Black Bart* (Llandybie, Wales: Christopher Davies, 1966), 13.

（6）Philip de Souza, *Piracy in the Graeco-Roman World* (Cambridge: Cambridge University Press, 1999), 21, 113, 137, 193, 212, 216, 241–242; Henry A. Ormerod, *Piracy in the Ancient World* (Liverpool: University of Liverpool Press, 1924; reprint, Baltimore: Johns Hopkins University Press, 1997), 13–15.

（7）Augustine, *De Civitate Dei* (City of God), trans. Marcus Dods (New York: Modern Library, 1993), bk. 4, chap. 4. 懸賞金については以下の手紙を参照。Captain George Gordon to Josiah Burchett, September 8 and 14, 1721, Admiralty Papers (ADM)

1/1826, Public Record Office, London; Richards, *Black Bart*, 108. 皮肉なことに、ウォルポールはジョンソンの『最も悪名高い海賊の掠奪と殺人の歴史』に掲載された船乗りに対する詐欺にかんする記述を読んでから、彼らに支払いをするよう個人的にとりなしている。以下を参照。*American Weekly Mercury*, July 1, 1725.

（8）*American Weekly Mercury*, March 17, 1720; Richards, *Black Bart*, 96. ピーター・アールは海賊の掠奪について次のように書いている。「彼らが船を掠奪する際に獲物として主に求めているのは、彼らの船を維持し、彼ら自身とその生活様式を保持することを可能にするものである。生活様式そのものが、金持ちになって帰るという夢よりも重要であった」。以下の彼の著書を参照。Earle, *Pirate Wars*, 177. クロノスの黄金時代にかんしては、以下を参照。Frank E. Manuel and Fritzie P. Manuel, *Utopian Thought in the Western World*（Cambridge, Mass.: Belknap Press of Harvard University Press, 1979）, chap. 2.

（9）船乗りや海賊による闘争は、長期に渡って大西洋全域にまたがる急進主義的運動につながっていたが、そのあり方にかんする叙述は以下を参照。Peter Linebaugh and Marcus Rediker, *The Many-Headed Hydra: Sailors, Slaves, Commoners, and the Hidden History of the Revolutionary Atlantic*（Boston: Beacon Press, 2000）.

解　題——著者マーカス・レディカーと近世大西洋世界の船乗り

笠井俊和

歴史上の船乗りたちは、長きにわたって大衆文化のなかで人々に愛されてきた。小説や映画に登場する彼らは、つねに異国情緒にあふれ、ロマンティックなイメージさえ抱かせる海の男であり、時には陽気で酒と女が好きなごろつきとして、また時には世界の海を旅する冒険者として描写される。一方、アカデミックな世界では、国家による探検事業や歴史に名を残す海戦などの例外を除いて、海事史はナショナル・ヒストリーの枠組みから排除され、船乗りはマージナルな位置づけに甘んじてきた。おおよそ二〇世紀の後半までは、叙述の対象となるのはたいてい「偉大な」航海者や海軍提督ばかりで、名も知れぬ水夫たちの歴史は、好古趣味的で一般受けの良い読み物にすぎなかったのである。本書の著者マーカス・レディカーは次のように言う。水夫をはじめとする近世大西洋世界の労働者たちは、彼らが生きた時代には「火刑や絞首刑、暗い船内の牢屋での足かせ」に苦しみ、その後は長らく「歴史叙述における捨象という暴虐に遭ってきた」のであると。

レディカーは、研究の対象を、著名な探検家の船に乗っていた船員や、名高い海戦に参加した水兵に限定するのではなく、不特定多数の商船水夫に目を向けて、彼らを学界のメインストリームへと導いた歴史家としてその名を知られている。過酷な環境に置かれた労働者や奴隷こそが歴史を作り上げてきたという信念を持ち、いわゆる「下からの歴史（底辺からの歴史）」を実践する彼は、以下に述べるように、近世の船乗りがさまざまな手段を用いて権力に抵抗する姿を強調してきた。当時、大西洋を往来する船の上で、あるいはそれらの船が訪れる港町で、船長や商人、軍人、役人に対して、船乗りは団結して闘っていたのであり、レディカーによれば、彼らの抵抗は階級闘争であった。

本書はレディカーが、数ある抵抗のなかでも海賊になることを選択した者たちを俎上に載せた著書の全訳である。海賊というテーマは、長年にわたる彼の水夫研究の一環であり、たとえば第2章では、海賊になる決断を下すであろう一船乗りの視点から、当時の船乗りたちを取り巻く環境が概観されている。そして、第1章にある、当時存在していた「第三の恐怖」（二一〜二二頁）こそが、彼が研究してきた商船の水夫が置かれていた恐ろしい境遇であり、水夫を海賊へと変える要因であった。本書で語られる海賊は、不遇から抜け出すために、恐怖の力や残虐性を行使するという最もラディカルな抵抗手段に訴えた船乗りたちなのである。

レディカーはつねに、自らの手で生きた記録を書き残せなかった労働者と奴隷の声に耳を傾けることを心がけている。イギリスの労働者階級の歴史をヴィヴィッドに描き出したE・P・トムスンやクリストファー・ヒルといったマルクス主義史家から薫陶を受けた彼は、その視野を大西洋世界へと広げ、虐げられた人々の声を、主に公的文書をもとに復元してきた。彼がその眼差しを商船の水夫へと向けた時、当時の支配階級の残した記録に何度も現れる海賊に行き当たるのは必然であり、本書は彼が海賊たちから聞いた声を代弁した成果といえよう。目下アメリカでは、本書を原作とするテレビのミニシリーズの制作も計画されており、海賊を扱った史上初の史実に忠実なドラマとなることが期待されている。

歴史家マーカス・レディカー

著者マーカス・レディカーは、一九五一年、ケンタッキー州オーエンズバラに生まれ、テネシー州ナッシュヴィルおよびヴァージニア州リッチモンドで育った。海と関係の深い家系ではなく、一家は代々、鉱山や工場、小作地で働く労働者であった。レディカー自身、大学を中退して三年間工場で働いた経験もあるが、その後ヴァージニア・コモンウェルス大学の夜間部を卒業してペンシルヴェニア大学の大学院へと進学し、八二年に博士号を取得している。同年からジョージタウン大学で教鞭を執ったのち、九四年にピッツバーグ大学へと移り、現在は同大学の歴史学科で大西洋史《アトランティック・ヒストリー》特別教授を務めている。彼の役職にその名を冠するアトランティック・ヒストリー（大西洋史）とは、大西洋を囲む四大陸の相関関係を考察することで近世以後の歴史を理解しようとする枠組みであり、昨今の欧米（とりわけアメリカ）で注目のアプローチとなっている（バーナード・ベイリン〔和田光弘・森丈夫訳〕『アトランティック・ヒストリー』〔名古屋大学出版会、二〇〇七年〕を参照）。聴衆を前にレディカーが語る歴史は、一国史の範疇にとらわれない大西洋史の視座から眺めた、社会の下層に置かれた人々の闘争の物語なのである。

本書を除くレディカーの単著・共著・編著は次のとおりで、今や彼の著作は、英語以外の一〇を超える言語で読むことができる。

- *Between the Devil and the Deep Blue Sea: Merchant Seamen, Pirates, and the Anglo-American Maritime World, 1700–1750* (Cambridge: Cambridge University Press, 1987).
- *Who Built America? Working People and the Nation's Economy, Politics, Culture, and Society, Volume 1: From Conquest and Colonization through Reconstruction and the Great Uprising of 1877* (New York: Pantheon Books, 1989). Co-authors, Herbert G. Gutman and others in the American Social History Project.
- *The Many-Headed Hydra: Sailors, Slaves, Commoners, and the Hidden History of the Revolutionary Atlantic* (Boston: Beacon Press, and London: Verso, 2000). Co-author, Peter Linebaugh.
- *The Slave Ship: A Human History* (New York: Viking-Penguin, and London: John Murray, 2007).
- *Many Middle Passages: Forced Migration and the Making of the Modern World* (Berkeley: University of California Press, 2007). Co-editors, Cassandra Pybus and Emma Christopher.
- *The Amistad Rebellion: An Atlantic Odyssey of Slavery and Freedom* (New York: Viking-Penguin, 2012).
- *Outlaws of the Atlantic: Sailors, Pirates, and Motley Crews in the Age of Sail* (Boston: Beacon Press, and London: Verso, 2014).

この一覧から分かるとおり、近年ではレディカーは、アメリカ大陸へと向かう奴隷船に乗せられた黒人

図　コネティカット州のミスティック・シーポートに停泊するアミスタッド号の復元船
レディカーは，各地を航海して奴隷制や黒人の歴史を伝えるこの復元船の乗組員たちと交友がある。

たちの研究にも精力を注いでいる。W・E・B・デュボイスやC・L・R・ジェイムズら黒人のマルクス主義者からも多大な影響を受けたという彼が、黒人の研究に重きを置くのは至極当然であり、抑圧された人々の歴史の復元にかける熱い思いは、今もなお衰えを知らない。実際二〇一三年には、有名なアミスタッド号に乗せられた黒人たちの祖国での姿を明らかにすべく彼はシエラレオネを訪れており、その調査の様子はドキュメンタリー映画として一四年に公開される。

一貫して「下からの歴史」を叙述しようとする彼のアプローチには、幼少期に、いつも祖父から身近な労働者の話を聞いていたことが大きく影響しているという。また、学校では白人の支配階級を中心とする歴史を教えられたことに疑問を抱いていた彼は――彼自身、ウェールズ人、スコットランド人、オランダ人、さらにチェロキー族を祖先に持つ白人であるが――、一九六〇年代・七〇年代に公民権運動や反戦運動が高まるなかで、マルクス主義史家やニューレフト史家の著作に親しみ、自身の言う「ラディカル」な歴史観を育むこととなった。

のちに歴史家になったレディカーは、海事史の世界に揺るぎない巨歩を印すことになるのであり、この解題では、長年にわたる彼の研究の内容や、その研究史上の位置づけを、やや詳しく紹介したい。ただし、本書で存分に論じられた海賊について述べることは蛇足となろう（近世の海賊を扱った諸研究については、薩摩真介「海賊――『全人類の敵』？」〔金澤周作編『海のイギリス史――闘争と共生の世界史』昭和堂、二〇一三年〕も参照されたい）。よって、以下では、彼の長年の研究テーマであり、本書に登場する多くの海賊たちの前身でもある近世の商船水夫に焦点を当てたい。船乗りを学界へといざなった水先案内人たるレディカーの研究を軸に据えて、特にアメリカの歴史学界における研究動向を眺めてみよう。

変遷する船乗りのイメージ

まず、レディカーが第一線に登場する以前の状況を振り返ってみたい。冒頭に述べたとおり、現代人が抱く歴史上の船乗りのイメージは、大衆文化のなかで育まれてきた。その背景には、欧米では一八世紀後半から一九世紀にかけて、ほとんどの人々にとって船乗りが身近な存在ではなくなった事実がある。それ以前には、船員は決して珍しい職業ではなく、たとえば植民地時代のアメリカにおいては、船に乗ることは農業に次ぐ数の男性の雇用を生み出した。しかし、時代の経過とともに大型化した船舶が、より遠洋へ、より長期間にわたる航海をするようになるにつれて、船員はやや特殊な専門職となり、人々にはエキゾチックな船乗りのイメージが定着していったのである。むろん、かかるイメージの形成には、冒険的な船乗り像を提供する数々の文学作品の影響が及んでいたことも付け加えておこう。また、かつては歴史家の描く船乗りにもロマンスの要素が含まれており、有名なサミュエル・E・モリソンが *The Maritime History of Massachusetts, 1783-1860* (Boston: Houghton Mifflin, 1921) で描写したニューイングランド地方の典型的な船乗りとは、広大な海に魅了され、冒険意欲にまかせて船に乗った農家の出の若者たちであった。

さらに、商船の水夫たちの日常を語る史料の乏しさも、彼らを学術的範疇から追いやる一因となった。たとえば船の航海日誌には、針路や天候の情報、あるいは非日常的な出来事ほど詳細に書き綴られる嫌いがあり、水夫にかんする記述は必ずしも多くない。なかには自ら回顧録を物した船乗りもいたが、やはり日々の営みよりも、書き手の記憶に強く留まった珍しい出来事を記す傾向が見られる。アメリカ歴史家協会（OAH）の元会長としても知られる社会史家ゲリー・B・ナッシュは、次のように言う。船乗りは「初期アメリカ史において、おそらく最もつかみ所のない社会集団である。というのも、彼らは他の都市住民に比べて、より頻繁に港から港を移動し、職を変え、若くして命を落とし、さらには白人社会の最も貧しい構成員であるがゆえに、課税台帳や土地台帳、遺言書に、その生きた記録を残すことも少なかった」と。

巷には、陽気で酒好きで乱暴なステレオタイプ化されたイメージが定着する一方で、学界では際物扱いされてきた船乗りは、ようやく二〇世紀後半になって、歴史研究の本流に彼らの船を進めることになる。経済史家のなかには、あくまでも貿易研究が主眼で、船乗りを議論の中心に据えたわけではないものの、貿易での水夫の役割や影響力を論じた者がいた。たとえば、ジェイムズ・F・シェパードとゲリー・M・ウォルトンによるイギリス領北米植民地の計量経済史研究 *Shipping, Maritime Trade, and the Economic Development of Colonial North America*（Cambridge: Cambridge University Press, 1972）では、貿易の収益を左右する要因として水夫の賃金や食糧費が論及されている。また、イギリスではレイフ・デイヴィスが、*The Rise of the English Shipping Industry in the Seventeenth and Eighteenth Centuries*（London: Macmillan, 1962）で一七・一八世紀の水夫の賃金や昇進について論じている。彼が扱ったのはイギリスを拠点とする船舶だが、そこには時にアメリカ植民地の船乗りも乗り組んだのであり、アメリカ史家にとっても貴重な研究である。

さらに船乗りに追い風となったのが、社会史研究の進展、とりわけ一九六〇年代末から七〇年代のニューレフト史家らによる「下からの歴史」の到来である。特に重要な研究としては、先述のナッシュによる *The Urban Crucible: Social Change, Political Consciousness, and the Origins of the American Revolution*（Cambridge, Mass.: Harvard University Press, 1979）が挙げられ、一七世紀末からアメリカ独立革命期におけるボストン、ニューヨーク、フィラデルフィアの社会構造が明らかにされている。彼は、三大都市の経済状況の変遷をつぶさに追い、植民地社会を構成する人々が、所有する富や職業の違いに応じて利害を異にするなかで、植民地が全体として独立へと向かっていくダイナミズムを詳述している。労働者たちは、職種は違えども、つらい境遇を経験するなかで階級意識を共有し、集団でのデモや暴動、ボイコットなどを通じて、能動的に政治的行動に参加するようになるのであり、そこに含まれる船乗りもまた、社会の主要な構成員だった事実を垣間見ることができる。

愛国派の船乗り（レミッシュ）

ナッシュと同様に社会史的な観点から、さらに船乗りに的を絞って論じたのが、レディカーの友人であり、わが国でも「底辺からみたアメリカ革命」（B・J・バーンスタイン編〈琉球大学アメリカ研究所訳〉『ニュー・レフトのアメリカ史像——伝統史学への批判』東京大学出版会、一九七二年）の著者として知られるジェシ・レミッシュである。同稿や、"Jack Tar in the Streets: Merchant Seamen in the Politics of Revolutionary

America," *William and Mary Quarterly*, 3rd ser., 25 (1968) でレミッシュは、大衆文化に見られる船乗りのイメージや、ロマンスで彩られたモリソン説を修正し、一国の歴史において彼らが果たした意義を明確にするため、一八世紀中葉からアメリカ独立革命期の船乗りを扱った（なお、論文のタイトルにある「ジャック・タール」とは、同時代人による船乗りの俗称であり、彼らが防水のために衣服にタールを塗っていたことに由来する）。

彼が描いた船乗りは、イギリス政府の暴政に対して、暴力を行使して抗議する男たちであり、いわば独立に向けての先鋒隊であった。船員にとって最大の闘争相手はイギリス海軍であり、一七四〇年代から、団結した船乗りたちは植民地の各都市で海軍の強制徴募隊《プレスギャング》に対して武装蜂起を起こした。当時は植民地当局も、徴募が植民地商業に及ぼす損害の大きさを本国議会に訴えてはいたものの、それらは商人の利益を守ろうとするものであった。しかし船乗りにとっては、徴募されることは自由の喪失、時には生命の喪失さえ意味したのであり、彼らは自らの自由と権利を守るという正当な理由に基づいて暴力的抵抗を見せたのだった。

船員たちの抵抗は、一七六〇年代以降、陸上の労働者や職人たちとも結束して、アメリカ各地での暴動へと発展していく。彼らはやはり急進的なやり方で、六五年の印紙法にも抵抗した。団結した民衆は印紙税のボイコットだけにとどまらず、ニューヨークで二〇〇〇人が印紙税徴収人に暴動を起こしたのを皮切りに、植民地各地へと労働者の暴動が波及し、印紙法撤廃に至る趨勢を生んだという。主に中産階級の人々からなる「自由の息子たち」による革命への貢献はよく知られるところだが、「息子たち」よりももっと無秩序で暴力的な、労働者階級による暴動が早くから頻発していたのであり、レミッシュはその意義を強調する。

レミッシュによれば、船乗りは職業がら地域社会とのつながりが弱く、陸上生活者から見れば確かに特異な容姿をしていたが、彼らもまた愛国派の植民地人であった。というのも、独立戦争でイギリスの捕虜となった植民地の水夫のほとんどが、イギリス海軍への入隊を拒否し、獄中で愛国的な歌を歌ったり七月四日を祝ったりした。アメリカを創り上げてきたとされる指導者たちは、下層の庶民による能動的な行動のあとに動いたにすぎないという独自の歴史観に立脚するレミッシュにとっては、船乗りはまさに、独立への主体的行動の最初の担い手だったのである。

ナッシュは、レミッシュの「底辺からみたアメリカ革命」が社会史家にとっての「聖書」だと称えているし、一九六八年に *William and Mary Quarterly* に掲載された前掲の論文は、九三年になって、同誌の購読者が選ぶ過去五〇年間で最も重要な論文の一本に選出されている。しかしながら、レミッシュが研究を発表した当時には、そのラディカルな歴史観に対する風当たりは強かった。彼の尽力によって、船乗りはアメリカ社会史の学術的範疇へと組み込まれたものの、洋上を往来する船員を国家というフレームに入らない存在と見なす傾向は色濃く残り、やはり周縁的なテーマであるとの印象までは拭いきれなかったのである。再び社会史的な観点から船乗りを扱う研究が登場し、議論が大きく進展するには、およそ二〇年後、レディカーの最初の著作を待たねばならない。

労働者階級としての船乗り（レディカー）

レディカーが一九八七年に上梓した *Between the Devil and the Deep Blue Sea* こそがそれであり、船乗りを包んでいた霧を晴らし、彼らを学界という大海の周縁から中核へと導く役割を担った研究である。同書では、一八世紀前半に大西洋を航行したイギリス籍の商船（アメリカ植民地の船も含む）の船員たちが、資本主義社会への「移行期」における賃金労働者として懸命に生きた姿が語られる。膨大な海事裁判の記録を主たる史料として、レディカーは水夫たちの置かれた過酷な境遇と彼らの抵抗を論じており、その博引旁証なる分析は、OAHのマール・カーティ社会史賞と全米アメリカ学会（ASA）のジョン・ホープ・フランクリン賞を受賞し、船乗りの研究史上に燦然と輝く金字塔となっている。この著作が出版された頃には、グローバル化の進展とともに、すでに学界でもトランスナショナルなアプローチが注目されており、これまで一国史の枠組みから除外されてきた船乗りを取り巻く環境は、大きく変化していた。レディカー自身の言葉を借りれば、船乗りは「世界を揺るがしたさまざまな歴史的プロセス――グローバルな文化交流、資本主義の生成と成長、階級の形成、そして国家や帝国の建設――の中心」にいたのであり、近年の大西洋史の興隆とも共鳴して、歴史学の中心的なテーマになりうる時代が到来していたのである。

レディカー曰く、大西洋を往来した船は資本主義社会の到来に不可欠な要素であり、船によって、領地の獲得や遠洋商業、金銀の採掘やタバコ・砂糖の生産、人間の搾取、富の蓄積が可能になった。奴隷貿易を妨げる海賊の根絶により、資本蓄積に拍車がかかったことは本書第7章（一八六～一八七頁）でも触れられている。陸上にはまだ工場のない時代、洋上に浮かぶ船は「工場」と「機械」の先駆けとなり、水夫はそれを稼働させるために、商人や船長に搾取される立場にあったという。同書でレディカーが描写した船上の環境は、さながら一七世紀後半のイギリスの船乗りエドワード・バーロウが回顧録に書き残した労苦を想起させる。すなわち、規律は厳しく労働は過酷、安息日ですら労働を強いられ、不条理な理由で賃金は減らされる、「船長以外は奴隷とさほど変わらない」環境である。甲板の上は規律と反抗に満ちた世界で、水夫は必ずしも従順な労働者ではなく、船上で専制的な権力を振るう船長や士官に対して、団結して闘争した。船の上での体罰や食料の不支給、針路の変更といった「上から」の規律に対して、水夫は仲間とともに脱走、怠業、ストライキ、反乱、そして本書で論じられている海賊への転向など、「下から」の抵抗を繰り返したのだった。

船の上で、水夫たちを結びつけていたのは階級意識だった。日々、彼らは船を進めるためにともに労働に従事し、ともに困難を乗り越えるなかで経験を共有していく。船上での飲酒もまた、各人の得た余剰価値を分け合う手段であるとともに、水夫に休息や社交を提供するものであり、彼らが階級意識を共有する要因の一つとなる。船を降りれば、一目見てそれとわかる服装や体つき、さらには独特の言葉づかいや浪費癖が、船乗りと陸上生活者との区別を容易にした。船乗りたちは、同じ階級に属しているという意識によって結びつき、集団としての目標を達成するためには、必要とあれば暴力の行使も辞さなかった。また、レディカーは、一八世紀前半の船乗りの素姓として、船乗りの息子や漁民、農業労働者の存在を認めながらも、少なからぬ数の船乗りが、イギリスでの囲い込みによって土地を奪われ、陸上で生計を立てる機会を失った人々だと推測する。彼ら「海を行くプロレタリア」は、資本主義社会を目前に控えた時代において、賃金や食事、労働条件をめぐって団結して交渉し、さらには闘争した最初期の労働者階級だったのである。このような解釈は、ニューレフト史家による「下からの歴史」に親しみつつも、同時にマルクス主義史家の著作からも多大な影響を受けたレディカーならではの発想といえよう。

なお、同書のタイトルは、進退窮まった状態を意味するイディオムで、文字通り悪魔《デビル》と海という二つの危険に挟まれた状況を指す。ここでいう「悪魔」とは、もちろんキリスト教世界の悪魔を指すが、一説には、航行中に何度も浸水防止作業が必要となる船の竜骨付近のシーム（船板の合わせ目）を指すともいわれており、ボースンチェア（ロープで吊るした板）に座って作業をおこなう船員には、つねに海への落下の危険が伴った。いずれにせよ、船乗りが置かれた危険な状況を表現した言葉であり、言うまでもなく、レディカーの見方では、洋上で彼らを酷使する船長や、陸《おか》で彼らの賃金を掠め取る商人もまた「悪魔」なのである。

同書の公刊とともに、船乗りをめぐる活発な議論の口火が切られた。多くの歴史家がレディカーを意識し、彼の描いた水夫像を自らの考察領域に適用する研究や、あるいはレディカーとは異なる水夫像を強調する研究が、現在まで盛んに発表され続けている。近年は、大西洋史の枠組みから海や国境を越えるヒト・モノ・カネ・情報の研究が重視されるに至っており、洋上の移動を可能にした船乗りは、レディカーの研究を直接的な契機として、歴史学界での市民権を得たと言ってよい。

地域社会に根差す船乗り（ヴィカーズ）

レディカーとは異なる水夫像を提供する研究としては、ダニエル・ヴィカーズの *Young Men and the Sea: Yankee Seafarers in the Age of Sail* (New Haven, Conn.: Yale University Press, 2005) が特筆に値する。船乗りの実態について、長年にわたって議論を繰り広げてきた両者の研究は、近年の社会史的アプローチにおいて双璧を成す。ヴィカーズは、実際には当時の航海の大半が反乱や訴訟という結果に至っていないことを引き合いに出し、主として海事裁判の記録に依拠したレディカーの研究は、水夫の反抗心や好戦性を強調しすぎていると指摘する。

ヴィカーズは、地域社会を構成するありふれた存在として船乗りを論じている。植民地時代のアメリカでは、少なからぬ数の人々が海のそばに暮らしており、彼らの生活は海とは切り離せないものだった。若者が海に出るのは当然の成り行きで、船に乗ることは決して特殊な職業でもなく、ましてや海に魅了されて船乗りになるわけでもなかった。彼がケーススタディの対象としたマサチューセッツのセイラムをはじめ、ニューイングランド地方に遍在する中小規模の港町では、成人男子のほとんどが、現役の船乗りか、あるいはかつて船に乗っていた経験がある者たちであった。水夫の多くが二〇代前半までの若者であり、それ以後も船に残って昇進していく者もいれば陸上の職へと移る者もいて、いずれにせよ船で働くことは町のほとんどの男性が通過するステップだったという。セイラムの船では、(レディカーの強調する階級意識ではなく)血縁や地縁が船員を結びつける役割を果たした。概して甲板の上は一〇人にも満たない親族と隣人の世界であり、船員たちは、少数の見知った顔ぶれで、慣れ親しんだ海域を航行していたのである。船乗りと陸《おか》の共同体との社会的・経済的つながりを明らかにしたヴィカーズの研究では、船乗りは陸上の社会に根差さない人々ではなく、船長も水夫も、ともに地域社会の経済を支え、各々の家族を養った男たちであった。レミッシュやレディカーの描く船乗りが、独特の体つきや言葉づかいといった特徴があり、港町でも一種独特な人々だったのに対し、ヴィカーズは、彼らが植民地社会に普遍的で、まったく特異ではなかったことを説いたのである。

このように相異なる船乗りの姿が強調される最大の理由として、彼らが考察の対象とした船の規模に大きな差があることを補足しておかねばならない。レディカーの論じた領域は、大西洋を横断する数百トン級の大型帆船であり、彼が考察に含める港町も、やはり大型船が頻繁に出入りする大きな港町に限られる。対してヴィカーズのそれは、人口数千人の小さな港町を母港とし、主にアメリカ海域のみを往来する五〇トンにも及ばぬ小型の船なのである。実際、レディカー自身も、港の規模が小さくなるほど地縁や血縁が重要となることを認めており、小さな船では船長の権限は「父親的温情主義《パターナリズム》」という表現が適すると述べている。また、規模の大きい港湾都市ほど、地域社会とのつながりの希薄な外来の水夫も多くなり、レディカーが多用した訴訟記録に記されている事例は、やはりロンドンやブリストル、ボストン、ニューヨーク、フィラデルフィアといった当時の都市を往来する大型船の水夫がかかわっているものが多い。考察した港と船の規模が異なる両者の主張には、ずれが生じることは必然なのである。

革命へと導く船乗り（レディカー）

さて、レディカーが論じる好戦的な水夫たちに話を戻し、一八世紀後半の彼らの動向を、もう少し詳しく追ってみよう。レディカーの最初の著作では、主に船上での水夫の闘争が取り上げられたが、彼の一九九六年の論文"A Motley Crew of Rebels: Sailors, Slaves, and the Coming of the American Revolution," in *The Transforming Hand of Revolution: Reconsidering the American Revolution as a Social Movement*, ed. Ronald Hoffman and Peter J. Albert (Charlottesville: University Press of Virginia, 1996) では、港町にいる船乗りが、独立へと向かうアメリカ植民地で行動を起こす姿が活写される。ナッシュやアルフレッド・F・ヤングといった著名なアメリカ史家は、とりわけ職人層を軸に独立革命期の民衆の急進的抵抗を考察したが、レディカーはこの論考で、船乗りと奴隷を主人公として同時期のアメリカ植民地を描いた。ここではまた、主としてニューヨークでの船乗りの抵抗を扱ったレミッシュの議論が、時間的にも空間的にも拡大されている。先述のとおり、レディカーの見解では、当時の水夫たちは――たとえ同じ船に乗り合わせたことのない者同士でも――階級意識を共有していたのであり、一八世紀の当初から、あるいはそれ以前から船の上に存在してきた抵抗の伝統が、世紀後半のアメリカでも、やはり暴力的なかたちで実践されたことをレディカーは強調する。

一七四〇年代から再三再四、船乗りはアメリカ植民地の主要都市で、イギリス海軍の強制徴募に武力を用いて抗議してきた。ボストンでは、一七四七年にノウルズ暴動が起きた。イギリス海軍の軍艦から水兵が脱走したために、ノウルズ准将が強制徴募を実施したところ、三〇〇〇人を超える船乗りが軍人たちと衝突し、さらには他の労働者や黒人（港町ではしばしば港湾労働者）も加わった数千人の暴徒が、建造中の軍艦を破壊したり、海軍の将官艇に火を放ったりした事件である。ノウルズ自身によれば、徴募されることを恐れる水夫や労働者が、同時期に徴募が禁じられていた西インド植民地の人々と同じ権利を要求して暴徒と化したのだという。実際、暴動が起きる以前に、ある海軍提督は、ニューイングランドの船乗りこそが「イギリス人としての権利と自由に対する意識が最も高い」と述べていた。当初は、かのサミュエル・アダムズも、権利を主張して暴力を行使する民衆を正当化しており、彼らの行動に影響を受けたアダムズは、急進的な新聞を発行して、強制徴募への抵抗や世界各地の反乱を報じていた。

船乗りを中心とする暴徒の蜂起は、ニューポート、ニューヨーク、フィラデルフィア、チャールストンなど北米の各都市、さらにはカリブ海の島々でも起こった。ノウルズ暴動の際、暴徒は将官艇をボストン・コモン（町の中心の広場）に運んで放火したが、およそ二〇年後にも税関の船が同じくボストン・コモンで燃やされる事件があった。ボストンに限らず、暴徒と化した民衆は、北米・西インドの各地で、イギリス国王の所有下にある小艇を、大通りや市庁舎の前まで運んで燃やした。強制徴募隊のボートを町の中心に運び、海軍に徴集された者たちを開放しないと放火すると脅したこともあった。町の中心部で火を放つのは、国王の権威を貶《おとし》める象徴的行為であり、同時に植民地の指導者に対して、暴政に屈しないよう訴えかける民衆からのメッセージでもあった。また、あたかも本書に登場した海賊たちが商船の船長に罰を与えたごとく、イギリスの役人を暴行する船乗りやその他の民衆は、好んで「タールと羽毛の刑」を執行した。これは、熱したタールを体に浴びせ、その上から羽毛を振りかける行為であり、あえて庶民に身近な材料を用いて罰を与えることで、役人を嘲笑したのだった。

暴徒となった労働者たちは、海軍や税関、さらには印紙法、タウンゼンド諸法、茶法などに対して抵抗を繰り返した。下層の労働者階級が各地で起こした行動が植民地の革命指導者たちを動かし、中産階級の人々による「自由の息子たち」の結成にも影響を及ぼしたとするレディカーの主張は、レミッシュのそれと一致している。一七七〇年、ボストン虐殺事件を招くことになるキング・ストリート暴動を先導したのも船乗りであり、犠牲者五人のうち二人が船乗りであった。

船乗りをはじめ、陸上の貧しい職人や労働者、黒人奴隷こそが、自由と権利を主張して最初に立ち上がり、アメリカ独立革命へと至る原動力となったというのがレディカーの見方である。ただし一七六〇年代後半からは、各地で結成された「息子たち」が秩序ある独立を目指そうとする一方、引き続き――時には「息子たち」を自称して――暴動を起こす労働者たちは、植民地の指導者から無秩序を生み出すものと見なされるようになっていく。指導者たちは暴徒こそがアメリカ独立への気運を作り出したと知りながらも、暴徒を恐れた結果、彼らを鎮圧する方向へと転換した。当局と暴徒は建国後もしばしばぶつかり合ったが、ともあれ新国家では、貧しい者には投票権すら与えられなかったことは周知の事実であり、レディカーは、持てる者による持たざる者への抑圧を「アメリカのテルミドール」だと断じている。

レディカーが、二〇〇〇年にピーター・ラインボーとともに著した *The Many-Headed Hydra* では、このアメリカ独立革命へと向かう波を起こした船乗りの役割が再び強調されるだけでなく、「多頭のヒドラ」たる多民族・多文化的な民衆――海賊、労働者、異端者、罪人、女中、魔女、奴隷など――が、一七世紀から一九世紀半ばに至るまで、大西洋を取り巻くあらゆる場所で抵抗を繰り広げた歴史が語られる。本書に登場した海賊と同じく、彼らはそれぞれ独自の民主主義や平等主義、反奴隷制などの思想を抱いて急進的行動に出た。労働者階級による大小さまざまな蜂起に対し、支配者らは同じく暴力をもって鎮圧し続けたが、各地を移動する船乗りや、方々に売られる奴隷が抵抗の記憶を伝達する媒体となり、新たな抵抗が生まれ続けた。先に述べたとおり、アメリカ独立革命においては、船乗りや奴隷の抵抗は、本国イギリスではなく、同じ植民地側の指導者たちに鎮圧された。それでも、以後も彼らは抵抗の精神を伝え、環大西洋世界の各地で革命が起こるサイクルを作り出したというのである。奴隷制廃止論者もまたこの波に加わったが、彼らに地獄のごとき奴隷船の情報を伝えたのは奴隷船を離れた水夫たちだったし、自伝を残した数少ない黒人の船乗りとして知られるオラウダ・エクィアーノも、思想家に少なからぬ情報を提供した一人であった。平等主義や反奴隷制といった考え方は、まず最初に労働者と奴隷が身をもって示したものであり、政治家や哲学者の頭のなかで生まれたのではない、とレディカーは言う。彼が大学で大西洋史を教えているのは、このように国境を越えて大きな変革を生じさせた労働者・奴隷の活躍があったことを力説するためであり、一国史の枠組みにとらわれていては見えてこない史実を伝えるためなのである。トムスンやヒルが研究したイギリスの急進派にかんする議論を発展させ、広く大西洋世界の労働者たちの急進思想を論じた同書は、まさにマルクス主義の観点からの「赤い大西洋史」の実践であり、むろん、一方では政治史や思想史の方面からの厳しい批判は免れえない。しかし他方では、近代社会が生成されるプロセスを「下から」眺めた「新しい労働史」と評価する向きもあり、国際労働史学会(ＩＬＨＡ)から、年間の最も優れた著作として国際労働史図書賞を受賞している。

利己的な船乗り(ギリア)

陸上での闘争にかんしても、レディカーとは異なる船乗りの性質を提示する歴史家がいる。一八世紀半ばから一九世紀半ばのアメリカの船員を考察したポール・Ａ・ギリアは、レミッシュとレディカーの研究なくしては自らの研究も存在しえなかったことを認めたうえで、船乗りが闘争する理由にかんして両者とは意見を異にする。確かに彼らは好戦的な性格ゆえに、好んで暴動に参加したのであり、植民地時代末期には本国への抵抗の先鋒を担ったことの重要性は、ギリアも首肯している。しかし、著書 *Liberty on the Waterfront: American Maritime Culture in the Age of Revolution* (Philadelphia: University of Pennsylvania Press, 2004)のなかで彼は、船乗りが闘争して求めた自由とは、必ずしも階級意識に基づく自由ではなく、もっと多様であったと主張する。港町での飲酒や喧嘩、浪費などの具体的な事例の描写を通じて、利己的な水夫像を描くギリアによれば、貧しい船乗りが求めた自由とは、今この瞬間を好き放題に生きることにほかならなかった。しかも、自由が意味する中身は個々人によってさまざまで、ゆえに彼らが軍人や役人に対して蜂起した動機もそれぞれ異なっていた。レディカーの言う、水夫全体の利益のために政治的・階級的意識から暴動に参加した者も多少はいたであろうが、単に暴力的行為を楽しむためだったり、海軍への徴集を免れるためだったりと、各自が個人的な優先事項を満たすために闘ったのだという。すなわち、ギリアによれば、船乗りは「階級意識を共有するプロレタリア」などと一括りに分類できるような存在ではなかった。彼はまた、海にロマンを感じて船に乗った者たちがいたことにも言及しているが、それに加え、港では傍若無人に大騒ぎし、自己の利益を最優先に生きようとするその水夫像は、大衆文化のなかのステレオタイプ化された船乗りと酷似している。このギリアの見方では、船乗りは再び学界の表舞台から落伍し、大衆文化へと逆戻りしてしまう危険を孕むという、ある評者の指摘は興味深い。

本書のメインテーマである海賊をめぐっても、ギリアはレディカーとは異なる見解を述べている。海賊を、水夫のなかでも最もラディカルなかたちで階級闘争を繰り広げた者たちと見なすレディカーとは違い、彼の描く海賊は、世のなかを逸脱してしまった罪人にすぎない。ギリアが言うには、船上の境遇は交渉によって改善も可能だったのであり、ほとんどの水夫には法に背く意志はなく、反乱や海賊行為という過激な手段をとったのはごくわずかである。また、彼が共編した *Pirates, Jack Tar, and Memory: New Directions in American Maritime History*（Mystic: Mystic Seaport Museum Inc. 2007）にも、レディカーの海賊観を否定する若手研究者の論考が収録されている。そこでは、あえてレディカーと同じ史料を用いた著者が、強制的に海賊にさせられた人数の多さや海賊同士の不和の多さを強調し、海賊船がレディカーの主張するほど平等主義的な世界ではなかったこと、そして乗組員らが必ずしも階級意識を共有していなかったことを述べている。このように、レディカーという大きな壁を意識し、彼の研究に反駁しようとする流れもまた、船乗りというテーマをこのまま学界に定着させるうえで不可欠であろう。

新しい海事史研究

以下に、レディカーの最初の著作以後の、近世アメリカ海事史研究の諸成果を、いくつか紹介しておこう。*Atlantic Virginia: Intercolonial Relations in the Seventeenth Century* (Philadelphia: University of Pennsylvania Press, 2004) の著者エイプリル・L・ハットフィールドは、一七世紀のヴァージニア植民地における情報伝達の媒体としての船乗りを論じる。彼女の研究では、船の停泊中に、船長は在地の総督や名士の邸宅に招かれ、また水夫は船上や酒場で地元民と親交を深めたことが紹介され、船員との交流によって、植民地の人々は広く大西洋世界の情報に触れることができたという。また、W・ジェフリー・ボルスターによる *Black Jacks: African American Seamen in the Age of Sail* (Cambridge, Mass.: Harvard University Press, 1997) では、一八・一九世紀のアメリカの黒人水夫が取り上げられている。レディカーも、海賊船では商船よりも黒人水夫の割合が高かったことに触れているが、ボルスターによれば、一九世紀初頭には、黒人はアメリカの船乗り全体の二割近くを占めるようになる。船員になることは、逃亡奴隷にとっては自由への近道であり、自由を得た黒人にとっては、自ら生計を立てていくための数少ない選択肢の一つであった。船で各地を移動する彼らが、陸上の黒人たちへの情報や伝統の橋渡しとなった役割も強調され、レディカーの主張と相通ずる点が見られる。

エマ・クリストファーは、イギリスの大学で学び、現在はオーストラリアで教鞭を執る研究者であるが、奴隷船の船員たちの葛藤を描き出した彼女の *Slave Ship Sailors and Their Captive Cargoes, 1730-1807*

(New York: Cambridge University Press, 2006) は、レディカー自身も審査に加わった博士論文がもとになっている。船乗りと黒人が、抑圧された境遇から逃れようと抵抗した人々だとするレディカーに代表される見方がある一方で、奴隷貿易研究においては、船乗りは黒人奴隷を新世界へと移送する冷酷な人々として描かれる矛盾に目をつけたクリストファーは、奴隷船での水夫の悲惨な境遇や、時には彼らが黒人と団結して闘争した歴史を明らかにする。奴隷船では、黒人奴隷は言うに及ばず、白人や黒人の水夫もまた、拘束に近い状態にあった。水夫は奴隷をむち打つ立場であるとともに、自らの身体も、上官からのむち打ちによって傷だらけだったのである。水夫たちは折檻の軽減、昇給、まともな食事などを求め、時には脱走したり、反乱を起こして海賊になるといった行動を起こしたが、彼らは自らの境遇が奴隷と大差ないことを実感していたからこそ、奴隷船ではかかる反抗が特に頻繁に見られたという。また、新大陸に到達すると、自分たちが運んだ奴隷が売られていくさまを目の当たりにする水夫のなかには、プランテーションで相次ぐ奴隷反乱や奴隷制廃止論の情報を各地に伝達したり、奴隷の逃亡を手助けしたりする者もいたことを説く彼女の議論は、レディカーのそれへと連結する。

このように、黒人史と関連づけながら水夫を論じる歴史家は少なくないが、ジェンダー史と海事史を架橋する研究に勤しむ女性研究者たちもいる。マーガレット・S・クライトン、リーサ・ノーリング編の *Iron Men, Wooden Women: Gender and Seafaring in the Atlantic World, 1700–1920* (Baltimore: Johns Hopkins University Press, 1996) には、レディカーによる女海賊についての論考が収録されているほか、本書で紹介されたボニーやリードのように男装して船に乗った女性や、船長の妻として乗船した女性が論じられたり、船乗りの妻たちの陸上での生活などが描かれる。また、ニューイングランド地方の四つの港町を対象とするイレイン・F・クレインの *Ebb Tide in New England: Women, Seaports, and Social Change, 1630–1800*（Boston: Northeastern University Press, 1998）では、市場経済の発達に伴って、港町では女性たちの男性への依存が強くなり、社会的立場が弱くなっていく変化を描き出している。このような研究が盛んなのは、近年、海事史《マリタイム・ヒストリー》の「マリタイム」という用語の定義が拡大されてきていることに起因する。そもそもマリタイムとは、海に接する場所やそこに暮らす人々をも包含する概念であり、船乗りを育んだ地域社会（「マリタイム・コミュニティ」）への関心が高まっているのである。

黒人研究ともマリタイム・コミュニティ研究とも関連する代表的な研究としては、植民地時代のバミューダ島における経済生活を詳らかにしたマイケル・ジャーヴィスの *In the Eye of All Trade: Bermuda, Bermudians, and the Maritime Atlantic World, 1680–1783*（Chapel Hill: University of North Carolina Press, 2010）がある。一八世紀初頭の時点で、水夫の二割が黒人やアメリカ先住民などの奴隷だったバミューダでは、時代が下るとともに現地生まれの黒人が増加していく。身分の上では奴隷の彼らが、白人の家庭で育てられ、地元の船での貿易に不可欠な労働力となった。ヴィカーズが考察したセイラムと同様に、バミューダの船乗りも血縁・地縁で結ばれており、白人水夫とともに育った黒人も、同じ船に乗り組んでともに働いたのである。同書では、島の女性たち――白人も黒人も――が、夫が海に出ている間には男性の役割をも担ったこと、輸出用商品の作り手としても貢献したことなども述べられている。大西洋世界には、将来の船乗りを育て上げ、航海を終えた船乗りが帰還し、引退後の船乗りが暮らす、このようなコミュニティが遍在していた。人が船乗りになる理由は、遠い地への好奇心や冒険心か、一獲千金のためか、はたまた経済的窮状からか、歴史家の見解は多様であるけれど、そのいずれにしても、船の上での労働を選んだ背景には、彼らの多くが海のそばで生まれ育ち、海を身近に感じていたことが大きな要素であると、歴史家たちも意見の一致を見ている。

歴史家の描く船乗りは、実に多彩である。ヴィカーズの言うように、中小規模の港町に生まれ、地元に根差す労働者だった者もいれば、生まれ育った港町や農村から都市へ出て行き、ギリアが述べたとおり自由な生き方を志した者もいただろう。同じく都市には、レミッシュが主張したように、風変わりな愛国派としてアメリカ独立に貢献した者もいた。そして、レディカーが描いたように、大西洋を往来する大型帆船の乗組員となり、船上や港町で、労働者階級たる水夫の待遇改善のために闘争を繰り広げた者もいた。むろん、その一部がより急進的な理想を抱き、海賊となったのである。レディカーが歴史の表舞台へと船乗りを先導して以来、海事史のフィールドはすでに大きく広がっている。右に紹介したのは近年の研究成果のごく一部にすぎず、今後も多岐にわたるアプローチによって、船乗りをめぐる研究は進展を見せるだろう。学界の海を渡る近世の船乗りたちにとって、進むべき先の視界は、今やすっかり開けている。

人間マーカス・レディカー

ここまで、レディカーの研究を中心に、アメリカにおける船乗りの研究史を回顧してきたが、最後に、歴史研究を通じて彼が目指すところを簡潔に述べておきたい。というのも、歴史家であるとともに市民運動家を自称する彼は、虐げられた人々の抵抗を、単なる歴史上の出来事として紹介しているわけではない。学術研究と市民運動を分離することのないレディカーにとって、彼らの真実の物語を明らかにすることは、現代における闘争の一部にほかならない。かつての労働者や奴隷が、苦境から脱するために団結して実践した抵抗の数々はインスピレーションに富み、その歴史を叙述することによって、今の世のなかで正義をかけて闘争する人々に活力を与えようというのである。ピッツバーグ大学にあるレディカーの研究室には、数多くのエキゾチックな民芸品に混ざって、世界的に有名なサッカーチーム、リヴァプールFCのバナーが飾られている。このチームのモットーは「You'll never walk alone」であり、彼は、人々が団結することの価値を説くこの言葉が好きなのだという。

とりわけ、当局に民衆を殺害する権限を保障する死刑制度こそが抑圧の始まりであるという信念から、レディカーはアメリカでの、ひいては全世界での死刑廃止を訴える活動に積極的である。こうした活動に特に力を入れるようになったのは約二〇年前のことで、死刑宣告を受けた活動家・ジャーナリストのムミア・アブ・ジャマールと面会した時からだった。彼は、ムミアに会うために死刑囚監房に通わなければ、支配者が民衆に与えた暴力・恐怖と、民衆が支配者に与えた暴力・恐怖を扱った作品 *The Many-Headed Hydra* が生まれることはなかったとさえ語っている。その経験がなければ、海賊を主人公として、やはり上からと下からの暴力と恐怖を論じた本書の内容もまた、違っていたことであろう。彼の研究室には、ムミアの無実を訴えるボードも掲げられていることを付言しておこう。

実際に会うレディカーは、その長軀や「ラディカル」な歴史観から想起される印象とは異なり、人との対話を好む親切で穏やかな人物である。つねに良い聞き手であることを信条とする彼は、時には現代の港で働く労働者たちと対話するために現地へと足を運び、また時には古い文書と向き合って、かつての労働者の声に耳を傾ける。史料の多くは為政者が残したものであるため、労働者たちの声を聞き出すのはたいてい容易ではない。しかし彼は、その声の復元のために労を厭うことはなく、事実、彼の研究テーマの代名詞ともいえる船乗りを皮切りに、大西洋世界の黒人奴隷を含む各種の労働者や、本書で取り上げた海賊の声を聞き出してきたのであり、その成果は、彼の著作や数々の講演によって我々にも伝わっている（彼の講演やインタビューは、ウェブ上で閲覧できるものもある）。また、時としてその成果は、レディカーの詩となることもある。当時の庶民の手になる詩は、つらい境遇に置かれた人々の意識や経験を知る宝庫であるが、残念ながらその数は豊富とはいえない。彼はそれらの詩を愛し、また自らも抑圧や抵抗を素材に詩を作ることで、彼らへの共感を表現する。本書の第2章でレトリカルな表現が多用されているのも、実に彼らしい作風である。史料を通じて歴史上の労働者たちと対話し、彼らに共感し、彼らの闘争に自らも加わること、そして彼らの経験を現代における闘争の糧とすること。これこそが、市民運動家にして歴史家たるマーカス・レディカーのライフワークなのである。

訳者あとがき

境界を越えゆく存在に憧れを抱くのは、自由を希求する人間の本質にかかわる部分かもしれない。同じ「賊」でも、場に縛られ、地理的制約を大きく受けざるをえない山賊ではなく、大海原を自由に移動し、縦横無尽に駆け巡る海賊に関心が向かっているのも故なしとしない。現在、映画や漫画、アニメなどで、海賊や船乗りは文字どおり画面、紙面に跋扈している（ちなみに船乗りと言えば、私〔のような世代？〕などは、中島みゆきの「海よ」を思い出す）。そして、このようなエンターテインメントの領域だけでなく、学問的にも海域史や海事史といった分野は今、大きな注目を集めており、本書の著者、マーカス・レディカーが中核の一人となって展開されている「アトランティック・ヒストリー（大西洋史）」も、そのなかで重要な位置を占めるとともに、四大陸（南北アメリカ大陸、ヨーロッパ大陸、アフリカ大陸）の相互連関を考究するそのアプローチは、いわゆるグローバル・ヒストリーとの親和性も強い。本書は、この大西洋史《アトランティック・ヒストリー》研究の旗手、レディカーの著書 *Villains of All Nations: Atlantic Pirates in the Golden Age* (2004) の全訳である。

本訳業は、名古屋大学文学部西洋史学研究室の出身ないし同研究室に現在所属し、アメリカ史・イギリス史を専門とするメンバーが力を合わせて完成させたものである。すなわち、森、笠井、和田は一七・一八世紀のアメリカ史、小島は一九世紀のイギリス史を専門としており、とりわけ優れたイギリス史家の小島氏をメンバーとして迎えたことで、訳文に複眼的な視座が備わったと自負している。翻訳の分担は、第1章が和田、第2章から第5章までが笠井、第6章と終章が森、第7章と第8章が小島である。謝辞や日本語版への序の翻訳、索引の作成などは笠井が担当した。また、訳語や文体の調整等のため、和田が全体にわたって目を通したが、具体的な用語のチェック等については、笠井氏の手を煩わせた。作業の過程で、原著の誤記・誤植が若干見つかったが、著者に確認を取って修正を施している。

なお、原著では章の下に小見出しは置かれていないが、読者の便を考えて今回新たに挿入した。その挿入箇所は、原則として、原著において文意の切れ目を示す記号が配された箇所とし、記号のない場合でも（特に本書の後半部分）、文意の切れ目に応じて適宜、小見出しを設けた。また、やはり日本語としての読みやすさを優先させて、あえて原著にない改行をおこない（日本語と英語の段落構成の原理的差異は承知しつつも）、段落を増やした箇所もある。さらに、原著では史料の引用部などにイタリック体が多用されているが、これらをすべてかぎ括弧や傍点などを用いて記すと非常に煩雑となるため、そのような処理については、文脈に沿って適宜、取捨選択しながら施している。ご了解いただきたい。また原則として、文中の丸括弧は原著の表記に対応しているが、文中の［ ］は訳者による訳註である。さらに本訳書では、読者諸氏を歴史の現場にいざなうため、原著に収められている図版に加えて、著者の了解を得た上で、新たに興味深い写真や図版を多く収録した。写真のほとんどは笠井氏が撮影したものであり（貨幣の写真数点のみ和田）、一方、新たに挿入した図版（版画）については、海賊のエピソードを満載して有名な『海賊自身の書（*The Pirates Own Book*）』（初版は一八三七年）から採ったものである。むろん同書の版画は、本書で扱う時代より一世紀以上も後の想像画であり、たとえば描かれている人物の服装なども一八世紀当時のそれではなく、一九世紀の風俗を（もしくは一九世紀の人々が抱いていた一八世紀のイメージを）投影したものとなっている点に留意されたい。なお、巻頭の地図も、今回新たに作成した。

本書の巻末に付した詳細な解題は、笠井氏の手になるものである。笠井氏はフルブライト奨学金を得て、ピッツバーグ大学の客員研究員としてレディカー教授の下で学んだ俊英であり、大西洋史の枠組みを援用しつつ、アメリカ植民地時代の船乗りなどの研究を進めている。したがってこの解題は、現在、日本語で読めるレディカー史学への最良の手引きといえる。著者レディカーの研究や人となり、またアメリカの歴史学界において彼が占める位置などについては、この詳細な解題をお読みいただきたい。本書を船乗りの歴史、そして海事史の流れのなかで広く見通すことで、本書の持つ学問上の意義が浮かび上がってこよう。さらに、歴史を文字どおり実践する著者の生き方についても、この文章がヴィヴィッドに伝えてくれる（なお、十分な紙幅を充てて本訳書に笠井氏の解題を付すことについては、著者から快諾を得ている）。

本訳書の構想をミネルヴァ書房に打診してから、かなりの時が流れた。その責めは和田が負うべきものであるが、この間、編集部では、岡崎麻優子氏や安宅美穂氏ら三名の方が順に担当を引き継がれた。三名の方々に深く感謝の意を表したい。なかでも我々を叱咤激励して本書を完成へと導いてくれた安宅氏には、適切なお礼の言葉が見当たらないほどである。安宅氏の尽力がなければ、本書を世に送り出すことはかなわなかったであろう。訳者一同、衷心より御礼申し上げる次第である。

二〇一四年四月

訳者を代表して　和田光弘

MINERVA 歴史・文化ライブラリー㉔
海賊たちの黄金時代
——アトランティック・ヒストリーの世界——

2014年8月10日　初版第1刷発行　〈検印省略〉

定価はカバーに
表示しています

訳　者　和田光弘
小島　崇
森　丈夫
笠井俊和

発行者　杉田啓三

印刷者　田中雅博

発行所　株式会社　ミネルヴァ書房
607-8494　京都市山科区日ノ岡堤谷町1
電話代表　(075)581-5191
振替口座　01020-0-8076

創栄図書印刷・新生製本

ISBN 978-4-623-07110-4
Printed in Japan

《著者紹介》

マーカス・レディカー（Marcus Rediker）

歴史家・市民運動家。ペンシルヴェニア大学で博士号を取得し，現在，ピッツバーグ大学歴史学科の大西洋史（アトランティック・ヒストリー）特別教授。抑圧された環境に置かれた労働者階級こそが歴史を作り上げてきたとの信念に基づき，社会史研究において「下からの歴史」を実践。近世大西洋世界の船乗り・海賊・奴隷を扱った数々の著作で知られる。市民運動家として，人権や平和のための運動にも積極的に参加している。

〈略　歴〉

1951年　ケンタッキー州オーエンズバラ生まれ。
1969年　ヴァンダービルト大学入学，歴史学専攻。
1974年　ヴァージニア・コモンウェルス大学入学，歴史学専攻。
1976年　ペンシルヴェニア大学大学院入学，歴史学専攻。82年に博士号を取得。
1982年　ジョージタウン大学歴史学科で教鞭を執る。
1994年～現在　ピッツバーグ大学歴史学科で教鞭を執る。

〈主　著〉

Between the Devil and the Deep Blue Sea: Merchant Seamen, Pirates, and the Anglo-American Maritime World, 1700–1750（『悪魔と紺碧の海のはざまで――商船員・海賊・英米の海の世界，1700～1750年』）(Cambridge: Cambridge University Press, 1987).

The Many-Headed Hydra: Sailors, Slaves, Commoners, and the Hidden History of the Revolutionary Atlantic（『多頭のヒュドラ――船乗り・奴隷・庶民・革命期大西洋世界の秘史』）(Boston: Beacon Press, and London: Verso, 2000)（ピーター・ラインボーとの共著）.

The Slave Ship: A Human History（『奴隷船――人が語る歴史』）(New York: Viking-Penguin, and London: John Murray, 2007).

The Amistad Rebellion: An Atlantic Odyssey of Slavery and Freedom（『アミスタッド号の反乱――隷属と自由をめぐる大西洋の旅路』）(New York: Viking-Penguin, 2012).

Outlaws of the Atlantic: Sailors, Pirates, and Motley Crews in the Age of Sail（『大西洋の無法者――帆船時代の船乗り・海賊・雑多な船員』）(Boston: Beacon Press, and London: Verso, 2014).

《訳者紹介》

和田光弘（わだ・みつひろ）

1989年　大阪大学大学院文学研究科博士後期課程退学。博士（文学）。
現　在　名古屋大学大学院文学研究科教授。
主　著　『紫煙と帝国』名古屋大学出版会，2000年。
　　　　『タバコが語る世界史』山川出版社，2004年。
　　　　『大学で学ぶアメリカ史』（編著）ミネルヴァ書房，2014年。

小島　崇（こじま・たかし）

1997年　名古屋大学大学院文学研究科博士後期課程満期退学。
現　在　愛知県立大学非常勤講師。
主　著　『記録と記憶の比較文化史』（共著）名古屋大学出版会，2005年。
　　　　『歴史の場』（共著）ミネルヴァ書房，2010年。
　　　　「イギリス新救貧法のイメージ形成——新救貧法反対派の言説空間を中心に」『西洋史学』198号，2000年。

森　丈夫（もり・たけお）

2000年　名古屋大学大学院文学研究科博士後期課程満期退学。
現　在　福岡大学人文学部准教授。
主　著　『歴史の場』（共著）ミネルヴァ書房，2010年。
　　　　『大学で学ぶアメリカ史』（共著）ミネルヴァ書房，2014年。
　　　　「北米植民地代理人ジェレマイア・ダマーのイギリス帝国——18世紀アングロ・アメリカ政治の一断面」『アメリカ研究』第47号，2013年。

笠井俊和（かさい・としかず）

2014年　名古屋大学大学院文学研究科博士後期課程満期退学。
現　在　名古屋外国語大学・岐阜聖徳学園大学非常勤講師。
主　著　『歴史の場』（共著）ミネルヴァ書房，2010年。
　　　　『大学で学ぶアメリカ史』（共著）ミネルヴァ書房，2014年。
　　　　「17世紀末におけるボストンの船乗りと西インド貿易」『西洋史学』235号，2009年。

人名索引

ア 行

カ 行

サ　行

タ　行

ナ　行

ハ　行

マ　行

ラ　行

事項索引

ア　行

カ　行

サ 行

タ 行

ナ　行

ハ　行

マ　行

ヤ　行

ラ　行

ワ　行

図版出典一覧

図1-1　*The Tryals of Sixteen Persons for Piracy & c.* (Boston, 1726), p. 1.
図1-2　Marcus Rediker, *Villains of All Nations: Atlantic Pirates in the Golden Age* (Boston: Beacon Press, 2004), p. 3.
図2-1　*Ibid.*, p. 30 より作成。
図3-1　笠井俊和作成。
図3-2　同上。
図3-3　Marine Research Society, *The Pirates Own Book: Authentic Narratives of the Most Celebrated Sea Robbers* (New York: Dover Publications, 1993), p. 16.
図4-1　和田光弘所蔵・撮影。
図4-2　同上。
図4-3　同上。
図4-4　Rediker, *op. cit.*, p. 78.
図4-5　*Ibid.*, p. 80 より作成。
図4-6　Marine Research Society, *op. cit.*, p. 345.
図5-1　*Ibid.*, p. 261.
図5-2　笠井俊和撮影。
図5-3　Marine Research Society, *op. cit.*, p. 253.
図6-1　Rediker, *op. cit.*, p. 104.
図6-2　*Ibid.*, p. 106.
図6-3　*Ibid.*, p. 108.
図6-4　*Ibid.*, p. 114.
図6-5　*Ibid.*, p. 122.
図6-6　*Ibid.*, p. 124.
図7-1　*Ibid.*, p. 140.
図7-2　Marine Research Society, *op. cit.*, p. 91.
図8-1　笠井俊和撮影。
図8-2　Marine Research Society, *op. cit.*, p. 187.
図8-3　Rediker, *op. cit.*, p. 152.
図8-4　笠井俊和撮影。
図8-5　Rediker, *op. cit.*, p. 156.
図8-6　笠井俊和撮影。
図8-7　Rediker, *op. cit.*, p. 167.
図9-1　Marine Research Society, *op. cit.*, p. 247.
図9-2　Rediker, *op. cit.*, p. 172.
図9-3　Marine Research Society, *op. cit.*, p. 463.
図（解題）笠井俊和撮影。